衝破黨禁1986

民進黨創黨關鍵十日紀實

這個世界還很新，
你願不願、敢不敢，為他做出決定？

王曉玟——著

目錄

第二部 口述歷史

後記與附錄

推薦序

開啓民主新頁的勇士群像

蔡英文

身爲民主進步黨主席的我，每次走進中央黨部都會看見一九八六年，創黨工作十八人小組的合影。儘管留影的同時，他們都有入獄、甚至犧牲生命的準備，但照片上的前輩先進們，表情都顯得泰然自若。

三十五年的時光，足夠讓嬰兒成長爲社會中堅。這段時光中的民進黨，也經過了解嚴、在野、執政、政黨輪替、完全執政的歷練；從街頭抗爭的在野黨，進化成爲國家掌舵的執政黨。照片裡的前輩先進，和臺灣人民一起創造了民主發展的奇蹟。有關這段組黨的歷史，過去散見於許多紀錄、檔案和前輩的回憶錄當中，今日喜見《衝破黨禁1986》一書，搜羅了當時參與組黨先進們的口述回憶，以全面且詳盡的紀錄，再次帶我們回到那民主方萌芽的變動時代。

作者王曉玟小姐以出色的文字，描寫出當時民主前輩們衝決網羅的勇氣，以及風聲鶴唳的肅殺氣氛。每位前輩的回憶或有不同，但透過不同角度的切入，帶著我們更接近事件的全貌，也正是口述歷史的意義所在。

我印象最深刻的，是促成這本書最不遺餘力的游錫堃前主席。他是「一九八六黨外選舉後援會」的召集人，後來眾人能夠藉由「黨外選舉後援會」的會員大會完成組黨工作，擔任會議主席的他，扮演非常關鍵的角色，甚至稱爲「民進黨的助產士」也不爲過。

當年，身負組黨行動重任的游前主席，爲了保密，連對太太、家人都不敢透露一點蛛絲馬跡。但他在行動前，特地請太太把兩個孩子接到省議員會館同住，在組黨的前一晚，一家四口擠在兩張單人床上。因爲他覺得：「萬一明天國民黨動手抓人，至少，我還能和家人說聲再見。」

這段當年說不出口的回憶令人動容，也讓我想起這麼多年來，游前主席對民進黨的使命與熱情其來有自。二〇一八年我們在地方選舉沒選好，我也還記得游前主席憂心忡忡，經常在各種場合拉住我，利用短短幾分鐘，給我許多懇切的建議，衷心期待民進黨能夠再次逆轉奮起。

其實不只是他，參與民進黨這麼多年以來，每一位前輩對這個正直精壯熟年的政黨，都抱著深刻的感情。他們不僅僅是提出建議和鼓勵，當民進黨需要的時候，他們也都二話不說，立刻整裝上場。當年他們爲創黨而冒險，爲爭取民主而付出，曾經付出，因而特別珍惜，相信這也是他們的心情。

但正如游前主席所說，政治改革運動要能成事，必定是靠成群人才合作與競爭。在這本書當中，不僅訪問了當時的幾位主要參與者，也採訪了當年站在民主運動反對的「競爭者」，讓讀者對當時的統治者心情，以及政治環境有更多的理解。這些不同立場的回憶，也讓時代的洪流，有了互相激盪的空間。

歷史的前進有其時代的結構因素，但參與者的決心和精神，也是其中的重要原因。一九八六年，戒嚴已達三十七年的臺灣，終於因爲反對黨的創立，在民主歷史上劃下石破天驚的一頁，讓臺灣在經濟奇蹟之後，再創下民主奇蹟的新篇章。這不僅是天時、地利，更是所有勇於突破時代框架的勇敢人們所努力的成果。

我要把這本書，推薦給每一位關心、熱愛民主的人。希望透過這些口述紀錄，讓今天過著民主生活有如呼吸空氣般自然的人們，有機會重溫這一段精采的往事，並帶著前輩先進的祝福，在這個永遠充滿歷史機遇和挑戰的國家，勇敢克服萬難，再次寫下令人傳頌的歷史新頁。

（本文作者爲總統）

推薦序

民進黨組黨與臺灣民主政治發展

薛化元

本書主要討論黨外人士衝破黨禁，成立民進黨的歷史。這在臺灣政治發展或是政黨政治的發展歷程上，都是重大的里程碑。而民進黨的組成之所以重要，可以從民主憲政的運作，還有臺灣歷史的脈絡來說明。

對政治權力的制衡，是保障人權的重要機制。就近代意義下的憲法而言，國家統治機關採取權力分立制度，是不可或缺的要件。然而，透過民主的選舉，一個政黨同時贏得行政權和立法權也是常見的樣態，如此，在同一個政黨主導下，權力分立制衡制度性運作的理想，和現實之間有時會出現斷裂的狀態，在此一情形之下，在野黨對執政黨的制衡成為重要的機制。而且執政黨長期執政，而沒有其他政黨的挑戰，在民主憲政體制而言，也是不正常的。換言之，一個國家能否允許反對黨的存在，和民主政治的發展有重大的關係。

日治時期臺灣的政黨

就臺灣而言，政治菁英（要求）成立政黨，則情形又有所不同。從日治時期開始，臺灣歷史上的政黨組成，一開始是爲了對抗外來的殖民統治者、爭取臺灣落實自由民主的可能。一九二七年組成的第一個政黨：臺灣民眾黨，就是試圖在臺灣落實民主憲政；可是在當時的現實政治狀況下，除了政治抗爭之外，他們主要是透過請願或者訴諸輿論，尋求落實理想的可能，而沒有機會透過選舉向人民訴求，或是進入議會。至於第一個追求臺灣做爲主權獨立國家、並以此作爲訴求的政黨，則是日本時代在臺灣成立的臺灣共產黨。

相對於此，臺灣第一個有機會投入選舉的政黨，則是從臺灣民眾黨分裂組成的臺灣地方自治聯盟。隨著一九三五年日本當局在臺灣推動市會及街庄協議會的選舉，臺灣地方自治聯盟有部分的成員便參選，而有了以政黨（集團）成員參加競選的經驗。

隨著一九三〇年臺灣民眾黨分裂以及伴隨著日本右派思想逐漸抬頭，臺灣民眾黨在分裂之後的一九三一年遭到禁止，而左翼的臺灣共產黨也遭到取締，成員被捕。至於臺灣地方自治聯盟雖然有機會參加第一次的選舉，不過在中日戰爭一九三七年爆發之後，在總動員體制之下，也宣布自動解散，日治時期臺灣的政黨無論合法或是不合法，都走入了歷史。

一九五〇年代組黨運動及其挫敗

一九四五年日本戰敗，國民政府接收臺灣之初，蔣渭水的弟弟蔣渭川也曾經想要恢復日本時代遭到禁止的臺灣民眾黨，不過當時處於國民黨一黨訓政體制之下，所以蔣渭川收到了來自國民黨當局不同意臺灣人組黨的訊息，臺灣民眾黨當然也不可能復活。

一九四九年中華民國政府敗退到臺灣，理論上有三個政黨，一個是執政的中國國民黨，還有兩個政府承認的在野黨——中國青年黨還有中國民主社會黨[1]。問題是在整個國會體制裡面，青年黨和民社黨的席次非常少，是一種象徵性的存在，加上國民黨當局有意無意的運作，內部分裂，甚至各立中央，無法有力制衡執政的國民黨。而在地方自治的選舉，雖然有不少青年黨或民社黨的黨員以無黨籍的方式參選，並且得到勝選，但是無法用政黨的集體方式和國民黨競爭仍是歷史的常態。

因而一九五〇年代臺灣的組黨運動分為兩個重要的脈絡，一個是來自中國大陸自由派的政治人物如雷震等人，始終覺得民主憲政需要一個有力的在野黨，因而不斷地鼓勵要組黨；第二個則是臺灣本土菁英，在選舉的歷程中，感覺到成立反對黨才能有效在地方選舉中與國民黨競爭。這兩方的力量在一九六〇年結合，從檢討選舉中執政黨的不當作爲，進而朝向組織中國民主黨的目標發展。

但是，組黨運動觸及了國民黨當局的底線，一九六〇年九月雷震被捕、《自由中國》停刊，而失去了串連臺籍菁英與外省籍自由派人士溝通的重要關鍵人物以後，中國民主黨的籌組行動也在一九六一年初正式走入歷史。而透過中國民主黨組黨運動遭到國民黨當局的打擊，黨禁正式成爲政治人物所熟知的禁忌。在中國民主黨籌組遭到打擊、胎死腹中之後，國民黨當局進一步對反對派政治人物施壓，同時強化它在各級議會的控制。一九六〇年代的臺灣失去了在野的公共媒體（《自由中國》《公論報》），整個言論遭到緊縮，在野派的政治人物也無法進行有效的串連或進行組織化。

黨外運動與美麗島事件

另一方面，整個一九六〇年代也是中華民國在國際舞臺遭到挫敗的年代，特別是一九七一年，中華民國政府失去了聯合國代表權，對國民黨當局的外部正當性，造成了嚴重的傷害；如何透過有限的改革開放增強統治的內部正當性，成爲國民黨當局的政治選擇。當時正在接班的蔣經國推動了革新保臺政策，在中央黨政機構拔擢臺籍菁英，同時推動增額中央民意代表的選舉。如此，不滿意或是批判國民黨當局的臺灣本土菁英，有機會透過選舉的民主假期，直接對民眾訴求，並爭取選票，進入中央政治舞臺發揮影響力。如此，黨外運動在一九七〇年代逐漸崛起。

一九七七年發生中壢事件，黨外人士認識到向群眾訴求轉而向國民黨施壓的政治改革路線的可能性。另一方面，全島性的助選以及大量黨外候選人當選公職，也鼓舞了黨外力量。一九七八年增額中央民意代表選舉，不僅大量的黨外菁英投入，而且透過全臺助選團的籌組，展現了黨外勢力結合並提出集體政治訴求（十二大政治建設）的運動方式。當年由於美國宣布不再承認中華民國，轉而與中華人民共和國建立邦交，蔣經國根據《動員戡亂時期臨時條款》行使緊急處分，下令暫停增額中央民意代表的選舉。失去選舉舞臺的黨外人士，轉而朝向直接向群眾訴求的集會方式發展。特別是《美麗島》雜誌成立之後，在各地成立服務處及分社，朝向一個沒有黨名的黨的方向發展。而蔣經國對於黨外試圖組織化也有相當程度的認識，並決定採取打壓的政策。

一九七九年十二月十日高雄事件發生，國民黨當局藉此機會趁機逮捕大批黨外菁英，使黨外力量一時受到重挫，不過在國際壓力及國民黨策略選擇之下，美麗島軍法大審不僅採取形式上的公開審判，同時開放媒體報導，黨外人士的政治訴求，第一次透過眾多媒體直接向人民轉達，並得到主張政治改革民眾的支持，使黨外力量得以迅速的復甦。

黨外運動再出發與突破黨禁

而在黨外運動再出發的過程，一開始集體行動的方式便是一九八一年共同推薦黨外候選人。一九八三年開始，無論是透過中央或者地方公職人員選舉，黨外都以選舉後援會的方式進行推派候選人、提出共同訴求，展現集體的力量。除了透過選舉集結之外，在一九八〇年代，黨外運動也逐漸朝向正式結社的方向發展。其中，除了公職人員主導的公政會便是很重要的組織化的成果外，另一方面，在黨外雜誌服務及發表文章的編輯作家，組成了編聯會，二者可以說是當時黨外組織化的重要表徵，再配合前述選舉需求所產生的選舉後援會，黨外人士逐漸具備了政黨的部分功能，但是這樣的進展，跟成為一個具體的政黨仍然有相當程度的落差。

最晚從一九八五年開始，黨外人士便逐漸醞釀組黨的可能性。透過傅正這一位曾經參加過一九六〇年中國民主黨組黨活動的政治學者的串連，祕密推動組黨的工作也逐漸展開。當時不少人研判公政會是最可能轉型朝向政黨化發展的組織，臺北分會、首都分會也針對組黨的訴求持續推動，而編聯會也對政黨的組織，乃至訴求進行討論。而當國民黨當局把重點放在對公政會或者編聯會的監控，黨外人士的祕密組黨的活動則將組黨的行動與一九八六黨外選舉後援會做了密切的連結。

一九八六年九月二十七日，也就是一九八六黨外選舉後援會開會的前一天，參與祕密組黨人士的聚會，決定在第二天要推動反對黨的組織工作，而且由第二天會議主席游錫堃還有謝長廷、尤清等相關人士先進行程序的討論，以便在九月二十八日能夠一舉推動反對黨的組織工作。

一九八六年九月二十八日在圓山飯店舉行的一九八六黨外選舉後援會的會議上，透過議程的變更，組黨成為討論的正式議案，並且透過當時參與黨外人士的努力，在當天決定組織民進黨。組黨的訊息傳開，成為當時炸裂臺北政壇的重量級事件，而且整個組織的速度和發展也出乎國民黨當時的掌控和預料之外。由於可能面對國民黨當局強力的壓制或逮捕，黨外人士也組成好幾批預備被逮捕的預備隊，避免組黨如一九六〇年一樣，在國民黨當局強勢逮捕下讓反對黨胎死腹中。事後來看，臺灣內外情勢與一九六〇年截然不同，而此時美國在《臺灣關係法》的架構下，對臺灣民主政治——特別是人權——持續抱持關心的態度，在美國的臺灣人也持續對政治人物進行遊說，讓美國國會透過聽證以及議案的討論，持續對國民黨當局進行施壓。而在國內傾向改革的中產階級崛起，則提供了反對黨重要的社會力量支持。在考量內外形勢之後，蔣經國終究選擇了承認反對黨成立的事實，而放棄強力壓制的手段。

臺灣民主發展脈絡中的民進黨

整體而言，民進黨在臺灣政黨發展史中，具有相當重要的意義。如前所述，日治時代的臺灣政黨是沒有機會也沒有能力，透過體制內的管道直接參與國家政策的制定，縱使有了選舉也只在地方選舉層次，在地方民意諮議機關具有諮詢意義的影響力而已。而民進黨成立的一九八六年，也是增額中央民意代表選舉的年度，一九八六黨外選舉後援會的會議成立了民進黨，不僅是組黨的一種因緣，更重要的是，雖然國民黨當局沒有正式承認，那一年的中央民意代表選舉呈現了政黨競爭的方式。

一九八七年解除戒嚴，而後在一九九〇年代，臺灣自由化、民主化的改革有了可觀的成果。民進黨不僅在改革的過程中，持續辦演推手的角色，也積極參與選舉，和國民黨競爭。一九九一年跟一九九二年的第二屆中央民意代表選舉，加上一九九四年地方自治法制化，跟一九九六年的總統直選，民進黨跟國民黨透過選舉的政黨競爭，來爭取執政權，這在過去是從來沒有發生過的。而民進黨組黨先進，在壓力之下突破黨禁，也爲臺灣政黨政治的發展提供了關鍵性的可能。

此後臺灣政黨的組織，只要能夠爭取到民眾的支持，就可以在選舉中和其他政黨一較長短，而隨著二〇〇〇年、二〇〇八年、二〇一六年臺灣三次的政黨輪替，政權的和平轉移深化了臺灣民主的深度，而此一民主發展的進程，民進黨的成立可以說是不可或缺的要件，也見證了民進黨在臺灣民主運動的角色以及意義。

記錄民進黨組黨歷史的意義

從一九八六年組黨到二〇二一年的今天，三十五年過去了。不過，民進黨並沒有自己的黨史，也沒有黨史研究機構，因此，有關整個組黨的歷程和意義也沒有系統性的整理與研究。而一般在網路上，除了可以透過相關人士事後回憶、口述訪談紀錄透露的蛛絲馬跡，或者黃爾璇事後整理的組黨大事記內容之外，近來在史料的突破上也有了重大的發展。除了相關的口述歷史工作，在陳儀深等人的投入，有了更多的成果外，最值得一提的是傅正生前存放在中研院近史所檔案館的相關文獻資料，隨著著作權問題的突破，已經逐步開放史料，提供研究者使用。特別是傅正在組黨過程中的紀錄，是當時最關鍵的史料之一，既是當時的紀錄，就可以彌補事後當事人記憶或是回憶內容的不足，未來也可以和其他檔案資料進行對照。

參與組黨的謝長廷在口述民進黨組黨過程時曾經提到：物是客觀的，人是主觀的，隨時間變化會回過頭來看許多事，如果只靠記憶，民進黨組黨的過程會變成三、四個。因此相關的物證/史料在撰寫組黨歷史而言相當的重要，而傅正當時的紀錄正是重要而且不可或缺的物證。此外長期投入黨外運動並且用照片寫歷史的邱萬興，也根據他所掌握的資料進行整理，即將會有新的著作發表。

而由王曉玟撰述、藍麗娟擔任企畫的這一本書，以《衝破黨禁1986》爲名，論述黨外人士如何在黨禁之下祕密組黨，終於衝破黨禁的歷程。以黨外人士組黨而言，祕密組黨小組的關鍵角色是目前研究關注的重點。不過，就檯面上的組織而言，公政會、編聯會的角色，也不容忽視。只是從不同的角度切入，觀察到的重點也不一樣。

而一九八六年九月二十八日，一九八六黨外選舉後援會的會議轉換成民進黨的組黨會議，固然是臺灣反對黨運動的里程碑，研究者也注意到最後組黨與一九八六黨外選舉後援會的結合問題，不過，幾乎沒有研究者從一九八六黨外選舉後援會的角度為主軸來探究民進黨組黨歷程。而《衝破黨禁1986》選擇這一個過去較少人關注的角度切入，正可以補強過去探究民進黨組黨歷程圖像。而這個以一九八六黨外選舉後援會與組黨關係做為主軸切入的視角，對於了解民進黨組黨的過程也有重要的歷史意義。

本書在結構上，主要可以分為兩個部分：除了論述組黨過程的「自由的窄門」部分外，第二部分則是相關人士的口述歷史，留下了當事人對民進黨組黨歷程的見證。其中第二部分的口述歷史，既是撰寫第一部分重要的素材，也具有獨立的史料性質，提供以後研究重要的參考。就收錄的口述訪談或是當事人自述而言，組黨過程中重要人物包括陳菊、周清玉、尤清、謝長廷、邱義仁等人的訪談皆在其中，當事人的自述則有游錫堃提供的文稿。此外，蔣經國祕書王家驊的訪談，則從國民黨當局的角度切入，留下了當時國民黨強人蔣經國身邊人士對民進黨組黨一事的記憶，有助於釐清目前對於蔣經國對黨外人士組黨狀況掌握的程度及其態度的部分疑點。

由於本書是從一九八六黨外選舉後援會的角度來論述民進黨的組黨歷程，當年一九八六黨外選舉後援會相關的資料，自然是作者重要的參考資料；一九八六黨外選舉後援會召集人游錫堃提供的資料還有角色，也是本書的特色。而爲了讀者閱讀時，可以掌握當時黨外組黨的脈動，在相關章節分別收錄黨外組黨大事記、創黨歷程組織系統表及一九八六年黨外候選人推薦大會致詞等重要資訊。至於附錄則有游錫堃的〈向民進黨助產士致敬〉和「民進黨創黨人名錄」，提供參與民進黨創黨重要人士資料。

由於本書撰寫團隊希望我可以爲這本書寫序，因此不僅有機會事先閱讀全部的文稿，也對於團隊的投入留下了深刻的印象。以九月二十八日宣布組黨之後的工作進展爲例，爲了整理建黨工作小組會議日期與開會內容，從九月二十九日七人建黨小組，如何增加爲十人，十月二日如何有十二人參加，又決議擴編爲十八人小組，就是其中的重點之一。團隊從根據的傅正資料是否爲日記或是會議紀錄，到成員擴編的可能歷程，仔細推敲、討論，並探詢了解傅正資料內容相關人士的意見，並一再修改成稿，即爲一例。

民進黨創黨的相關文獻、資料或是研究，對了解臺灣民主發展有其不容忽視的意義。而目前相關的論述，仍相當不足。本書的出版，提供認識民進黨創黨拼圖的重要面向，值得關心臺灣歷史的朋友參考。

二〇二一年七月九日於國立政治大學文學院

（本文作者爲國立政治大學台灣史研究所教授）

推薦序

圓山組黨的時代意義

游錫堃

「圓山組黨」是臺灣威權體制過渡到民主憲政的分水嶺，也是臺灣政治發展史上的重大轉捩點。它衝破黨禁，誕生民進黨，迫使蔣經國[1]宣布解除戒嚴，爲臺灣民主政治的發軔、奠基、轉型、茁壯、熟成埋下優質的因子。

其後隨時間演進，民進黨呼應民意順勢衝撞，迫使國民黨政權廢除《動員戡亂時期臨時條款》與「萬年國會」沉痾，建立「國會全面改選」與「總統直選」新制，確立「民主臺灣」。終於在三十五年後的今天，讓世人共同見證了三次政黨輪替、目睹了雨後春筍般冒出的新政黨、多元活潑的媒體，結成滿園芬芳、豐盈的民主果實。

現在的臺灣，常被國際譽爲民主典範，是華人文化圈的第一個民主國家，但是，過去卻也經歷過一段被威權鐵蹄蹂躪的白色恐怖年代！

一九四五年，國民黨遷占臺灣之後，實施三十八年的軍事戒嚴統治，其間二二八事件、雷震組黨案、中壢事件、美麗島事件、林宅血案、陳文成命案、江南命案、蓬萊島三君子案、鄭南榕案等政治迫害事件層出不窮！二十萬名異議人士與無辜牽連者[2]被國民黨政權羅織罪名抓入黑牢、刑求、軍法審判、司法迫害、甚至暗殺。

這些暗黑歷史原可以避免，卻爲何持續發生？是誰害了臺灣？

這要歸咎於華人傳統文化的「大一統」政治思想，害慘了當年的臺灣。那一代多數菁英企盼「回歸祖國」，種下了由國民黨代表盟軍接收臺灣的後果，也種下了一九四七年二二八事件大屠殺的禍因。

一九四五年終戰前後，當「住民自決」思潮在國際興起並被納入聯合國憲章之時，「臺灣社會卻對中國充滿幻想，瀰漫著歡迎『祖國』接收的氣氛」[3]。

例如，一九四五年八月十五日日本投降後，「當時在臺日本少壯軍人夥同『御用紳士』辜振甫等人在草山密謀以十七萬裝備精良的日軍、三十多萬日本居民及充足的糧食武器，拒絕盟軍接收，想宣布臺灣獨立」[4]。知識分子郭國基基於對時勢的判斷及對中國的了解，認爲「臺灣前途需要臺灣人自己打拚」，「專程從高雄出發，一路經過被美軍轟炸得柔腸寸斷的鐵公路，輾轉趕到臺中阿罩霧（現在的霧峰）遊說林獻堂，力勸他不要以爲臺灣『回歸祖國』就一切都好了。」可嘆！郭國基的主張，「林獻堂並沒有聽進去，那年雙十節還在臺北中山堂前的慶祝大會中發表演說，歡迎『祖國』到來。」[5]

林獻堂是抗日運動的領袖、臺灣議會設置請願運動的領導人，他與同時代的臺灣菁英分子，皆深受中華傳統政治思想影響而選擇「回歸祖國」。無獨有偶，四十年後的一九八〇年代，香港菁英分子也受大一統思想影響，重蹈選擇「回歸祖國」的覆轍。

「二戰後聯合國積極鼓勵香港獨立，從一九四六年的六十六號決議，到一九七二年被夾帶表決歸中國前的二八七八號決議爲止，至少有三十一個。但香港人沒有獨立意願，使中國有機可乘。」[6]

當時香港菁英沒能洞燭機先，而未採納聯合國決議，誤認「回歸中國」是最好的道路[7]，於是中英兩國在一九八四年簽訂了《中英聯合聲明》，決定了香港的前途，也埋下了今天香港悲慘命運的禍根。

直至二〇一九年三月起的「反送中運動」，港人才猛然覺醒，了解「立法會」和「行政長官」以自由、直接的選舉方式產生的「雙普選」的可貴，進而將「真雙普選」列入五大訴求之中積極爭取，雖迅速在香港蔚爲風潮並贏得國際的支持，但爲時已晚。其後，中共變本加厲、粗暴鎮壓，又推出《港版國安法》，羅織各種罪名大肆拘捕民主派人士，中共曾經承諾的「港人治港」「一國兩制，五十年不變」瞬間破產。

香港上一代人錯誤的決定，讓這一代人落入痛苦的深淵。而香港的遭遇使世人更加體認到「雙普選」的重要性。奠定臺灣民主化基石的「雙普選」就是一九九二年實施的「國會全面改選」，及一九九六年舉行的「總統直選」。「合抱之木生於毫末，九層之臺起於壘土」，這兩項臺灣民主轉型最重要的改革雖是在李登輝總統主政之下完成，其成因卻可上溯至一九八六年的「圓山組黨」。「圓山組黨」誕生的民進黨其後在歷次選舉中躍爲最大在野黨，結合民意屢屢挑戰、撼動、推波助瀾，才給了李登輝落實民主化的底氣，裡應外合，獲致了不起的成果，使臺灣成爲華人世界的民主燈塔。

回首來時路，一九八七年七月十五日，蔣經國結束臺灣長達三十八年的戒嚴。蔣經國爲何願意冒著失去政權的風險，開放給臺灣民主自由？其原因亦與「圓山組黨」有密切的關係。

終戰之後，臺灣在野人士積極推動民主、籌組新黨，許多人冒著坐牢、失去性命的危險，力求衝破國民黨政權施加的黨禁。終於在一九八六年九月二十八日，

「一九八六黨外選舉後援會」結合一百三十五位黨外人士在圓山飯店衝撞體制、召開記者會、公開宣布成立「民主進步黨」，消息傳出，國際震動，史稱「圓山組黨」。

黨政軍特一把抓的國民黨，一直到「圓山組黨」宣布後才得知消息，其後數日，蔣經國陷入困境，面對再六十八天即將舉行的中央民意代表選舉，抓人？政治代價太大；不抓？等於承認新黨成立。終因情勢所逼，在一九八六年十月七日接受《華盛頓郵報》專訪宣布，中華民國將研議解除戒嚴、開放黨禁。可以說，圓山組黨人士成功地踢出了臺灣民主政治改革開放的臨門一腳，也踢開了臺灣的民主光明大道。

圓山組黨之後十五個月，一九八八年一月蔣經國過世，臺灣出生的繼任總統李登輝先生，相對於保守的中國國民黨來說，無疑是「血統不純正」。面對龐大、封建、隨時可能復辟的黨國機器，若不是先前「圓山組黨」先行衝破威權體制的框架，奠定大環境的改革氛圍與契機，當李登輝陷入國民黨內主流、非主流之爭時，是否眞能順利主導政治改革？臺灣政局又會如何變化？三十多年後的今天，國內外政治學界仍然難以下定論！

有如火車轉轍，在關鍵時刻，「圓山組黨」擔任「爲之於未有、治之於未亂」

的角色，一舉爲臺灣的命運轉至民主軌道，蔣經國在國內外情勢交攻、騎虎難下之際，被迫將臺灣這列車順勢置放於民主開放的路徑，影響所及，接手的李登輝得以在民進黨驅動之下，揚棄威權統治及大一統的回歸，開啓一場不流血的民主轉型。

受苦的人民沒有悲觀的權利，民主不是天上掉下來的。圓山組黨三十五年後的今天，回顧先賢、前輩們爲臺灣人出頭天的前仆後繼，一波波民主抗爭，波瀾壯闊、血淚斑斑，吾輩更應珍惜成果得之不易。

放眼國際，眼見接鄰強國正在發生的新疆百萬人監禁、圖博藏僧自焚、香港民主倒退、內蒙文化滅絕及中共無所不在的迫害宗教與剝削人權，世人難安。中國人民正爲民主人權在拚搏，個人敬盼以此文與之相互勉勵，人云：「冬天到了，春天就不遠」，期待他們持續堅持、努力不懈，光明就在不遠處。我也要正告中共，中國歷史已經證明，「沒有定期改選，就一定會改朝換代」，希望中共及早回頭放棄極權，推行政治改革開放。期待臺灣的歷史經驗，能給予中國人民一些啓示、中共政府一些鑑戒。

撰寫本書的王曉玟小姐是得獎無數、享譽盛名的報導者，同時，她也是一位優秀的劇作家、生動活潑的說書人。因爲對臺灣的熱愛，她耗費許多時間、心力，大量地踏查採訪，蒐集多方資料，完成這一部兼具深度考據，且具文學性的歷史性書籍，她生動的文釆，讓本人在閱讀之餘，彷彿回到了當年籌備圓山組黨處驚歷險的情境當中。

感謝她爲臺灣寫下這一代臺灣人的民主奮鬥史蹟。特別是，她也是一位優秀的宜蘭子弟，本人引以爲榮，並樂爲之序。

寫於二〇二一年五月三十日

（本文作者爲立法院長）

第一部

自由的窄門

一、序章

「時候到了。」三十八歲的臺灣省議員[1]游錫堃心中默想。

一九八六年九月二十七日，看似尋常的週六下午，游錫堃剛剛離開位在臺北市青島東路的「黨外公職人員公共政策研討會[2]」（簡稱「公政會」）總會，在同期的臺灣省議員蘇貞昌陪同下，前往圓山飯店勘查場地。

圓山大飯店，這個傳說中，國民黨布滿特務，開鑿地下通道的情報重鎮，是他一手選定的地點。燈塔之下的黑暗，應該會比較安全。

他不知道，明天會是臺灣歷史上永恆的一日？還是自己與太太和兒子們相見的最後一次？前途茫茫，但如果不放手一搏，漫漫歷史長河，何時才能實現一代又一代臺灣人要出頭天的夙願？

站在圓山飯店門口，腳下的臺北城燈火逐漸亮起。當他瞻望未來時，他忽然領悟到，一個新的命運將要劇烈改變他——這個宜蘭鄉間貧農掙扎出身的蕃薯仔的生命。一種深沉的宿命和悲傷，貫穿他的全身。他尖銳地意識到，從明天開始，他的經驗與遭遇，正呼應著一百多年來的宜蘭反抗精神，以及這一代臺灣人的拚搏。

「明天，就是明天，是組黨的最好時機！年底選舉之後，臺灣將有三年不再有選舉[3]，如果明天不組，接下來缺乏大規模動員的時機，組織新黨也就遙遙無期了。」他胸中蘊藏許久，已祕密籌畫了三十五天的組黨行動計畫，終於在剛剛的「組黨預備會議」中和盤托出，一吐爲快。

「十人祕密組黨小組」核心成員之一的黃爾璇一聽，說道：「可惜我們到現在才知道明天是最好的日子，實在太慢了。不過，如果想組黨，晚上可開夜車，把原來擬好的文稿修改定案。」[4]

關鍵時刻，原本各立山頭的黨外人士難得有志一同，決定明天在「一九八六黨外選舉後援會」第三次會員大會的會議中發動突襲，推動組黨。事先知道要發動奇襲組黨的，只有來參加今天這場「組黨預備會議」並簽署提案單的十幾人。而明天預計將到圓山飯店的黨外菁英人士，以及爭取被推薦爲年底選舉候選人的一百多位[5]黨外人士，並不知情[6]。

論年紀、講輩分，游錫堃都不比別人多，他是以什麼身分或立場來發言？

他是一九八六黨外選舉後援會召集人。

一九八五年連任省議員的游錫堃，並不參選一九八六年年底的國大代表、立法委員選舉，得以公正地扛起一九八六黨外選舉後援會召集人的責任，這也是黨外人士在八月二十四日選出游錫堃擔任這角色的原因。黨外領袖康寧祥當時這樣慎重叮囑：「堃啊，你做召集人，你就愛加這攤顧乎好！」

他把剛剛「組黨預備會議」中的結論，又在腦海沙盤推演一遍：明天上午會議開始，即由尤清提出臨時動議，提案增加組黨討論案的議程，由游錫堃以大會主席的身分，徵求全體出席會員同意，才能新增組黨討論的議程。討論組黨時，由終身職立委費希平主持，並把事先商定的黨名「民主進步黨」，請謝長廷提出。

一切運籌帷幄妥當。如果有任何一人退縮、貪生怕死或是淪爲國民黨的線民，不僅籌組反對黨運動失敗，在場一百多位黨外人士都將可能被一網打盡。

「如果那一天他害怕、懦弱、不敢變更議程，宣布成立民主進步黨，這個黨當然是組不成。如果那一天他沒有歷史使命感，他也可以有很多理由臨陣退縮。所以他是一個扭轉乾坤很重要的力量，在混亂中，讓這個黨可以成立。這中間的過程，有些人知道，有些人不知道。」一九八六年剛假釋出獄的美麗島事件受刑人陳菊，多年後受訪指出。

處在當下，很難辨認並汲取歷史的重大意義。許多黨外人士多年後回顧，才恍覺，這是一次突破歷史限制的關鍵行動。

而當游錫堃面臨重大抉擇，他想起三個人。

他想起蔣渭水。

蔣渭水，在宜蘭出生，日治時期創立臺灣第一個本土政黨──「臺灣民眾黨」。四十歲因傷寒過世時，仍念念不忘臺灣社會革命運動。蔣渭水一生清寒，留下的妻兒還要仰賴同志們的奠儀才能勉強生活。「傷心身外一無餘，剩得蕭條數卷書，兒女遺孤猶在讀，親朋同志痛何如。」游錫堃至今仍能朗朗上口這首蔣渭水友人的悼念詩，同時透露了對自己政治人格的期許。

他也想起郭雨新。

一九七〇年代，游錫堃有一回和黨外元老郭雨新的助選大將游振亮一起坐著郭雨新的黑色轎車回宜蘭，他們半開玩笑地說：「不能坐到郭先生的位置，不然可能會被錯殺。」

他更想起林義雄。

也不過六年前，一九八〇年二月二十八日那一天下午，林義雄仍因美麗島事件被拘留在景美看守所內，渾然不知家中發生滅門悲劇。當游錫堃趕到臺北市信義路林義雄與方素敏夫妻家中，走往地下室，那鋪滿灰塵的階梯上，還遺留著被害的林家小女孩們掙扎的斑斑血跡和紛亂的小手印，令人怵目驚心。

「我的故鄉宜蘭前輩們，先賢蔣渭水創立臺灣民眾黨，郭雨新省議員任內是籌組中國民主黨七常委之一，林義雄省議員任內是美麗島事件軍法大審受刑人，沒有一位錯過組織全國性反對黨的機會，現在也是省議員的我，又怎麼能錯過？」他自問。

游錫堃走向圓山飯店二樓的敦睦廳。

紅柱頂著綠金相雜雕飾的天花板，美輪美奐。這是第一次黨外在這麼氣派的場地開會，一掃汗流浹背的街頭形象。他注意到剛送到場內的一九八六黨外選舉後援會會旗，綠色十字路口中間蹲踞著臺灣島的圖像，象徵臺灣正在十字路口上。

按照他的祕密籌畫，明天將由蘇嘉全等六人抬著這幅長三公尺、寬兩公尺的會旗入場，高懸臺前。他將站在會旗前，以大會會議主席的身分致詞，預祝組黨成功。

勇敢與怯懦，成功與失敗，榮耀與痛苦，他將再一次選擇，再一次超越自己的生命格局，和黨外人士一起，努力爲臺灣鋪設民主的新軌道。

1 一九七五年郭雨新參選立委，因八萬張廢票而落選／郭時南提供

2 一九七五年郭雨新參選立委傳單「不死的虎將」／范巽綠提供

3 一九八〇年二二八當天發生林宅血案（圖右為林義雄）／邱萬興提供

二、無人知曉我姓名

一九八六年九月二十七日那一晚，一九八六黨外選舉後援會召集人游錫堃，回到臺北市博愛路二百一十七號的臺灣省議員會館。舉步上樓，打開二六三號房門，看到太太楊寶玉和兩個兒子已安穩睡去，心中對家人的愧疚，油然而生。

原本，他和另外一位同期的省議員蘇貞昌共用這間二六三號房。不過，爲了明天，游錫堃特地吩咐太太把七歲的大兒子游秉陶和六歲的小兒子游翔，都接上來同住兩晚，一家四口擠在兩張木製的單人床上。明天的事，他沒對太太吐實，只在心中默默思量：「萬一明天國民黨動手抓人，至少，我能和家人說聲再見，避免像許多美麗島事件受刑人，有的被捉去好幾天了，家人還不知道，也不知道去哪裡問人。」

他想起他和一九八六這屆黨外選舉後援會執行祕書陳清泉的對話。

陳清泉原本是《臺灣時報》記者，游錫堃邀他加入黨外運動並協助後援會會務，更重要的是：祕密籌備組黨。一個多月前，游錫堃從位於臺中霧峰的臺灣省議會北返，和陳清泉相約在立法院後面一排低矮房舍之間的自助餐店吃飯。吃著吃著，游錫堃談起組黨，說到有些人不夠積極。

「阿泉，如果國民黨抓人，你怕不怕？」他猛然嚴肅地問陳清泉。

「大小尾有分啦，我去關個一、兩年不要緊。」陳清泉回答。

「伊（中國國民黨國家機器）若用動員戡亂時期法令抓人，我看，重的要關六、七年，輕的也大概三年，歹勢喔，我揪你來臺北卻害到你。」游錫堃心情複雜地說。

他怕的是，祕密組黨一事雖對得起自己，對得起國家，卻對不起家人和朋友。

坐在二六三號房小小的木桌前，游錫堃再度默唸明天擔任大會主席的致詞稿〈期待人民用選票的力量決定共同的命運〉[1]。明天下午，他將站在綠色的會旗前致詞演講，這將是他從政五年來最引人矚目的時刻。讀到「組黨關鍵年」之處，他反而感受不到一絲猶豫或愧疚了。他理解，這一切都是自己的選擇。

躺在床上，游錫堃轉頭凝視小兒子稚幼的臉，捨不得入睡。他覺悟，如果自己也和過去兩次組黨運動[2]一樣失敗了，他將無法陪伴兒子長大。

母親黃秀菊的臉孔浮現，過去啓蒙他的民主前輩的臉孔，也一一飄進腦海：雷震、郭雨新、黃信介、康寧祥……

雷震的啓示

對他與大多數同年齡臺灣人而言，雷震的面貌，原本是不清晰的。

一九六〇年九月四日，尋常的初秋上午。

《自由中國》雜誌社社長雷震忽然聽到警員敲門大喊：「你家失火了！」

雷震匆匆忙忙打開門，數十名國民黨特務一同衝進來，以「涉嫌叛亂」爲名將雷震逮捕。他被判刑十年，同時被捕的《自由中國》編輯傅正被判感化教育三年。

這一年，年僅十二歲的游錫堃剛剛從冬山國小畢業，上學時天天聽著「反攻，反攻，反攻大陸去，大陸是我們的江山，大陸是我們的國土……」[3] 考上宜蘭中學的這個暑假，青少年錫堃照舊牽著牛到宜蘭冬山河邊的土丘上吃草，在田間割豬菜，在家裡掃地挑水，照顧弟妹，與白鷺鷥相伴，渾然不知雷震被捕。

雷震的好友、時任中研院院長的胡適，謄寫了南宋詩人楊萬里的〈桂源鋪〉，送給雷震，做爲雷震在獄中六十五歲生日的賀禮：

「萬山不許一溪奔，攔得溪聲日夜喧。到得前頭山腳盡，堂堂溪水出前村。」

當胡適抱病抄錄這首詩時，青少年錫堃只有十三歲。

後來，這成了游錫堃最愛引用的詩。一九八一年春節，游錫堃曾將這首詩印在拜訪名片上，到處發送。

但是，雷震案對他的影響不僅於此。

雷震案是國民黨在臺灣執政後，第一次知識分子的組黨運動。雷震是在選舉之後才組黨，有著菁英思維，卻缺乏群眾基礎，這些因素都導致籌組中的中國民主黨很快被翦除[4]。其中，尤其是「組黨的時機」，給了游錫堃很大的啓示：「千萬不能在選後組黨。因爲，一選舉完，國民黨可以以逸待勞，毫無忌憚，一網打盡。」他將雷震案對照在美麗島事件發生後，一九八〇年的周清玉旋風與一九八三年的方素敏旋風[5]，分析出：「如果是在選前組黨，被抓的同志，其家屬還可以出來遞補參選。」

郭雨新給的臺獨震撼

而對大多數同年齡的臺灣人而言，郭雨新的面貌，就清晰多了。

郭雨新是游錫堃的政治啓蒙者。

雷震被捕後，原本列名中國民主黨的「七常委」，大部分人選擇離開政壇。吳三連經商辦報，李萬居生病，高玉樹當臺北市長，只有擔任省議員的郭雨新傳承黨外民主運動的香火，成爲在野勢力的領導中心。

一九六九年，二十歲的游錫堃第一次面見郭雨新，是在郭雨新臺北農安街的家中。那時，在羅商[6]補校半工半讀的游錫堃，白天種田，晚上讀書，卻也因生來一副「雞婆性」，樂於助人，好爲弱勢者出力，在學校被選爲班長。儘管他腦子裡的政治思維仍是國民黨教育灌輸的「收復失土，反攻大陸」。

偶然間，村裡一位曾姓婦人請託，因爲兒子就讀宜農[7]被留級，希望有機會能補考升級。他天眞地想幫忙，就去找時任宜蘭縣議員的賴茂輝。賴茂輝一聽，便說道：「這必須找郭雨新，他是宜蘭農校校友會會長。」寫了張名片，讓游錫堃帶去臺北市找郭雨新。雖然任務未成，但他從此成了長安東路一段四十四號「羅馬賓館」[8]的常客。

羅馬賓館是黨外人士聚會的地方，一九七五年，二十七歲年輕懵懂的游錫堃，在這裡結識了許多仰慕已久的黨外前輩，如黃信介、康寧祥等人，也因此首度接受臺獨思想的震撼。每次聚會結束，郭雨新總會站在門口，向來訪的年輕人一一握手話別，眼神篤定地說：「打拚！爲了咱的國家，臺灣！」[9]

在國民黨政權的宣傳教育之下，臺獨是「臺毒」。國民黨的「三合一敵人論」，指的就是「共匪、臺獨、黨外」。但是，游錫堃初次聽見郭雨新特別強調

「國家」二字，好像眼前突然出現一道光，在一團曖昧混沌中，照出理想的輪廓。

老實說，那時候沒人覺得他會從事政治工作，他自覺自己不過是郭雨新眾多追隨者中不起眼的一分子、一個椿腳。但他常充實民主政治知識，也常回宜蘭跟鄉親懇切地訴說自己的抱負，同時也會主動幫黨外人士助選。他自認是黨外的學徒，像個辛勤的插秧者，低著頭，默默把自己種在原本離他十萬八千里的黨外運動圈中。

林義雄和黃信介的勝選洗禮

直到一九七七年，游錫堃二十九歲，他下定決心效法郭雨新，準備參選省議員。

那一年，臺灣發生中壢事件[10]。這是臺灣政治的一個分水嶺，國民黨在縣市長選舉、省市議員選舉遭逢前所未有的失敗，丟掉四席縣長，以及七十七席省議員中的二十一席。而黨外人士經過長期蟄伏，首度當選超過二〇%席次比例，從此，這比例一路盤旋升高[11]。中壢事件也讓臺灣群眾的樣貌，在二二八事件之後，首次變得清楚。

但是，那一回的大選，游錫堃卻落隊了。

選前，他原本已經投入一年多的努力，印名片、發傳單、拜訪郭雨新先前在各鄉鎮的競選團隊負責人，走遍許多大街小巷，並公開宣布參選臺灣省議員，但是後來因為林義雄也宣布參選，於是，黃信介邀宜蘭縣黨外各地要角，找游錫堃協調。

坐在宜蘭市媽祖廟對面的太平洋飯店，游錫堃默默聽著黃信介的勸說：「錫堃兄，你很優秀，只不過義雄兄年紀較長，資歷較深，這次你就讓給義雄兄……錫堃兄，你就趁這個機會好好去讀冊，想做政治，多交一些同學也很重要……」

「報紙上有寫，義雄兄原意是選縣長。如果他繼續走縣長的路，讓我有機會參選，我一定不會辜負大家的期待……」他回答。

論學歷，他只是致理商專[12]畢業。論經歷，他只是國泰信託一個小小的業務員。相較之下，臺大法律系畢業的林義雄，是郭雨新的辯護律師，和另外一位夙有「黨外大護法」稱號的辯護律師姚嘉文合著《虎落平陽》[13]。黨外陣營公認，喜歡抽著菸斗，說話凜然有威的林義雄，顯然比游錫堃更適合當郭雨新的接班人。

「人家是天頂的一顆星，你有可能嗎？」游錫堃的母親黃秀菊也曾質問他[14]。

在眾人勸說及黨外大局的壓力下，對當選充滿憧憬與自信的游錫堃，不得不退選。

退選那一天下午，游錫堃騎著機車回到童年放牛的山丘[15]，獨自坐著，看著滿山遍野的秋芒在風中飛舞，每一支銀白的秋芒，只能憑著纖細的絨毛盛著稍縱即逝的陽光。

他感到完全的孤獨。

「有種想哭，但哭不出來的感覺。」他記得過去也曾有過這種感受，那是十三歲那年父逝之時。

他幾乎不知道，該如何走下去？如何才能實踐他在政治上剛剛萌芽的理想與衝勁？游錫堃和每個臺灣人一樣，掙扎著要從一個盤根錯節的狹窄縫隙中，鑽出頭來[16]。

美麗島人士組黨挫敗的衝擊

一九七〇年代，許多前輩的薰陶，使游錫堃從鄉里間打抱不平的青少年，成長爲一名對國家前途充滿抱負的青年。

其實，也就是整個一九七〇年代，臺灣這個小島惶恐不安地飄蕩在帝國體系邊緣。在國際上，臺灣與中國的國際地位正逐漸逆轉。在國內，中華民國的外交危機，使得國民黨喪失了統治中國的正當性，明明只統治臺、澎、金、馬，卻堅持著大一統中國規模的統治機構與意識型態。

一九七八年十二月臺美斷交，黨外領袖康寧祥發表了〈告同胞書〉，以及黨外人士發表的〈黨外人士國是聲明〉，鏗鏘陳述著臺灣未來應由一千七百萬居民共同決定，反對任何強權支配其他國家人民的命運[17]。

游錫堃受著這些浪潮的淘洗。他和黨外開始出現的分支、派系一樣，常常有一種生逢其時的感覺，政治行動主義才正要發光。不論是政治光譜、運動路線，大多數黨外人士都覺得自己擁有使命、欲望和不可辜負這個時代的急迫感。每一個人都渴望自己成爲臺灣民主運動傳統的一分子。問題是，該怎麼做？什麼時候做？

錯一步，就會全盤皆輸。他不敢忘記，美麗島事件的挫敗。

一九七九年，《美麗島》雜誌成立，由黃信介擔任發行人，許信良任社長。和康寧祥創辦的知識分子問政雜誌《八十年代》，互別苗頭。

年過三十的游錫堃也成爲《美麗島》雜誌社宜蘭分社籌備處主任，分送了數百本《美麗島》雜誌。《美麗島》雜誌創刊號就賣出了七萬本，第四期賣出十四萬本，創下黨外雜誌的紀錄。他們也四處成立分社，以社務委員的名字網羅黨外菁英，蓄積民主運動的力量，使國民黨深感芒刺在背。一場在國際人權日的遊行，國民黨將這些黨外菁英一個個逮捕入獄。其中，他幫忙助選的林義雄，和結識於羅馬賓館的陳菊，都被判刑十二年。

一張張美麗島軍法受審人士的面容，他們以雜誌社爲掩護、實則公開組黨的挫敗，都在游錫堃的腦海盤桓不去。

這回，只有十多人知道，明天九月二十八日在一九八六黨外選舉後援會上的突襲組黨。

歷史時刻，隨著夜色降臨，已然逼近。游錫堃知道，這條遙遠坎坷的民主運動之路的盡頭，如果有成果，就會在明天。

1 一九七七年黃信介前往宜蘭為參選臺灣省議員的林義雄助選／黃天福提供

2 一九七九年美麗島雜誌社成員合影／張榮華提供

3 一九七九年美麗島雜誌創辦大受歡迎，引來國民黨炮製高雄事件鎮壓／邱萬興提供

4 一九六〇年自由中國雜誌社創辦人雷震因組織中國民主黨被國民黨羅織罪名入獄十年（此為雷震出獄後，於一九七七年所攝）／張富忠攝影

2

3

6

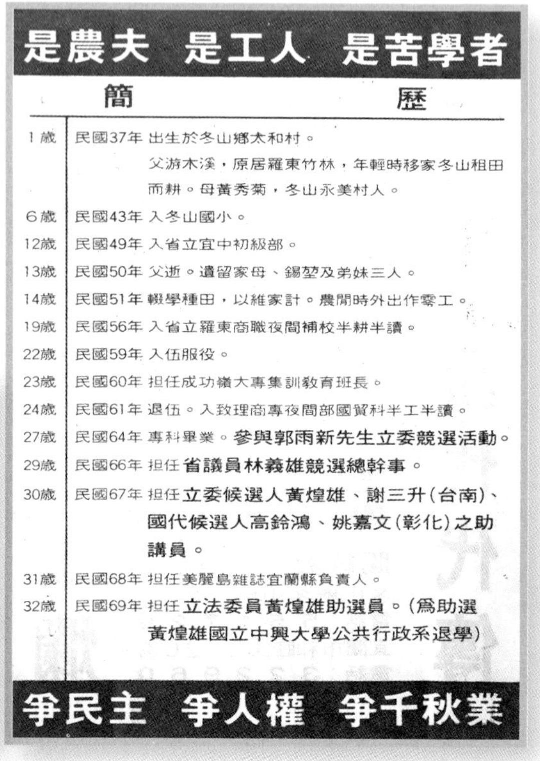

是農夫 是工人 是苦學者

簡歷

1歲	民國37年 出生於冬山鄉太和村。父游木溪，原居羅東竹林，年輕時移家冬山租田而耕。母黃秀菊，冬山永美村人。
6歲	民國43年 入冬山國小。
12歲	民國49年 入省立宜中初級部。
13歲	民國50年 父逝。遺留家母、錫堃及弟妹三人。
14歲	民國51年 輟學種田，以維家計。農閒時外出作零工。
19歲	民國56年 入省立羅東商職夜間補校半耕半讀。
22歲	民國59年 入伍服役。
23歲	民國60年 担任成功嶺大專集訓教育班長。
24歲	民國61年 退伍。入致理商專夜間部國貿科半工半讀。
27歲	民國64年 專科畢業。參與郭雨新先生立委競選活動。
29歲	民國66年 担任省議員林義雄競選總幹事。
30歲	民國67年 担任立委候選人黃煌雄、謝三升(台南)、國代候選人高鈴鴻、姚嘉文(彰化)之助講員。
31歲	民國68年 担任美麗島雜誌宜蘭縣負責人。
32歲	民國69年 担任立法委員黃煌雄助選員。(爲助選黃煌雄國立中興大學公共行政系退學)

爭民主 爭人權 爭千秋業

5 一九七七年，游錫堃決心參選省議員，但後來因故被勸退，此為當時印製的傳單（正反面）。

6 一九八一年，游錫堃第一次參選省議員印製的傳單（正反面）。

竹篙是槍
籮筐是倉庫
大地就是糧食
是的 兄弟
這條路我的祖父走過
我的父母走過
我也在結實地
赤足地踏在世界上
前面的道路上
有兄弟姊妹們正在走
我們要一起走 一起工作
我笑了說
早晨 你好

心憂國脈如縷

身獻鄉里建設

學歷
冬山國校
宜蘭中學初中部
羅東商職補校高級部
致理商專國貿科

年齡：二十九歲
黨籍：中國青年黨
經歷
曾任：農夫、工人、外務員
現任：銓利電子公司經理

農家子弟
游錫堃
專程拜訪

賜教處：宜蘭縣冬山鄉冬山路一三一號
電話：五四六六五五

5

7　第七屆省議員時期，游錫堃（中）偕母黃秀菊（右一）與游秉陶（左一）和游翔（左二）出遊阿里山／游錫堃提供

8　第七屆省議員時期，游錫堃仍刻苦就讀東海大學政治系日間部（一九八五年六月十六日畢業典禮時，在東海校園攝全家福）／游錫堃提供

9　一九七〇年底游錫堃攝於苗栗斗煥坪新兵訓練中心／游錫堃提供

10　第七屆省議員時期的游錫堃（左）與妻楊寶玉（右）出遊歐洲／游錫堃提供

7

8

13

11 一九八五年底，游錫堃參選第八屆省議員入傳統市場拜票／游錫堃提供

12 一九八五年底，游錫堃當選第八屆省議員，謝票車隊萬人空巷／游錫堃提供

13 一九八五年底，游錫堃高票當選第八屆臺灣省議員／游錫堃提供

14 臺灣省議員（第七屆、第八屆）游錫堃常常往返宜蘭與霧峰的臺灣省議會問政／游錫堃提供

三、組黨！阻擋！

九月二十八日週日一早，蹬著白色階梯步上圓山飯店時，游錫堃感到一絲料峭的秋風。

危機推著游錫堃走向圓山飯店，也推著游錫堃，揮別這個小島煎熬的夏天。

兩年前（一九八四年），江南命案[1]讓國民黨政權在美國的形象大跌，總統蔣經國次子蔣孝武接班失敗，半年內發生三次大礦災[2]，加上去年（一九八五年）爆發的十信案[3]，人民眼睜睜看著獨裁政權頻頻出大錯，而旅居美國十年的故總統夫人蔣宋美齡，也將在十月返回臺灣。

蔣氏政權內外交煎，黨外陣營組黨的風聲從未斷過，鋒頭最健的就是公政會（請見BOX 1）。

臺灣省議員游錫堃也是公政會的一員。當他快步從大廳走向二樓敦睦廳時，他不免想起這個夏天八月十五日那一晚。

臺北市中山國小。

偌大的操場上擠滿了人，四周三層樓的每一個窗口都有民眾翹首觀看。公政會與編聯會聯合舉辦「行憲組黨說明會」，年輕媽媽推著娃娃車，工人、學生、傴僂的長者都聚在這，烤香腸、賣青草茶的攤販也來湊一腳。印著「組黨？組黨！」四個大字的傳單到處分送。在〈望你早歸〉哀怨的曲聲中，綠色的旗幟自中山國小的旗杆冉冉升起。

第一次在黨外聚會上演講的美國民主黨國際事務協會會長艾特沃看著眼前的人海，深感臺灣人嚮往民主的殷切。「我們在美國演講，從來沒見過這麼多人。」他側身對黨外人士說。

一排黨外明星政治人物站在臺上，都感到時代的浪往自己身上狠狠打來。誰不想做創造時代的人？誰甘願只感受到時代的餘波蕩漾？儘管知道，自己說出口的一字一句皆會被國民黨情治人員一一記錄，彙編成檔，上呈調查局、國安會、警備總部，但在這關鍵時刻，誰能不勇敢？

「黨外人士如果一定要有人犧牲，我願做第一個！」隸屬公政會、臺北市議員謝長廷上臺，慷慨激昂地說。

「美國的民主黨知道臺灣有這麼多政治犯，家屬都是民意代表，就表示，需要為這些政治犯請人權律師。我告訴他們，被關在監獄裡的就都是人權律師啊！可見臺灣對人權的蔑視，已經成為國際笑柄。」謝長廷語氣由嚴肅轉為幽默，不忘說了個笑話。

笑聲混著掌聲，聽眾亢奮的情緒如墨入水，旋即渲染開來。

中壢事件主角許信良[4]的弟弟許國泰上臺也大喊：「許信良就要組黨回臺！」

「我要去機場迎接許信良！」隸屬公政會、臺北市議員林正杰呼應。

不讓公政會搶盡風頭，編聯會也不甘示弱。「組黨就是要奪國民黨的權！」編聯會祕書長邱義仁也向群眾喊話。

游錫堃也站上講臺了。隸屬公政會的他，也大聲疾呼要組黨。他向群眾指出，國民黨自今年春天以來，不斷說要溝通，但其實是個陷阱：「國民黨說要理性、和諧溝通，都是騙人的！」

恫嚇下的溝通

國民黨所謂的溝通，早從一九八六年五月就開始。

一九八六年四月，國民黨黨內開會決定，公政會若設立分會，必須限期解散，否則一併取締總會和分會，如拒絕解散，將依《刑法》煽惑他人抗拒合法命令罪處刑[5]。

國民黨的威嚇，彷彿一把野火，燒出了野草般的反抗意志，反而促使公政會在全臺各地成立分會。到這個夏天，游錫堃細數，全臺灣已經設立了十個公政會分會。

早在今年的五月七日，蔣經國在國民黨中常會上指示，要和黨外溝通[6]。國民黨找了陶百川、李鴻禧、胡佛、楊國樞等四人作中介學者，參與溝通。五月十日，這四人作東，國民黨由蕭天讚、梁肅戎、黃光平三人出面，黨外則由費希平、康寧祥[7]、尤清、謝長廷、江鵬堅、游錫堃、張俊雄七人出席，在臺北市的來來飯店會談。

第一次溝通會議。

偌大的圓桌上，人人面色凝重，都抱有會談破裂的最壞打算。

游錫堃不會忘記來來飯店這場國民黨要求與黨外進行的第一次溝通會議，這漫長的五個小時，唯一的共識是：國民黨原則上同意公政會可以設分會，而黨外也同意尊重中華民國《憲法》。至於最敏感的公政會分會是否登記、名稱等問題則僵持不下，只好擱置。

也就在同一天，公政會設立了第一個地方性的分會。陳水扁擔任理事長的「臺北市分會」開第一槍。五月十七日，以康寧祥任理事長的「首都分會」也接續成立。

五月二十四日，第二次溝通會議[8]。這一回，雙方各說各話，不歡而散。

一位國民黨代表首先發話，「你們要設分會，就要登記。」

「你們國民黨要建黨，也沒見你們跟滿清朝廷登記。」德國法學博士出身，公政會第二屆理事長尤清反駁。

「我們與會者無權決定，要問大會（公政會會員大會）。」律師出身，公政會第二屆祕書長謝長廷也說。

國民黨代表一聽，回以：「那你們先問大會！」

「那你們先按憲政程序提出健全政黨的辦法。」謝長廷又回。

「對蓬萊島案[9]要慎重處理。」黨外陣營領袖、公政會首都分會理事長康寧祥要求。這是因爲，國民黨以司法迫害的蓬萊島案，其中一位被迫害者就是公政會臺北分會理事長陳水扁。

國民黨代表蕭天讚說：「司法獨立，無法如此運作。」

「哪有這回事？你們黨政不分，這是舉世皆知的事。」臺大教授李鴻禧跳出來說。

「陳水扁如果判決有罪，黨外將參加抗議行軍。」康寧祥一席話，讓情勢升溫。

這時，中介者又說話了。「我很失望。我們一定要努力達成某種共識。」總統府國策顧問陶百川說。

這第二次溝通會議，游錫堃全程默然以對，兩方的歧見烙在心裡。

老K左手抓人，右手溝通

兩次溝通會議之後，國民黨再祭出司法迫害招數對付黨外人士。

五月三十日，陳水扁、黃天福、李逸洋因蓬萊島案被判刑八個月。六月二日，鄭南榕被依違反《動員戡亂時期選舉罷免法》（簡稱《選罷法》）起訴，遭地檢署收押。

消息傳來，黨外的七位溝通代表拒絕參加六月七日的第三次溝通會議。

游錫堃覺得，如果不中止溝通，黨外陣營會陷入國民黨黑白臉的夾殺陷阱，輕易被國民黨分化。

八月六日，國民黨以違反《選罷法》之名，將公政會理事、臺北市議員顏錦福判刑九個月。關鍵時刻，游錫堃審察時勢，「蔣經國一邊說要在餐桌上溝通，一邊繼續司法迫害，將黨外人士逮捕入獄。」

整個夏天，在國民黨的司法迫害下，黨外演說場場盛況空前。就連一向主張「今年不適合組黨」的編聯會也跟進，八月三十日以「新潮流雜誌社」之名，在吉林國小主辦「組黨說明會」[10]。

下午三點多，太陽炙燒著人心，吉林國小禮堂擠入三千多人。

「黨外怎麼整合山頭？」

「組什麼樣的黨？」

「許信良要在紐約創建臺灣民主黨，說要在年底遷黨回臺，這樣還需要組黨嗎？」

關心組黨的民眾拋出上述一連串問題。

「黨外要團結起來，不能因爲意識形態不一樣，形成分裂！」游錫堃以一九八六黨外選舉後援會召集人的身分，率先發言。

「新黨必須包容，以現有的組織和機構做基礎，對紀律和標準不應過於嚴密，不要畫地自限。」公政會的謝長廷主張「柔性政黨」。

與此南轅北轍的是，編聯會總幹事邱義仁堅持「剛性政黨」，要求嚴格篩選組黨成員的資格，「組黨要成，必須是能明確提出社會綱領與經濟綱領的剛性政黨，如果沒有思想和紀律來約束，有些入獄、有些毫髮未損，群眾會懷疑黨外是否有不少只想選舉的投機成員，甚至懷疑黨外的理想性。」

游錫堃不是不知道，國民黨特務的明眼暗耳，和黨國機器的鎮暴警察，都對著勢力最大的公政會與崛起中的編聯會。

M16對準黨外

八月初開始，每晚凌晨一點，國民黨政權的鎮暴部隊在臺北市中山北路六段、士東國小、總統府前後、中正紀念堂、國父紀念館等地展開鎮暴演練。一輛輛鎮暴車和一隊隊手拿銀盾的武裝人員，爲臺灣罩上肅殺的迷霧[11]。

重點演習在兩區。衛安十一號演習分A、B區。

B區以總統府爲中心，總統府平時戒備森嚴，三步一明哨、五步一暗哨，爲防止群眾可能直搗總統府，演習以總統府爲中心呈輻射狀演習。

A區選在國父紀念館。由於黨外陣營多次在組黨說明會上揚言，年底前要在國父紀念館組黨。情治單位已設計好一套防堵計畫，模擬黨外人士選在基隆路上的松山國中宣布成立新黨，率領群眾到國父紀念館舉行成立大會，情治單位就依計畫鎮暴。

凌晨一點零五分，麥克風宣布：「展示開始。」

迅雷小組穿著黑色勁裝，頂著頭盔，上百輛白色機車魚貫而過。剛剛有人摸過那頭盔，說是軟的，防震。坐在警車內的迅雷小組擎著長槍，車頂的訊號燈閃著急促的紅光。包圍的隊形也出現了，內一圈是女警，外幾圈是男警，足以把黨外人士困住。

麥克風傳出的指令飄在夜空中，斷斷續續：「取締非法集會……避免衝突……」

突然，警察隊形中有人輕聲說：「美麗島。」

頭盔上印著「憲兵」兩字的鎮暴部隊，以特意訓練的「阻擋」步伐前進。

第一排拿著灰色盾牌。

第二排舉著棍子。

第三排握著瓦斯槍，腰間的小袋子裝著防毒面具。

他們如山峰般向模擬的群眾壓過來，鎮暴部隊持緩慢逼近的步伐，像一堵沉重陰森的牆，驚懼困住了在場圍觀群眾的心靈。究竟除了血肉之軀，人民還能用什麼去對抗呢？

有消息傳來：「M16槍口對準黨外。」

一位特地去現場觀看鎮暴演練的黨外人士，憂心忡忡地說：「弄不好，就是第二次美麗島，我已經聞到那個先兆。」

游錫堃覺悟，在鎮暴部隊的陰影之下，黨外必須趕緊成立新的政黨，實踐群眾的期待，衝撞出一個新的政治空間。他不想錯過「選前組黨」的時機。選前組黨的這個構想，游錫堃曾經分別和公政會首都分會理事長康寧祥、編聯會祕書長邱義仁談過。

「一九八六年年底選舉前是最佳組黨時機，因爲國民黨要在選前抓人，比較有所顧忌，除非停辦選舉。」游錫堃說。但康、邱兩人並不認同。直到八月，編聯會仍反對選前組黨。

游錫堃也曾經在「十人祕密組黨小組[12]」的會議中建議，研究由「一九八六黨外選舉後援會」[13]在選前組黨的可能性。沒人贊成（見BOX 2）。

他的胸中自有丘壑。既然國民黨把注意力放在公政會，那麼，他以「一九八六黨外選舉後援會」爲平臺，祕密策畫圓山組黨，也許能攻其不備、出其不意。

「國民黨對黨外後援會一直採取觀望的態度，事前沒有干擾，事後也沒有取締。這讓國民黨忽略了後援會組黨的可能性。」他從兵法汲取靈感：「明修棧道，暗渡陳倉」「虛虛實實，莫辨眞僞」。

游錫堃默默藏著一腔熱血，選定在九月二十八日，舉辦「一九八六黨外選舉後援會」第三次會員大會。大多數黨外菁英，不明就裡地來參加候選人推薦大會，完全沒料到自己也會在游錫堃精心策畫的戲中扮演一角。

他對群眾屢屢強調的話，還迴盪在自己耳邊：「說什麼溝通，高壓統治從來就沒有緩和過……」

黨外要組黨，國民黨要阻擋。

這樣貓捉老鼠的生存遊戲，游錫堃不想再躲。他急切地想要賭一把。

BOX 1

一九八四年成立的「公政會」，目的就是要「黨外政黨化」。一九八五年十二月二十六日，公政會召開會員大會，修改章程刪除「公職人員」字樣，放寬入會資格，並訂定「分會設置辦法」，決議要在各縣市成立分會。設分會宛如組織新政黨的雛型，這讓公政會成為國民黨的首要打擊目標。

BOX 2

公政會系統的領導人士對組黨時機的態度不一致。

公政會持「選後組黨」態度最鮮明者，乃是康寧祥擔任理事長的「公政會首都分會」。

一九八六年六月十三日，「公政會首都分會」公開向「公政會總會」提出「民主時間表」[14]，具體建議「一九八七年成立新黨」；其後在八月九日及八月十五日舉辦的促進組黨說明會前，「發出的幾十萬份促進組黨說明會傳單」，明確主張「一九八七成立新黨、一九八八解嚴行憲」[15]。

公政會總會時任理事，也是康系支持當選「一九八六黨外選舉後援會」全國召集人的游錫堃，則是強力支持「選前組黨」。他在「十人祕密組黨小組」會議，或促進組黨說明會等公私場合皆力倡，在圓山組黨前十天，九月二十日接受黨外雜誌《噶瑪蘭週刊》專訪[16]，也再次宣揚「選前組黨」的主張。他說：「今年是組黨最好時機。」「組黨已經說很久了，再等三年，對民衆實在無法交代。」「用實力逼它開放黨禁。」「要期望國民黨自動放鬆，期待他開放黨禁，那是不可能的事。」

一九八五年十二月三十一日的一個「尤宅七人談組黨」的內部會議，尤清主張，「需盡早成立。現在KMT已暗示只關兩年，再不敢，必遭譏笑。」黃爾璇提出：「選定七月十七日臺灣民眾黨成立紀念日成立新黨。」[17]一九八六年一月八日「費宅四人談組黨」，公政會創會理事長費希平與傅正、黃爾璇、尤清四人在家中開會，「商討組黨事宜，費希平備妥簡單的建黨宣言與十點政綱，便要連署發起組黨，傅、黃、尤認為有待加強」，經三人勸阻並提出一些建議後，「費希平聞此建議不再堅持原來的構想，但認為黨外某些人士根本不必去期待，只要包括學界能夠湊足五十人就宣布組黨」[18]。

由此可見，公政會重要領導人一致主張組黨，但對何時組黨？如何組黨？意見不一致，難以取得共識。

中華民國 75 年9月20日　噶瑪蘭週刊　第20期

人物專訪

訪一九八六黨外選舉後援會
執委會召集人

游錫堃

談選舉與組黨

推荐多少就當選多少

九月廿八日，「黨外後援會」將完成黨外候選人的推薦作業，同時公佈推薦名單。毫無疑問的，今年年底的中央民代選舉，「黨外後援會」將是海內外最受矚目的團體之一。

本刊特別訪問「黨外後援會」執行委員會召集人游錫堃，針對黨外後援會的工作目標、輔選構想……等問題就教於他，使關心民主發展的讀者對今年後援會有更多的了解。

—編者—

游：後援會的主要工作將分爲兩大階段。第一階段是目前正在進行的推薦作業，即對內的協調與溝通；第二階段則是推薦名單完成後的輔選工作，亦即對外的宣傳及黨外群衆的動員。

後援會目前已完成初步名額規劃，預定推薦十六名增額立委候選人及推薦二十五名增額國代候選人。後援會將盡一切力量協助爭取選民對黨外候選人的信任與支持。

我們有充份的信心達到「推薦多少人，就當選多少人」。因爲只有最優秀傑出的人才能獲後援會推薦。

問：根據過去幾年來的選舉，我們可以發現，黨外已經可以維持大約二十%至三十%之間，甚至更高的得票率，但是黨外當選的席次並沒有成「正比例」的增加，後援會對這種現象是否有什麼因應改善的措施？

答：如果根據較精確的統計，事實上黨外政團歷次所推薦的候選人在各選區得票的情形有極大的差距，綜合全國的得票率，黨外也不足百分之三十，與外界所習七對三的比例，稍有出入。

不過，今年黨外「後援會」將以此得票率爲基礎，並參酌各選區的黨外實力和歷次黨外得票的情形，規劃今年的推薦名額，主要的目的就在集中現有的票源，來支持「相對成數」的當選席次。後援會對黨外候選人多次「當選率遠低於得票率」的現象，有相當的體認，所以今年更將全力發揮協調功能，促成黨外票源的凝聚。

黨外面臨參與爆炸問題

問：後援會對候選人的推薦將尊重「地方後援會」的決議，但是「地方後援會」如果因爲意見分歧無法推出人選，或者推薦的名額超出全國後援會所規定的名額，將如何進行協調處理？

答：參與爆炸是歷屆選舉的黨外問題，這一類的問題以後必然還會越來越嚴重，這也正是後援會組成的主要目的之一。

「協調、溝通」是政治的必要過程。對於「參與爆炸」的局面，全國後援會將派員積極協調，以避免黨外票源遭致分散，而無法支持相對比例的當選席次。

所以，地方後援會如果無法如期完成推薦，九月廿八日那天，就會提交全國後援會會員大會，經[illegible]

如何輔導黨外候選人

問：我們知道，你也是全國後援會輔選組的負責人，面對國民黨強大的壓力，輔選組在輔選工作和動員黨外群衆的宣傳上，是否已有什麼方針或具體的計劃？

答：這個啊，實在很頭痛，黨外輔選不像國民黨的輔選，不但配鈔票，也配選票——國民黨的黨部可以把眷區、黨員的選票撥給國民黨的候選人。

黨外頂多是爲他們所推薦的候選人辦茶會，其他的黨外政治人物在這個茶會上向民衆公開褒獎、肯定他的成就，希望民衆爲了國家整體利益爲重，支持黨外的制衡力量、民主運動。

至於說分配助選員，因爲各選區候選人和政治人物之間都有深淺不同的關係，而且事先已有承諾，後援會分配助選員的能力受到這些因素的影響，也大爲降低。

前幾次中央民代選舉時，由黨外省市議員所組成的「南北巡迴助選團」，今年因爲選罷法規定非登記爲助選員不得上台——連司儀也在限制之列，再加上黨外人士紛紛因選罷法被判刑……，也就是說，國民黨擺出「惡法亦法」的強硬姿態，把選罷法這個惡法硬要拿來嚴格修理黨外人士，所以「南北巡迴助選團」的組成也有這個方面的困擾。

[illegible]

但是在這種輔選困難的情形下，後援會還是會盡力做到一切該做的工作。

後援會現正草擬年底選舉的「共同政見」，而籌組新政黨的意願，將列爲首要政見。

另一方面，執政黨目前也在草擬「共同政見」，很明顯地，黨外運動已對執政黨造成相當大的壓力及相當程度的影響。

不過有一點令人懷疑的是，執政黨候選人居然也共同簽署「不買票」「不賄選」的公約，要求黨籍候選人清白、節約競選。難道國民黨候選人真能清清白白不買票，或是節約一點，買少一點？

組黨是選舉最重要訴求

問：組黨已經成爲現階段黨外運動的主要訴求，有人說今年年底的選舉是組黨的好時機。身爲後援會執行委員會召集人，是否可以請你談談後援會與「組黨」的關係？

答：組黨是今年選舉最重要的訴求，組黨這個問題如果處理得不好，今年黨外選舉的成績也不會好。我的意思是，如果今年的組黨只停留在喊口號的階段，沒有行動，黨外還是不會突破三十%的得票率。

所以後援會除了組織助選團、協調各候選人和助選員、提供選舉訊息、設計政見以外，在組黨方面，後援會可能要跟公政會配合，擔任積極的角色。在時機上，我也認爲今年是最好的組黨時機。

今年是組黨最好時機

問：請問爲什麼是今年？三年以後不也一樣有選舉？

答：今年的中央民意代表選舉，使人民互動頻繁，造成政治熱潮，如果今年沒組黨，就要寄望選舉黨外大獲全勝，趁著情勢大好之際組黨。但組黨是今年黨外的主要訴求，沒組黨，黨外不太可能大獲全勝。所以等到選舉過後，這個情勢已經走下坡，時機就不是那麼恰當了。

雖然三年以後還是有選舉，但是黨外很多人說要組黨已經說很久了，再等三年，對民衆實在[illegible]

第6版

1　一九八六年九月游錫堃接受《噶瑪蘭週刊》採訪，倡言黨外陣營應該在「選前組黨」／《噶瑪蘭週刊》一九八六年九月二十日，游錫堃提供

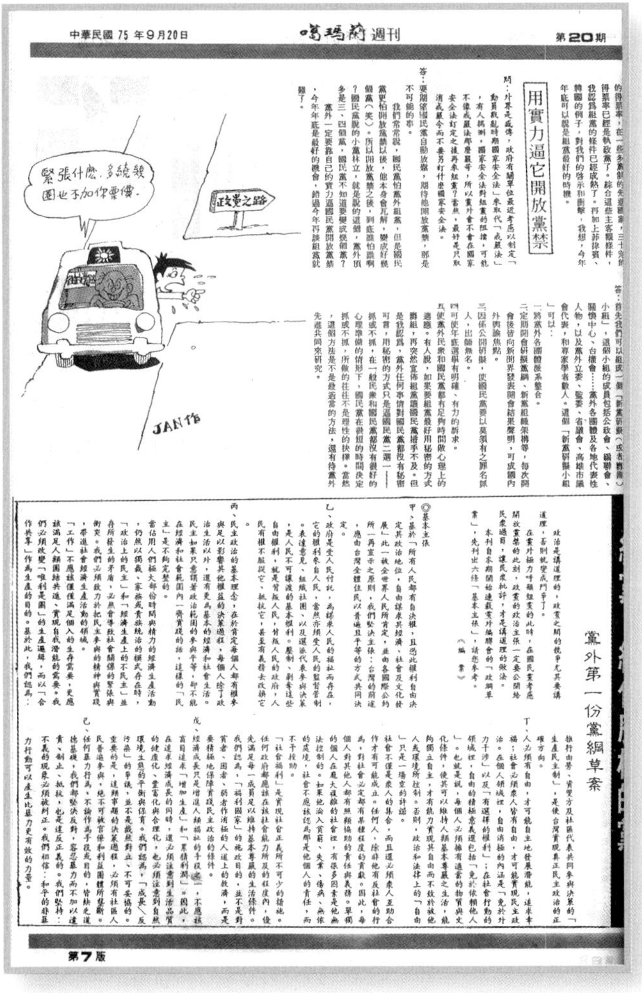

中華民國75年9月20日　噶瑪蘭週刊　第20期

的得票率，在一些多黨制的先進國家，三十%的得票率已經是執政黨了。綜合這些主客觀條件，我認為組黨的條件已經成熟了。再加上菲律賓、韓國的例子，對我們的啟示和衝擊，我想，今年年底可以說是組黨最好的時機。

用實力逼它開放黨禁

問：外界是盛傳，政府有關單位最近考慮以制定「動員戡亂時期國家安全法」來取代「戒嚴法」，有人揣測，國家安全法對組黨的阻撓，可能不像戒嚴法那麼嚴苛，所以黨外會不會在國家安全法訂定之後再來組黨？當然，最好是只取消戒嚴令而不要另訂什麼國家安全法。

答：要期望國民黨自動放鬆，期待他開放黨禁，那是不可能的事。

我們常常說，國民黨怕黨外組黨，但是國民黨更怕開放黨禁以後，他本身會瓦解，變成好幾個黨（笑）。所以開放黨禁之後，到底誰怕誰啊？國民黨說的小黨林立，就是說的這個，黨外頂多是三、四個黨，國民黨不知道要變成幾個黨？

黨外一定要靠自己的實力逼國民黨開放黨禁，今年年底是最好的機會，錯過今年再談組黨就難了。

答：首先我們可以組成一個「新黨研擬（或者籌備）小組」，這個小組的成員包括公政會、編聯會、關懷中心、台權會……黨外各團體及各地代表性人物，以及黨外立委、監委、省議會、高雄市議會代表，和專家學者數人。這個「新黨研擬小組」可以：

一、將黨外各團體派系整合。

二、定期開會研擬黨綱、新黨組織架構等，每次開會後皆向新聞界發表開會結果聲明，可成國內外輿論焦點。

三、因係公開研擬，使國民黨要以莫須有之罪名抓人，出師無名。

四、可使年底選舉有明確、有力的訴求。

五、使黨外民眾和國民黨都有足夠時間做心理上的適應。有人說，如果要組黨最好用秘密的方式籌組，再突然宣佈組黨讓國民黨措手不及。但是我認為，黨外任何事情對國民黨都沒有秘密可言，用秘密的方式只是逼國民黨二選一——抓或不抓，在一般民眾和國民黨都沒有很好的心理準備的情形下，國民黨在很短的時間決定抓或不抓，所做的往往不是理性的抉擇。當然，這個方法是不是最適當的方法，還有待黨外先進共同來研究。

黨外第一份黨綱草案

政治是講道理的，政黨之間的競爭尤其要講道理，否則就變成鬥爭了。在黨外極力呼籲組黨的此時，在國民黨考慮開放黨禁的此刻，政黨的政治主張一定要公開給民眾過目，讓民眾批評，才是講道理的做法。

本刊自本期開始連載黨外編聯會的「政綱草案」，先刊出六條「基本主張」，請您參考。（編者）

◎基本主張

甲、基於「所有人民都有自決權，且憑此權利自由決定其政治地位，自由謀求其經濟、社會及文化發展」此一被全世界人民所肯定，並由各國際公約所一再宣示之原則，我們堅決主張：台灣的前途，應由台灣全體住民以普遍且平等的方式共同決定。

乙、政府是受人民付託，為謀求人民的福祉而存在，它的權利來自人民，當然亦須受人民的監督管制。表達意見、組織社團、以及選派代表參與決策，是人民不可讓渡的基本權利。壓制、剝奪這些自由權利，就是背叛人民，背叛人民的政府，人民有權不服從它、抵抗它，甚至有義務去改換它。

丙、民主政治的基本理念，在於肯定每個人都有權參與足以影響其他權益的決策過程，每個人除了政治生活以外，還有更為基本的經濟和社會生活。民主如果只意識著政治範圍的參與平等，卻不能在經濟和社會範圍內一齊實踐的話，這樣的「民主」是不夠完整的。當佔用人們極大部份時間與精力的經濟生產活動，仍然以獨裁、家族或貴族統治的模式存在時，「政治上的民主」和「經濟生產上的不民主」並存所發生的矛盾，必然會導致社會關係的緊張與衝突。我們必須致力於把民主參與的精神與實踐，帶進社會經濟生產活動的領域。「工作」不應該僅僅滿足個人的生存需要，更應該滿足人類團結共進、實現自我潛能的需要。我們必須改變「唯利是圖」的生產邏輯，而以「合作共享」作為生產的目的。基於此，我們認為：推行由勞、資雙方及社區代表共同參與決策的「生產民主制」，是使台灣實現真正民主政治的正確方向。

丁、人必須有自由，才可能自主地發展潛能，追求幸福；社會必須眾人皆有自由，才可能實現民主政治。在個人領域裡，自由消極的內涵是「免於外力干涉」以及「有選擇的權利」；在社會行動的領域裡，自由的積極意義還包括「免於依賴他人」。也就是說，每個人必須擁有適當的物質與文化條件，使其可以維持人類基本尊嚴之生活，能夠獨立自主，才有能力實現其自由而不致於被他人或環境所控制。否則，政治和法律上的「自由」只是一場空的許諾。社會不僅是眾人的集合，而且還必須眾人互助合作才有可能成立。任何人，除非他有反社會的行為，對社會必定都有某種程度的貢獻。因此，每個人對其他人都有照顧協助的責任與義務。單獨的個人在龐大複雜的社會裡，有很多因素是他無法控制的。如果他淪入貧窮、失業、傷病、無依的處境，社會不應該認為那是他個人的責任，而不予援助。「社會福利」是實現社會正義所不可少的措施。任何政府都應該在該社會能力所及的程度內，優先滿足每一成員足以維持基本尊嚴的生活條件。我們認為，「福利國家」的施政目的，並不是對貧者、困者、弱者作消極的人道上的救濟，而是要積極地保障實踐民主政治的條件。

戊、經濟成長只是增進人類福祉的手段之一，不應該盲目追求「增加生產」和「累積利潤」。因此，在追求經濟成長的同時，還必須注意到生活品質的健康化、豐富化與合理化，也必須注意到自然環境生態的平衡與保育。我們認為，「成長／反污染」的爭議，並不是截然對立、不可妥協的。重要的是，這類事題的決策過程，必須有社區人民普遍參與，絕不可被官僚和利益團體所壟斷。

己、任何暴力行為，不論作為手段或目的，皆缺乏道德基礎，我們都堅決反對，容忍暴力而不加以譴責、制止、抵抗，也是違反正義的。我們堅持：不義的現象必須被糾正。我們相信：和平的非暴力行動可以產生比暴力更有效的力量。

第7版

1

2 蔣經國玩兩手策略，一方面在一九八六年五月七日的國民黨中常會中要求加強與黨外溝通，一方面卻以司法迫害黨外人士／《中國時報》一九八六年五月八日，第一版，中國時報提供

3 江南案動搖蔣經國政權／《中國時報》一九八四年十月十七日，第三版，中國時報提供

4 一九八四年國民黨派人到美國暗殺江南，被美國破案，史稱江南案，當時黨外雜誌爭相報導／雜誌提供：鄭南榕基金會，邱萬興翻攝

中華民國七十五年五月八日

B

中國時報 CHINA TIMES

第一二九二二號

登記證局版臺報字第〇〇二〇號 中華郵政第二六五七號執照登記爲第二類新聞紙類

董事長 余紀忠 發行人 余建新

電話：總機三〇八七一一一採訪組三〇六四五五三訂報三〇六二三九七廣告三八一八七二〇

中華民國卅九年十月二日創刊 社址台北市大理街一三二號 今日出版三大張 每月一五〇元

蔣主席提示加強意見溝通
促進政治和諧與民衆福祉

〔台北訊〕中國國民黨蔣主席經國先生，七日提示中央政策委員會，應本着誠心誠意的態度，把握民主憲政的基本原則，在尊重法治的基礎上，加強與社會各方面人士進行意見溝通，以促進政治和諧與民衆福祉。

蔣主席同時強調，我們厲行民主憲政的決心絕不改變，但任何足以破壞團結和諧，危害國家安全以及影響全民利益的行爲，不僅是法律之所不許，根本與全體民衆的願望相違背。

蔣主席昨天在主持中國國民黨中央常會時，於聽取了全黨例行的年度中心任務報告之後，特對政策委員會負責同志，就當前社會發生的若干現象，作了檢討提示。

蔣主席指出，促進政治和諧，維護社會安定，保障民衆福祉，增進人民生活，以鞏固國家長遠發展的基礎，是國家的基本政策，亦即我們多年來一直積極努力的目標。

蔣主席並且表示，爲了民主憲政的貫徹，我們一定要不斷追求進步，不止是着眼於近程利益，更要從大處看、從遠處看。

因此，蔣主席希望中央政策委員會，切實把握這一基本方向與原則，在尊重法治的基礎上，加強與各界人士的溝通，增進彼此的了解，共同爲啓導社會祥和，開拓國家光明前途而努力。

事啟

日本新宿日本語學校中華民國招生業務全藤留學服務社全權在特此聲明。

新宿日本語學校 校址：東京都新宿區下落合 電話：（〇三）三六八—六三

藤留學服務社 社址：台北市信義路二段30 電話：（〇二）三九三—四八

2

劉宜良在美國遇刺
自宅車房遭兩殺手狙擊
身中三槍被害原因不明

〔本報舊金山十六日專電〕前台灣日報駐華府特派員劉宜良（筆名江南），於十五日在舊金山附近的大理市自宅車房被二名兇徒槍殺，身中三槍殞命，大理市警方現已全力偵辦中。

大理市警察局指出：劉宜良是於上午九時廿分在自宅車房被殺，一槍擊中頭部，兩槍擊中腹部，被害原因不明，兩名兇手在行兇後逃逸。

現年五十歲的劉宜良是在一九六七年擔任台灣日報駐華府特派員，後來改行做東方禮品生意，移居舊金山在漁人碼頭經營磁像店。

劉宜良的妻子崔蓉芝在兇案發生後，向警方描述說：當天上午她先開車送小孩上學，回家後將車子停入車房，如往常一樣並未將車房門關上。九時廿分她們準備到漁人碼頭店裏，劉宜良先進入車房，隨後即傳出三聲槍響，她跑進察看，發現丈夫倒在血泊中不省人事，經報案後，由救護車將他送往醫院，但仍不治死亡。

根據劉妻指證：案發當天上午，有兩名男子騎單車在他們家附近徘徊，兩人均穿運動衫，並將搭風帽蓋在頭上，因此無法辨認出他們的模樣。

警方在兇案現場勘查後，研判兩名兇手是先將汽車停在附近，而以單車做爲犯罪的交通工具，因爲劉宅是在一條巷子內，汽車很難調轉，兇手行兇後騎單車自巷中逃逸。

劉宜良被槍殺後，身上的證件及錢包均未失竊，他的親友認爲兇手並非是劫財，不過，警方已廣泛蒐集線索，全力偵辦中。

3

四、燈塔下的陰影

游錫堃步入敦睦廳前，端詳四周。看起來，好像有一些便衣情治人員四處走動。

圓山飯店由蔣宋美齡創立，用來招待各國元首、使節，地下滿是密道，是蔣氏政權的重地。彷彿每一場杯觥交錯的宴會都有權貴在交換利益，彷彿每一根廊柱後面，都有一個特務在刺探祕密。

昨天下午（九月二十七日）游錫堃開完祕密的組黨前預備會議後，來到這裡勘查場地時，看到關於組「新黨」的標語，被張貼在敦睦廳的大柱子上，他幾乎要屏息了。沒想到，情治人員並沒有過來插手。直到離開之前，他與工作人員都沒有被逮捕。

「應該是因爲國民黨對後援會沒有防備。」游錫堃初步證實了他先前「明修棧道、暗渡陳倉」的判斷。

「而且，國民黨不太認識我。」他以國民黨的思維來評估自己。選區在宜蘭，而平日問政的省議會位於臺中縣霧峰鄉，群聚於臺北大多數的黨外雜誌並不熟悉他，報導對象也以公政會、編聯會的黨外明星居多。聚光燈沒有照在游錫堃身上。因此，國民黨很難預料會是他在祕密籌備。

此刻，一百多位黨外菁英能在圓山飯店開會，既是游錫堃本就拿定主意，也是偶然。

一個多月前，游錫堃以一九八六黨外選舉後援會召集人的身分，要求後援會總務組組長林樹枝去租借九月二十八日召開大會的場地，指定預訂圓山飯店，希望讓黨外人士一舉脫離街頭草根形象，登上大雅之堂。

人稱「枝伯」的林樹枝，被警備總部以「企圖顚覆政府」的罪名，關了十年，又因為協助美麗島人士施明德脫逃，被關了兩年。好不容易恢復自由之身，投入組黨運動後，游錫堃委以後援會總務組組長的職務。

「淡水河邊世紀飯店，有沒有？」游錫堃問枝伯。

「沒有。」枝伯答。

「希爾頓，有沒有？」游錫堃又問。

「沒有了。」枝伯答。

游錫堃又問：「圓山大飯店，有問嗎？」

「沒有問。圓山大飯店，想也知道不可能借我們！」枝伯率直地回答。

游錫堃堅持林樹枝去問。沒想到，林樹枝回報，圓山飯店在九月二十八日竟然有場地可租借。

圓山飯店鄰近士林官邸，警備森嚴。要申請在圓山飯店開會，一定得經過士林官邸聯合警衛指揮部（簡稱「聯指部」）的核准。聯指部可直接向蔣經國報告。如果黨外租借圓山飯店，蔣經國的手下可以監看整個過程，若上頭一下令，即可甕中捉鱉。

每當有重要會議在圓山飯店召開，都是蔣家警衛隊一手負責布置場地、安全檢查、鋪設音響和錄影設備的線路，絕不假手於他人，即使調查局也不准插手。

誰都不要多問

「燈塔下的陰影，常常是最黑暗，但也是比較安全的。」游錫堃曾看過一部日本電影，這句話讓他印象深刻。圓山飯店，越危險，也可能越安全。

這是一步險棋。游錫堃謹慎地要求後援會財務組組長魏耀乾出面去借圓山飯店。

「你不能用後援會的名義去借。」游錫堃叮嚀魏耀乾。

「就交給我來辦。你們誰都不要多問。」魏耀乾說。

牙醫師魏耀乾在臺北市長安東路一段四號一樓開設牙科診所。由於黨外人士租借辦公室老是碰壁，房東怕黨外人士一旦被國民黨逮捕就會收不到租金，於是，魏耀乾豪爽地也租下診所樓上的三樓，供作「公政會臺北分會」的辦公室。

當游錫堃交付租借場地的任務時，魏耀乾單槍匹馬地赴圓山飯店客服部，以「臺北市牙醫師聯誼會」的名義訂場地。

「租金兩萬塊。」客服部一位四十多歲的副理說。

「這沒問題。」魏耀乾貌似鎮定。

副理一陣沉默。「我看你表情怪怪的……我在黨外雜誌上好像看過你。我不知道你要做什麼，但我盡量，我是宜蘭人。」副理說。

不僅國民黨虛實莫辨，游錫堃私下籌畫也讓黨外陣營許多人預料不到。

九月二十七日這一天下午，黨外陣營原本是爲了「黨外是否要和國民黨重啓溝通」而進行第三次會商。卻巧妙地成爲九二八圓山組黨前唯一一次的「組黨預備會議」。（請見BOX 1）

預備會議中，游錫堃向十幾位與會人士鼓吹：「明天，就是明天，是最好組黨的時機！過了今年，三年內都沒有選舉，要到三年後才有機會了。」與會者紛紛動心。「可惜我們到現在才知道明天是最好的日子，實在太慢了。不過，如果想組黨，晚上可以開夜車，把原來擬好的文稿修改定案。」黃爾璇說。

這場預備會議中，達成四點共識。（請見BOX2）

游錫堃拿出「組黨討論案」提案表，請在場人士簽名聯署，並請尤清在九月二十八日的大會中擔任提案人。至於黨名，大家說好以先前商定的「民主進步黨」爲名，由謝長廷以口頭動議提出。

預備會議後，謝長廷私下問游錫堃：「你是召集人，責任要擔很大，有無心理準備？」[1]

「沒關係，有這個機會，有價値。」游錫堃答。

改變歷史的戲中戲

早上九點二十分。游錫堃站在圓山飯店敦睦廳主席臺上，他的背後懸掛著紅底白字偌大的「一九八六黨外選舉後援會」。

「對這個議程……」游錫堃一邊主持著會議，一邊等待尤清發出第一聲，執行昨日沙盤推演的組黨行動第一步。昨天在預備會議中十四人[2]事先簽署的組黨討論案「提案單」，游錫堃隨身保管一整夜，眼下，他拿出來放在桌上。鄰座的司儀魏耀乾目光銳利，一見就明白游錫堃正準備演一齣戲中戲，他低聲問：「這張我可以簽嗎？」游錫堃點點頭。魏耀乾拿出筆，率性簽下。（請見BOX3）

正在現場錄影的「無限映像」公司收到暗號，停止錄影。游錫堃可以感受到全場上百位與會黨外人士的眼神。這時，尤清從席上起身。游錫堃揮了一下桌上的提案單，說道：「受理尤清同志提案。請尤清同志說明。」

他暗暗祈願，燈塔下的陰影，夠黑，夠安全。

BOX 1

一九八六年五月，國民黨依蔣經國指示，和黨外代表進行了兩次的溝通會議，原定於六月七日舉辦的第三次溝通會議，因國民黨對公政會成員顏錦福司法迫害而破局。

九月，蔣經國再度指示重啟黨內外溝通。

九月十日，蔣經國接見執行溝通任務的新任中央政策會副祕書長許勝發，勉勵做好溝通工作。

九月十三日，國民黨溝通代表梁肅戎、許勝發拜訪黨外溝通代表費希平，希望他協助促成恢復第三次溝通。

九月十五日，康寧祥在一項記者會中表示，黨外將於一星期內，邀集全省代表，檢討黨內外溝通事宜，並就研商結果正式對外界發表公開聲明。七位曾參加溝通的黨外人士，已決定邀請全省黨外代表，對溝通做深入檢討。

九月十六日，七位參與黨內外溝通的黨外人士，已聯名發函邀請具有代表性的三十四位黨外人士，定十九日集會協商是否與執政黨恢復第三度溝通，並將廣泛討論當前國內政治情勢。受邀的黨外團體包括：黨外公政會各地分會、各縣市黨外聯誼會、黨外編聯會、臺灣人權促進會、勞工人權法律支援會、關懷中心等團體代表。

於是，黨外陣營為了討論是否恢復先前中斷的國民黨與黨外第三次溝通，訂於九月十九日邀請黨外公職三十四人會商。

九月十九日，以費希平、康寧祥等黨外七人溝通代表名義邀集的黨外各主要團體代表開會決議，提出「執政黨對在獄政治犯及在案政治案件，誠意解決」及「溝通方式應透過電視公開進行」兩項條件，做為恢復第三次溝通的先決條件。

該日強烈颱風艾貝登陸臺灣東部，游錫堃受困於宜蘭而未克參加，清晨即致電向通知人康寧祥請假。也由於颱風導致交通中斷，會議僅十九人出席。故決定於九月二十三日再舉辦一場會議，邀請原訂的黨外公職三十四人會商。

九月二十三日，黨外各團體代表第二次開會討論（與國民黨的）溝通事宜，重申「先決條件」應先解決，才可能恢復第三次溝通。

會議結束前，游錫堃堅持，九月二十七日再開一次會。當時，有人說：「下次會議的時間再通知。」有人建議：「九月二十九日開，因為那一天補假，大家有空。」但無人提及九月二十八日之前開會。

最後，游錫堃藉口籌備九月二十八日「一九八六黨外選舉後援會第三次會員大會及候選人推薦大會」的會前準備為由，說：「既然九月二十八日大家都要來臺北開會，二十七日下午就可以來再開一次會。」大家後來也就同意了。雖然「九二七會議」出席者仍不多，但卻巧妙地成為九二八組黨前唯一一次的「組黨預備會議」。

BOX 2

九二七預備會議的四點共識：

一、明日黨外後援大會，先完成立委、國代推薦、授旗程序及通過共同政見後，立即變更議程討論組黨新事宜。

二、變更議程的提案由尤清在會中提出動議，由大會主席徵求全體出席會員同意後進行討論組黨事宜。

三、討論組黨的會議請國民黨遷臺前選出的終身職立委費希平先生主持。

四、決定以「民主進步黨」為黨名，由謝長廷負責在會中提出動議。

BOX 3

一九八六黨外選舉後援會第二次會員大會，提案新增「組黨討論案」

案由：為推動民主政治，發起組織新黨，廣泛徵求發起人，並盡速召開發起人大會。

會議日期：一九八六年九月二十八日

	姓名	一九八六黨外選舉後援會出席者身分	九月二十七日「組黨預備會議」與會者	十人祕密組黨小組成員
提案人	尤清	立委候選人	●	●
聯署人	游錫堃	召集人	●	●
	費希平	終身職立委	●	●
	顏錦福	副召集人	●	
	蘇貞昌	法務組組長	●	
	魏耀乾	財務組組長		
	康寧祥	立委候選人	●	
	謝長廷	立委候選人	●	●
	許榮淑	立委候選人	●	
	邱連輝	立委候選人	●	
	周清玉	國代候選人	●	●
	陳志成	國代候選人	●	
	黃爾璇	一九八六黨外選舉後援會會員	●	●
	林文郎	臺北市後援會	●	
	佚名		●	

1 艾貝強颱導致交通受阻，黨外三十四位代表訂於一九八六年九月十九日的第一次集會，不少人不克參與／《中國時報》一九八六年九月十九日，第三版，中國時報提供

2 黨外人士於一九八六年九月十九日會商決議，國民黨須先同意附帶條件，黨外才願意恢復溝通／《中國時報》民國一九八六年九月二十日，第二版，中國時報提供

3 一九八六年九月二十八日，一九八六黨外選舉後援會召集人游錫堃主持第三次會員大會，利用此一機會，突襲組黨／張芳聞提供

中華民國七十五年九月十九日
中國時報
星期五
艾貝再發雌威成強烈颱風
今晨自台東登陸中午出海
預計明日清晨可脫離暴風圈威脅
艾貝颱風動向圖
台子村海堤多處沖毀
蚶子寮竟成水鄉澤國
風勢強勁又逢漲潮搶修中輟
各線班機紛紛停飛
台東鐵公路多受阻
俞院長關切艾貝動態
親赴氣象局垂詢消息
演習點召暫停實施
台北縣市機關學校
上午停止上班上課
下午情況十一時將宣布
艾貝祝融
秋節發生
1

黨外達成結論表明態度
決附條件恢復溝通
中介學者尋求進一步了解立場
執政黨人士重申具有絕對誠意
俞揆款宴東加國王
年誕辰紀念
組團來華致敬
防汚改善
2

4 一九八六年九月二十八日，一九八六黨外選舉後援會召集人游錫堃通過新增「組黨討論案」／邱萬興提供

5 一九八六年九月二十八日，一九八六黨外選舉後援會第三次會員大會，突襲組黨，史稱「圓山組黨」／邱萬興提供

6 積極推動組黨的黃爾璇教授，於一九八七年擔任民進黨第二任祕書長／邱萬興提供

4

5

7　圓山組黨當天，一百多位來參加的黨外人士事前並不知情／張芳聞提供

五、誰怕國民黨？（附一九八六黨外候選人推薦大會主席現場致詞文）

九月二十八日這一天，坐在詭譎的敦睦廳裡，游錫堃靜靜聽著同伴尤清提出新增組黨討論案的臨時動議。

「組黨的時機，今年最好，今年又以今天最好。」曾任公政會總會理事長的尤清說完，又滔滔補充了六點說明[1]。

游錫堃肅穆而鎮定，環顧全場：「現場其他人有沒有意見？」

臺下有人面面相覷，有人摩拳擦掌，也有人發出怨言。「今天是要來推薦候選人的，怎麼談起組黨的事？」「是啊，再談下去，要拖到什麼時候？」[2]

「今天如果不組黨，就沒機會了！」尤清大聲地說。

「其他人沒有異議。」主席游錫堃果決地裁定：「決議通過增列第一案：爲推動民主政治發起組織新黨，廣泛徵求發起人。至於黨名、黨章、黨綱，再由全體發起人集會研商。」游錫堃話語甫落，場內響起稀稀落落的掌聲。掌聲落入沉甸甸的地毯，像是飄落的雪花，了無蹤影。游錫堃沒有把握，這一代人的賭注，能否在今天成功。

簽下去是會被抓去關的

臺下，工作人員傳遞著一大張白紙，在會場內徵求「發起人簽名」。此時，有人率性大筆一揮就簽了名，卻也有人猶豫不已。

「你瘋了嗎？簽下去是會被抓去關的。」曾任《美麗島雜誌》總編輯的美麗島事件受難者紀萬生，聽見旁人對他低聲警告。

上午的推薦候選人大戲看似結束了，戲中戲才要粉墨登場。（請見ＢＯＸ１）

下午兩點五十五分，開始討論組黨。

只是籌備？

在場已經簽名爲組黨發起人的一百三十二位黨外人士、工作人員，凝視著站在臺上、擔任主席的費希平。眼尖的人轉頭看見，一九八六年年初假釋的美麗島大審受刑人陳菊，也低調地坐在會場後面的座位。

「新黨成立，是不是應當成立一個籌備委員會？」費希平想爲今天定調[3]。

場內意見立刻分成兩派。以費希平、康寧祥爲首的穩健派，力主今天只是要成立籌備委員會。而尤清、謝長廷這些主張要立即組黨的人，將辯論導向黨名。

「就叫社會民主黨，因爲我們應該要照顧農工大眾和弱勢。」頂著德國海德堡法學博士的尤清主張。

「不得，不得，行不得，國民黨會跟全世界講我們是左派，是共產黨。」上次和雷震一起籌組中國民主黨失敗的傅正，趕緊阻止。

這時，省議員黃玉嬌主張用「臺灣民主黨」，與許信良隔海呼應。省議員何春木說，「就用上次雷震的『中國民主黨』，以後還可以帶回中國用。」大家難得發出輕鬆的笑聲。

「就用民主進步黨，免去中國結與臺灣結。」時任公政會祕書長謝長廷，按照昨天預備會議的沙盤推演，這樣提議。

「進步黨最好，國民黨都是退步。」費希平馬上附和。

像是一個麻花捲，籌備與黨名兩種辯論同時交纏，翻攪著場內時而嚴肅，時而輕鬆的氣氛。

魏耀乾記得有一度，康寧祥生氣地抓起麥克風。「你們把組黨當扮家家酒嗎？」康寧祥怒斥。他思量，只說籌組，國民黨不至於以戒嚴法抓人，自一九八四公政會成立兩年多來的政治能量蓄積，不會功虧一簣，黨外菁英不至於全軍覆沒。

一旦立即組黨，等於是測試國民黨的底線。

時間一分一秒過去，人心擺盪在虛無和鼎沸之間。組不組黨，進退兩難。已經下午三點多。游錫堃焦急不已，正在傷腦筋該怎麼說服眾人，突然看見早上積極爭取雲林區立委候選人資格的朱高正舉手，向費希平主席要求發言。

「我主張今天就正式宣布成立新黨。」朱高正個子小，聲音卻很宏亮。拿著麥克風，立即組黨的言詞暴衝，滾滾流洩。

「讓這些推薦黨外同志們，出來做第一線，大家站出來共同宣布成立新黨，簽一個共同協議書。假使任何一個人，在新黨成立之前受到國民黨的迫害、逮捕，大家全部拒絕參加選舉。這樣可以讓國民黨承受國際的壓力。也向海外關心我們的臺灣同鄉們做出一個交代，在十月四日前[4]，在臺灣搶先成立新黨！」朱高正激動地說。場內響起洶湧的掌聲。無限映像不時按下暫停錄影鍵。游錫堃總算鬆了一口氣。

朱高正並沒有參加昨天下午的預備會議，但是，參加預備會議的尤清，昨夜到雲林爲朱高正的造勢場助講，或許，朱高正因而得知游錫堃等十多人今天突襲組黨的計畫？

無論如何，全場隨著朱高正的天外飛來一筆的話語沸騰[5]。

之後，議程回歸到後援會的「一九八六黨外候選人推薦大會」。現場飄起悠揚的鋼琴聲，負責演奏的鋼琴家是伍素瑾，她是一名在宜蘭任教的音樂老師。游錫堃親手挑選的六名執旗官張川田、蘇嘉全、許木元、林熺模、蔡式淵、莊源榮，高舉偌大的會旗，肅穆恭敬地將會旗迎往臺前。游錫堃滿心悸動，這一大面會旗是他事先委託訂製的，沿用了之前歐秀雄的設計。

爲了組黨，這麼多人付出心力，他暗下決心，這一役絕不能失敗，絕不能讓他們失望。

游錫堃佇立於講臺，眼神四顧在場的候選人與記者，以宜蘭腔臺語致詞，這是他反覆練習無數次的講詞。他的政治生命，就在此一搏。他不得不越講越高亢，握緊拳頭，微抬右手，在演講結尾高聲說：「在歷史的洪流、民主的浪潮，已經使黨外組黨進入臨盆的時刻……要以『民主新希望、新黨救臺灣』[6]的訴求來突破目前政黨政治的瓶頸……我要祝今天得到推薦，所有準候選人各個高票當選，在座各位大家身體健康，萬事如意，組黨成功，多謝各位！」（請見BOX2）

在滿堂的喝采聲中，他引領著四十四位黨外候選人，在昂揚的樂聲中，由各地區輔選委員爲候選人一一披上彩帶，記者的鎂光燈不斷閃爍著。

太陽西斜。組黨的戲中戲，再度登場。敦睦廳再度閉門。費希平再度主持組黨討論會，有人在此時離開會場去如廁。場外的記者只聽見敦睦廳內響起掌聲；場內剛剛通過了「民主進步黨」的黨名。下午六點零六分，費希平宣布，民主進步黨正式成立。

場內一陣歡呼聲，場外或坐或站的十幾名記者議論紛紛。

「玩眞的還假的？」

「哇，我眞是不敢相信，本來以為只是嘴巴講講，發表聲明就罷，沒想到正式成立了！」

「先別管那麼多，快，趕快進去，記者會要開始了！」

如廁出來的那位與會者一臉訝異，「這麼快！我出來上一下廁所，就組黨了？」

「不要問我，不要問我。」一位黨外元老級人士面有慍色，匆匆離去，不顧追上去的記者跟訪。

十多名記者衝向敦睦廳，費希平、游錫堃、尤清、謝長廷、顏錦福，這些費希平才剛剛指定的「組黨工作小組」成員成排端坐在講臺前的席位，黃玉嬌踏前一步，挑尤清左側的椅子坐下。下午六點十二分，民主進步黨的首度記者會開始。只見費希平態度從容，神色自若；尤清滿臉喜悅，堆滿笑容；謝長廷東看西看，神采飛揚；游錫堃則面帶倦容，偶爾抽菸，沒有絲毫好大喜功。

「如果國民黨採取鎮壓手段，黨外有什麼應對之策？」記者問。

「黨外組黨是憲法保障的權利，民進黨將與國民黨公平競爭。」[7] 尤清回答。

「今天突然組黨，歷經多久的準備？」記者問。

「我們已經準備三十多年了。」謝長廷接過問題故作輕鬆答，記者們都微笑起來。

其實，謝長廷早已準備遺書，鎖在位於臺北市松江路六十五號十二樓的律師事務所保險箱，只有太太知道。

游錫堃忽然想起，太太楊寶玉至今仍不知情。

而這場宣布成立民主進步黨的記者會，十分鐘旋即結束。

故作輕鬆的氛圍裡，有些許興奮，也有一絲絲的壯烈。大家都沒有幻覺，以爲一個新黨成立就能瞬間解決所有的問題。的確，民主進步黨的誕生，標示了進步，游錫堃這一世代繼承了美麗島世代的遺產，回應了這個時代的召喚。

但是，在眞正的進步來臨之前，還需要多少戰鬥、犧牲、妥協、甚至失敗？這一刻，沒有人有答案。接下來，國民黨會怎麼對付黨外？全世界能不能得知臺灣終於突破黨禁，有了第一個在野黨？

記者會後，美國《時代雜誌》的記者告訴尤清：「就算你宣布組黨，也有中文記者，但國民黨只要一施壓抽稿，明天報紙沒登出來，沒有消息就等於沒有成立。」

這位記者的話點醒尤清。這場戰役，才剛剛開始。

歷史大門「砰」地打開

夕陽殘霞映著圓山大飯店。已經疲憊不堪的游錫堃走下鋪著深紅地毯的階梯，一樓大廳，人群來來往往，他認得出有特務，有記者，也有心情各異的黨外夥伴。

游錫堃感覺尤清拍著他的肩膀說，「堃啊，你是民進黨的助產士！不過，這樣刑責也會很重喔！」

「清仔，多謝。」游錫堃笑了。

尤清正要說些什麼，轉眼認出幾個警總的特務。其中，有一個是警官學校畢業，尤清私下取名為「戽斗李」。

「尤委員，你們在樓上開會？」戽斗李趨前問他。

原本想說散會的尤清，念頭轉得快，擔心一說散會，五、六名特務就會先抓他。趕緊改口：「還在上面，還在上面，你們都上去。」尤清調虎離山後，趕緊搭計程車離開現場。游錫堃踏著沉重的腳步，搭上《中國時報》記者陳守國的二手車。跑黨外路線的陳守國，正要回《中國時報》趕稿子，要順路載游錫堃回植物園旁邊的臺灣省議員會館。在歷史的大門「砰」地打開前，人人都茫然四顧。

發動引擎前，謝長廷前來敲陳守國車窗，仔細叮囑：「守國啊，明天記得要打電話給我！」

「幹嘛呀？」陳守國問。

「看我在不在。」謝長廷答，匆匆走了。

等到汽車開動，坐在後座的游錫堃才輕聲問陳守國：「幾年？」

「不會啦，如果真的抓人，應該不會用動員戡亂二條一，如果用刑法，大概兩年吧！」陳守國故作鎮定地說。

「兩年？那我在獄中剛好可以好好練英文。」游錫堃也故作幽默。

游錫堃回到博愛路上的省議員會館，太太楊寶玉已備妥一個行李袋交給他，裝有換洗衣物和日用品。只是，游錫堃要躲去哪？又能躲多久？

接過行李袋，挽著太太的手，游錫堃還是回到省議員會館的二六三號房。夜色漸深，星光點點。夫妻倆在黑暗中，等待黎明。

BOX 1

圓山組黨「戲中戲」

一九八六黨外選舉後援會第三次會員大會實際議程[9]

日期地點：一九八六年九月二十八日圓山飯店二樓敦睦廳

時程	一九八六黨外選舉後援會第三次會員大會實際議程
09:20 *	第三次會員大會
10:30 *	通過新增組黨討論案，並將提案移至下午開會
11:00 *	第三次會員大會
14:55 *	組黨討論案（新黨發起人會議）
15:30	黨外候選人推薦大會
16:00 *	組黨討論案（新黨發起人會議）
18:06	宣布組黨記者會

說明：加＊者乃不開放記者入場之閉門會議

BOX 2

一九八六黨外候選人推薦大會主席現場致詞文

〈期待人民用選票的力量決定共同的命運〉

各位被推薦人、各位貴賓、各位記者女士先生、各位黨外先進，大家午安！今天是我們「一九八六黨外選舉後援會」最興奮與最嚴肅的時刻。興奮的是，我們已經完成黨外的立法委員跟黨外國大代表候選人的推選，我們已經立即可以向全國社會各界來推薦參加年底的選舉。嚴肅的是，在這個組黨的關鍵年、關鍵時刻，我們向前又踏出一大步。

站在後援會會旗之前，面對大家，錫堃內心充滿了感激，今日在寶貴神聖的教師節節日，和撥出你們寶貴的時間，來向我們批評指教；其次要感謝所有黨外先進，包括黨外各團體，以及黨外地方後援會的前輩，在這一段時間提供很多卓見，協助及支持讓我們後援會會務，可以很順利來推展。今天我們要將這個工作的成果如期展現在社會各界之前，錫堃要代表後援會，請大家對做不好的地方諒解及包涵。

後援會在八月二十四日那一天，正式成立，今天是九月二十八日，整整三十五日講起來是很短的時間，這個中間因為咱們大家團結打拚，我們完成全國後援會的章程，也完成地方後援會的組織辦法，並先後召開全國後援會、地方後援會，來推選尤清等（十九位）立法委員來參選，接著推選周清玉等（二十五人）來參選國大代表。他們都是黨外各階層很有代表性的菁英，我們相信他們的優秀跟傑出，一定可以贏得社會各界的信賴與支持。我們也深信在各界的信賴與支持，以及我們大家共同打拚之下，他們一定可以高票踏入國會，為臺灣貢獻心力，為全國民眾來謀福利。

在歷史的洪流、民主的浪潮，已經使黨外組黨進入臨盆的時刻，面對當前海內外的政治局勢，臺灣前途已經面臨決定的時刻。今天在這個關鍵，後援會提出本次選舉的共同政見跟口號，正是要向全國民眾來宣示，我們階段性的政治主張與政見的訴求，提供選民有一個全面性的觀點，由選民在臺灣轉捩點上，要用選票來決定自己的新里程與新命運。

過去以來各界的支持及黨外前輩的打拚，黨外在議會席次也好，在制衡層次也好，實際上都是臺灣兩大政黨之一，今年我們後援會，我們黨外，不只要超越過去三〇%的得票率，擴大民意基礎，更要以「民主新希望、新黨救臺灣」

的訴求，來突破目前政黨政治的瓶頸，為臺灣的政治開創民主的新天地。

在此我要呼籲社會各界，我們共同支持維護公平、公正、公道的這個選舉活動，全面抵制買票、賄選、作票的選舉，共同掃除這種惡性循環的政治公害，建立一個健康的參政管道，及建立一個進步的民主政治制度。

依法而治，是民主進步的必備條件，但是，選罷法形同「閒」「霸」法，成為執政黨的工具，致使法治蒙羞。對國民黨候選人買票賄選視而不見，種種違法行為，都可以消遙法外（影像中斷），這個選罷法等於「閒」「霸」法，黨外動一下就要被抓走，動輒得咎（影像中斷），這值得社會各界深深檢討、深深重視，也是對國民黨一個當頭棒喝（影像中斷），選舉的目的，要選出共同來掌握自己的命運。

最後我要祝今天得到推薦，所有準候選人各個高票當選，在座各位大家身體健康，萬事如意，組黨成功，多謝各位！

一九八六黨外選舉後援會召集人　游錫堃

一九八六年九月二十八日於圓山飯店黨外候選人推薦大會

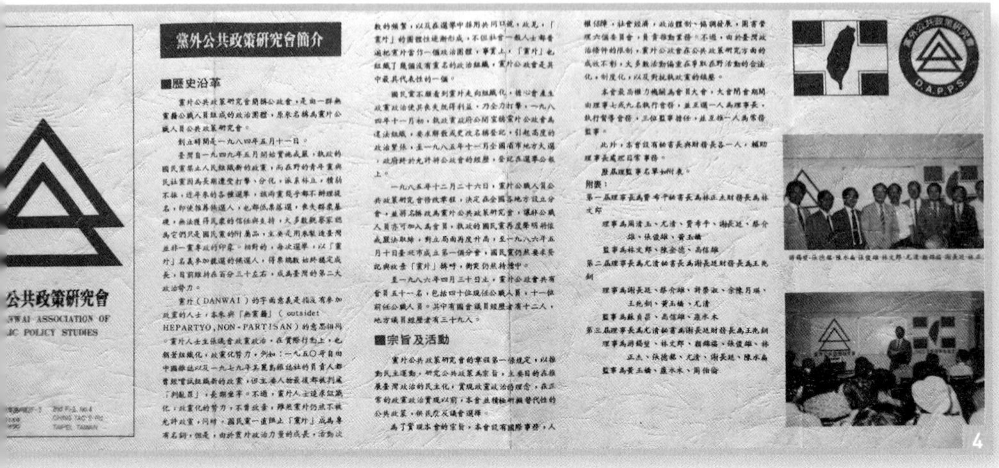

公共政策研究會

NWAI ASSOCIATION OF
LIC POLICY STUDIES

黨外公共政策研究會簡介

■歷史沿革

黨外公共政策研究會簡稱公政會，是由一群無黨籍公職人員組成的政治團體，原來名稱為黨外公職人員公共政策研究會。

創立時間是一九八四年五月十一日。

臺灣自一九四九年五月開始實施戒嚴，執政的國民黨禁止人民組織新的政黨，而在野的青年黨與民社黨因為長期遭受打擊、分化，派系林立，積弱不振，近年來的各種選舉，該兩黨幾乎都不辦理提名，即使推舉候選人，也都低票落選，喪失群眾基礎，無法獲得民眾的信任與支持，大多數觀察家認為它們只是國民黨的附屬品，主要是用來製造臺灣並非一黨專政的印象。相對的，每次選舉，以「黨外」名義參加競選的候選人，得票總數始終穩定成長，目前維持在百分三十左右，成為臺灣的第二大政治勢力。

黨外（DANWAI）的字面意義是指沒有參加政黨的人士，本來與「無黨籍」（outsidet HEPARTYO, NON-PARTISAN）的意思相同。黨外人士主張議會政黨政治，在實際行動上，也朝著組織化，政黨化努力，例如：一九五〇年自由中國雜誌以及一九七九年美麗島雜誌社的負責人都曾經嘗試組織新的政黨，但主導人物最後都被判處「判亂罪」，長期坐牢。不過，黨外人士追求組織化，政黨化的努力，不曾放棄，雖然黨外仍然不被允許政黨，同時，國民黨一直阻止「黨外」成為專有名詞，但是，由於黨外政治力量的成長，活動次數的頻繁，以及在選舉中採用共同口號，政見，「黨外」的團體性逐漸形成，不但社會一般人士普遍把黨外當作一個政治團體，事實上，「黨外」也組織了幾個沒有黨名的政治組織，黨外公政會是其中最具代表性的一個。

國民黨不願看到黨外走向組織化，擔心會產生政黨政治使其喪失既得利益，乃全力打擊，一九八四年十一月初，執政黨政府公開宣稱黨外公政會為違法組織，要求解散或更改名稱登記，引起高度的政治緊張，至一九八五年十一月全國省市地方大選，政府終於允許將公政會的經歷，登記在選舉公報上。

一九八五年十二月二十六日，黨外公職人員公共政策研究會修改章程，決定在全國各地方設立分會，並將名稱改為黨外公共政策研究會，讓非公職人員亦可加入為會員，執政的國民黨再度聲明將依戒嚴法取締，對立局面再度升高，至一九八六年五月十日臺北市成立第一個分會，國民黨仍然要求登記與放棄「黨外」稱呼，衝突仍然持續中。

至一九八六年四月三十日止，黨外公政會共有會員五十一名，包括四十位現任公職人員，十一位前任公職人員。其中有國會議員經歷者有十二人，地方議員經歷者有三十九人。

■宗旨及活動

黨外公共政策研究會的章程第一條規定，以推動民主運動，研究公共政策為宗旨，主要目的在推展臺灣政治的民主化，實現政黨政治的理念，在正常的政黨政治實現以前，本會並積極研擬替代性的公共政策，供民眾及議會選擇。

為了實現本會的宗旨，本會設有國際事務，人權保障，社會經濟，政治體制、協調發展，開會管理六個委員會，負責推動業務。不過，由於臺灣政治條件的限制，黨外公政會在公共政策研究方面的成效不彰，大多數活動偏重在爭取在野活動的合法化，制度化，以及對抗執政黨的鎮壓。

本會最高權力機關為會員大會，大會閉會期間由理事七或九名執行會務，並互選一人為理事長，執行會務，三位監事擔任，並互推一人為常務監事。

此外，本會設有秘書長與財務長各一人，輔助理事長處理日常事務。

歷屆理監事名單如附表。

附表：

第一屆理事長為費希平秘書長為林正杰財務長為林文郎

理事為周清玉、尤清、費希平、謝長廷、蔡介雄、張俊雄、黃玉嬌

監事為林文郎、陳金德、高信雄

第二屆理事長為尤清秘書長為謝長廷財務長為王兆釧

理事為謝長廷、蔡介雄、許榮淑、余陳月瑛、王兆釧、黃玉嬌、尤清

監事為蘇貞昌、高信雄、盧水木

第三屆理事長為尤清秘書長為謝長廷財務長為王兆釧

理事為游錫堃、林文郎、顏錦福、張俊雄、林正杰、張德銘、尤清、謝長廷、陳水扁

監事為黃玉嬌、盧水木、周伯倫

4

5

1 一九八六年九月二十八日，尤清按照計畫，擔任提案人，提出新增「組黨討論案」／張芳聞提供

2 一九八六年九月二十八日原定議程並無組黨事項／邱萬興提供

3 一九八六年九月二十八日組黨討論案中，朱高正提議立即組黨／張芳聞提供

4 黨外公政會簡介／邱萬興提供

5 一九八三年九月九日黨外編聯會成立，並於隔年發行第一期會訊／范巽綠提供

1

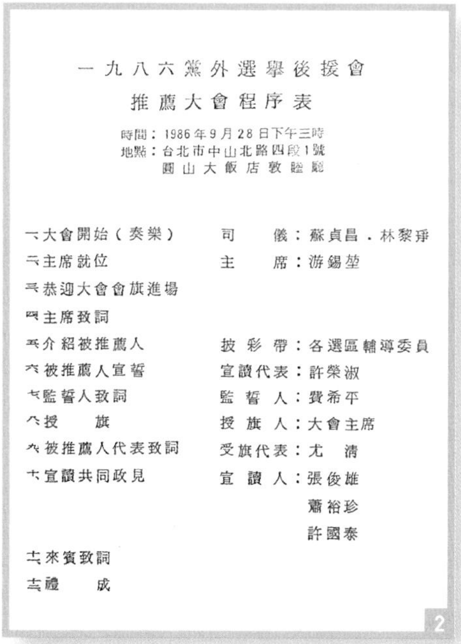
一九八六黨外選舉後援會
推薦大會程序表

時間：1986年9月28日下午三時
地點：台北市中山北路四段1號
圓山大飯店敦睦廳

一、大會開始（奏樂）	司　　儀：蘇貞昌．林黎琤
二、主席就位	主　　席：游錫堃
三、恭迎大會會旗進場	
四、主席致詞	
五、介紹被推薦人	披 彩 帶：各選區輔導委員
六、被推薦人宣誓	宣讀代表：許榮淑
七、監誓人致詞	監 誓 人：費希平
八、授　　旗	授 旗 人：大會主席
九、被推薦人代表致詞	受旗代表：尤　清
十、宣讀共同政見	宣 讀 人：張俊雄 蕭裕珍 許國泰
十一、來賓致詞	
十二、禮　　成	

2

3

6 圓山組黨並非臨時起意，而是事先籌畫，廳柱上的標語乃前一日張貼（右一為召集人游錫堃）／張芳聞提供

7 黨外領導人之一康寧祥，攝於一九八六年十月／邱萬興提供

8 編聯會創辦人之一邱義仁，於一九八七年擔任民進黨副祕書長／邱萬興提供

9 一九八六年九月二十八日圓山組黨倉促，傅正起草的創黨宣言未及提出／邱萬興提供

6

7

8

10 游錫堃接受雜誌訪問報導，談及組黨預備會議中有十四人在新增「組黨討論案」的提案單上簽名／游錫堃提供

11 謝長廷按照計畫提出「民主進步黨」之黨名，在九月二十八日圓山組黨討論會中被接受／邱萬興提供

12 一九八六黨外選舉後援會於圓山組黨，宣布民進黨創黨／邱萬興提供

第22期

中華民國75年10月4日 噶瑪蘭週刊 第22期

人物專訪

大江東流擋不住

——訪陳定南、游錫堃、黃煌雄、張川田等人談組黨

「民主進步黨」在各方措手不及的情況下，呱呱墜地，成為海內外關心台灣的人士最為注目的焦點。本刊特地訪問陳定南、游錫堃、黃煌雄、張川田、劉守成，以及宜蘭公政會各理、監事，談談他們對「民主進步黨」的看法。各位讀者對「民主進步黨」若有任何意見，亦歡迎來稿。《編按》

●田秋菫

陳定南（宜蘭縣長）

問：陳縣長，黨外已在九月廿八日組成「民主進步黨」，請問您知不知道？

答：我看到報紙才知道。

問：請問您贊不贊成黨外目前的組黨行動？

答：我認爲，組黨是國民的基本權利，目前並沒有法律禁止人民組黨，我樂於見到國內有一股強大的制衡力量出現。

問：您認為國民黨應該如何處理黨外的組黨行動？

答：他們一再宣稱，將「依法處理」。希望這次是眞的，不要再言行不一。

問：依您推測，國民黨會不會用抓人來取締「民主進步黨」？

答：我無法推測，希望不會。時代不同了，當選組黨和美麗島事件所造成親痛仇快的慘痛事件，最好不要再來。

問：您覺得社會大眾應該如何看待這個新生的政黨？

答：凡事要有競爭才會刺激改革，政黨制衡與交涉，就是這種進步的激素，大家都應該歡迎有一個可以跟執政黨分庭抗禮的在野黨，來共同帶動國家的進步。

問：這個新黨已經成立，您個人願不願意加入？

答：還未考慮。

問：將來是否加入？

答：可能會。

游錫堃（「一九八六黨外選舉後援會」執委會召集人）

問：請問九月廿八日「民主進步黨」成立那天，您是不是簽名成為正式發起人？

答：是的，我當場就簽了。

問：我們知道，當天本來是召開「黨外全國後援會」會員大會，開會當時有十五位會員提案籌組新黨並「廣徵發起人」，因而成為當天宣佈組黨的重[illegible]

答：黨外爲了和國民黨溝通的事宜，不是聚集了全省34位黨外人士共同討論嗎？大會前一天，九月廿七日晚上這34人第三次集會。其中出席人士有十四位也是後援會會員，當晚我們討論可以在後援會大會上提案組黨並廣徵發起人。第二天魏耀乾醫師也參予提案，所以共有十五位。

廿八日早上九點二十分大會開始後，我們就要求變更討論事項，將「廣徵發起人」的口頭提案變更爲第一項，大約十點，提案獲得通過，大家開始簽名，當場簽了一百卅二人願意擔任新黨發起人。

後援會大會由我主持，從早上一直開到下午二點五分，大家都很餓了，我提議先吃飯。吃過飯，二點五十五分，召開新黨發起人第一次會議，由費希平主持。三點半，按照訂計畫，由後援會舉行推薦大會，向各界人士推薦黨外候選人。推薦大會到四點五十分結束，又繼續舉行新黨發起人第二次會議。會中通過黨名，並宣佈組黨。

問：黨外組黨，國民黨應該採取什麼對策？依你看來，國民黨會不會抓人？

答：這個變數很大，現在還沒辦法判斷，也不能說會，也不能說不會。（笑）。

問：您認為一般社會大眾應如何看待這個新生的政黨？

答：無論是實行民主政治，或憲法所賦予的結社權利，都需要強有力的在野黨以制衡執政黨。「民主進步黨」是喊組黨喊三、四十年才組成的黨，這個剛誕生的政黨需要獲得大眾的關心和支持，才能茁壯成長，才能在體制下擔任制衡國民[illegible]

問：有人說實行[illegible]亂，您的看法呢？

答：這只是國民黨的藉口而已，其實國民黨最喜歡「一黨獨占」，其次是「多黨林立」，最害怕「兩黨競爭」，因爲國民黨缺乏民主性格，不願意有一個強有力的政治對手。在黨外組黨已無法遏止[illegible]國民黨如果眞的有心防止多黨林立，很簡單，立法院可以制定政黨法，規定在大選中未得百分之五或百分之十以上選票的政黨必須解散，那麼小黨就會被淘汰，連民、青兩黨都要解散，只剩下國民黨和黨外兩個大黨在競爭。請問，國民黨願不願意呢？

問：[illegible]的關係？

答：公政會是黨外追求「組織化」，初步組成的較大規模的團體，目標就在組黨。現在既然黨已經組成了，公政會就應該歸屬「民主進步黨」，公政會的會員也應該想辦法轉化爲新黨黨員。

黃煌雄（前立法委員）

問：請問您對組黨有什麼看法？

答：我已經簽名正式成爲黨員，我當然是維護這個立場。我想組黨的問題是不是去問那些還沒入黨的人，比較可以問出不同的看法。

組黨的問題，是我在選舉過程中，一定會面對探討的問題——當然這不只是爲了選舉而已，也是爲了整個黨外的思考。

問：您認為國民黨是否會抓人？如果抓人怎麼辦？

答：這種事大家要面對，要有準備啊！

問：我們知道，朱高正在大會上曾提出「如果有人被抓，集體罷選」的建議，您的看法如何？

答：這個建議提出來以後，並沒有充分討論，也沒有做成決議案，可以說只是個人的意見，不是團體的決議。如果是團體的決議，我就比較方便表示看法。

問：您和張川田先生都是年底選舉的準候選人，萬一到時候發生「罷選」風波，你們將是首當其衝的人。所以，大會雖然沒有做成正式決議，是不是請你還是以個人身份發表您的看法？

答：我想，這不是個體處理的問題，這是整體發展的問題。一些情況會如何發展，還無法預料。這個過程還會有動態的發展，到時候不但會影響整體，甚至是整個政體的發展。所以我想最好還是暫時不要表示看法，留下一些運動的空間吧！

張川田（黨外後援會推荐國代候選人）

問：恭喜您獲得一九八六黨外後援會推荐。請問九月廿八日後援會大會當天成立新黨，您是否簽了名？

答：是的，我親自簽了名。

問：[illegible]

答：由於國民黨壟斷一切輿論，黨外要透過各種訊息讓民眾知道，組黨不僅是人民的基本權利，也是重建台灣政治結構的唯一途徑，新黨是一個民主開放性的政黨，歡迎大家參加，假若因限於目前的政治氣氛而不能加入，也希望在精神上及物質上多多聲援我們。

第6版

10

六、那隻看不見的手

九月二十八日的週日晚上，西門町大理街上，《中國時報》大樓依舊燈火通明。

跑黨外的記者陳守國回到辦公桌，看到《中國時報》創辦人余紀忠坐在編輯部後方的大辦公桌，白髮蒼蒼，臉色凝重。《中國時報》政治組主任黃輝珍稍早五點多就接到陳守國的回報，此刻已經和總編輯和採訪主任開完會，堅定地告訴陳守國：「余老闆說，這是很重要的事情，不能不報。基於媒體的責任，照事實寫！」

戒嚴的年代，人人沉默以求自保，黨禁與報禁仍禁錮著這座島嶼。

一九八六年發行量達八十萬份的《中國時報》是臺灣言論重鎮。記者口中的「余老闆」，年輕時曾經參與中國學運，衝進外交部長官邸揪出外交部長。讀書讀到一半，戰火烽起，他也曾跑了大半中國尋找胡宗南部隊，要投筆從戎跟著去勦匪。四十歲時創辦《中國時報》的前身《徵信新聞》，那是一份刊登米價、雞蛋、蔬果行情的油墨印刷刊物，余紀忠自己常常騎著腳踏車上街送報。

此刻，七十六歲的余紀忠坐鎮《中國時報》編輯部，雖然同時擔任國民黨中常委，他知道自己的決定，將不只影響一個新政黨的生死，更將影響整個國家的未來。

「輝珍，你寫主稿。守國，你打電話給幾位朝野溝通的學者，都問問！」余紀忠指示。他或許從未察覺，《中國時報》大樓裡布滿情治單位的線民。

情治單號綽號「老黑」的余紀忠受到嚴密的監視[1]，除了往來信件和電話都被監看、監聽外，就連家中和辦公室紙簍裡的廢紙或紙屑，都會被警總一一翻出檢查。但他知道，如果組黨的消息沒有見報，民進黨將等於不存在，被黨國機器藏入舒適的遺忘空間。

黃輝珍收到指示後，很快地，花不到一個小時的時間寫完九百多字的主稿，余紀忠看了很滿意，一字未改。反倒是陳守國打電話給素有聲望的陶百川，告知組黨的消息，沒想到陶百川直說：「不好，不好！」陳守國如實寫下。余紀忠一看到陳守國的稿子，十分生氣，不相信這位曾經不惜與警備總部作對，最後避居美國數月的政壇硬漢，竟有如此反應。

「守國，再打，你再打！」余紀忠氣呼呼地指示陳守國[2]。結果，陳守國再次去電，時任國策顧問的陶百川已然睡去，不再接電話。

新聞自由與黨國體制交戰的那一晚，時針仍一分一秒前進。余紀忠的桌上電話響了。「我們現在所有人都在這裡。這邊情治單位提了幾十個人的名單，不報導，就沒事。」電話那頭的聲音說。

「不能不報，這是歷史責任。」余紀忠對著話筒說。

馬樹禮的四通電話

那是國民黨中央黨部祕書長馬樹禮。

突襲組黨這一行動，已經讓國民黨進退兩難。國民黨政府如果認定組黨違法，馬樹禮口中「幾十個人」將送司法審判，勢必引發大規模的抗爭，可能使剛剛經過江南命案與十信風暴打擊的國民黨，馬上面臨比美麗島事件更為棘手的民主運動，還有來自美國更大的壓力。而游錫堃，也會馬上淪為階下囚。

國民黨政府如果不處理，等於不承認民進黨成立，還有機會可以在曖昧中重新調整政治改革的步伐。外交孤立，內政不修的情況下，向剛呱呱墜地的民主進步黨妥協，會不會是比較安全的政治選擇？如果是，游錫堃和民進黨以及臺灣，也就擁有了到達民主彼岸的契機。

左右為難之際，國民黨中央決定下令全臺封鎖組黨新聞。唯有《中國時報》硬是抗命，硬是要爲時代開個自由的口。

到了晚上十一點多，馬樹禮打了第四通電話來。「我要回家睡覺，不接電話了！」余紀忠這樣告訴黃輝珍。同時，在忠孝東路一段的監察院，森嚴巍然的圓頂紅牆內，也有一通熱線，把臺灣連接上了國際。

開完記者會的尤清，記掛著《時代雜誌》記者警告他的：「新聞出不去，等於沒組黨。」尤清搭上計程車回到監察委員辦公室，打開抽屜，找到一張名片，急忙撥打名片上那德國通訊社駐東京特派員的家用電話號碼。他們曾在陳文成的葬禮上交談。

「這是第二次世界大戰以後，臺灣第一個民主的反對黨成立。」尤清用德文說。

「這是很大的事情。你們這個組織是什麼？主張是什麼？」這位德國特派員問尤清。

尤清之前草擬黨綱時因爲怕被抓，都用德文把黨綱寫在卡片上，故意寫得亂七八糟，假如被抓，就說這是他念書的筆記。黨綱改來改去，卡片越寫越多，尤清用黑繩子把這些卡片都串起來。尤清現在翻看這些卡片，一一把三十四條政治主張都說給這位德國特派員聽。到了晚間八點多，美聯社與全世界各大通訊社，都發出臺灣民主進步黨成立的新聞。

到了半夜兩點，旅居美國的「北美洲臺灣人教授協會[3]」創會會長廖述宗打電話問尤清：「你們組黨要緊嗎？」尤清說：「現在半夜了，沒來抓人。」

黨國那隻看不見的手，終究無法操控每一個人的選擇。

蔣經國的選擇

九月二十九日，圓山組黨第二天，補假的週一早晨，還住在植物園旁的臺灣省議員會館的游錫堃，趕緊翻看臺灣主要報紙。《聯合報》在二版刊出一小幅新聞：〈無黨籍政治人士決定組黨〉，游錫堃一看，擔心國民黨不承認已組黨成功。直到看到《中國時報》在二版刊出〈黨外宣布組織民主進步黨，昨提出黨綱草案與組織構想〉的新聞，游錫堃總算能稍微喘口氣，緩和一下心中的憂慮。

「過去常常說蕃薯落土不驚爛，只求枝葉代代湠。不過需要不怕被關，枝葉才能生湠。」游錫堃說。

組黨第二天，臺灣社會懸著一個大問號：蔣經國這次會不會動手抓人？

康寧祥打電話邀游錫堃，費希平打電話找尤清，傅正、黃爾璇等人下午到費希平大湖山莊的家中，商討下一步行動。

「警總如果來，剛好一車抓光光。」有人這樣說。

游錫堃到了費希平大湖山莊家中，大家討論要成立十人小組。游錫堃、尤清、康寧祥、傅正、費希平、黃爾璇、謝長廷都在第一波名單上。

「自由中國組黨爲什麼失敗呢？就是抓了雷震之後，大家就停了。應該要像海浪一樣，一波又一波，不怕他抓。」傅正力勸與會的人。游錫堃也贊同，至少要做到像割竹筍一樣割不完。

參與創辦編聯會的林世煜，也接到一通沒頭沒腦的電話[4]。

「Michael！」

「是！」

「你排第三梯。」

「好！」

「很榮幸昔日同志把我列入赴死名單，至今我不知電話中那個聲音是誰。」林世煜說。

「大家都有準備，不敢說要視死如歸，但至少是視關如歸。」游錫堃說。

這一邊，民進黨創黨人士在費希平家中編好名單。那一邊，蔣經國在總統府召集會議時不斷琢磨。

九月二十八日組黨當天，蔣經國事先並不知情，直到七海官邸辦公室主任王家驊向他報告，蔣經國才得知。

「（九月二十八日）那天下午，當這個事情成爲事實的時候，就有人通知我到辦公室，並在電話裡告訴我怎麼一回事。我知道黨外人士在圓山飯店集會，但是，至少在我下午接到消息之前，並沒有人告訴我他們要組黨。當然這個消息很令人驚訝，因爲雖然在這之前，蔣先生就已經要求中央黨部的十二人小組討論人民團體組織的相關管理辦法，多多少少重點就是擺在組黨和新政黨出現等相關問題上。這可謂是爲未來的開放黨禁預做準備了。我們雖然都知道這個，但是沒想到黨外人士抓到每一個時機開會決議。不知道是之前說好、講好的，還是臨時有人發起的。」王家驊說。

他的思緒飄回那天下午，他在七海官邸向蔣經國報告時，蔣經國在臥房裡的第一個反應。

「確定嗎？這個消息。」蔣經國問。

「是。警政署打來的電話，國安局也求證過了。」王家驊答。

他清楚記得蔣經國還是跟過去一樣非常地沉穩、平靜。王家驊靜立一陣子，看著躺臥在電動床上的蔣經國，按鈕搖起上身，倚靠著深思。

「報告總統，沒事了，我先離席。」王家驊離開蔣經國的臥房。他離開沒有多久，就聽到蔣經國以慣用呼喚他的鈴聲說：「請主任來。」王家驊又進到蔣經國的臥室。

「明天下午四點鐘，在總統府召開一個會議。」蔣經國指示。

九月二十九日下午四點，坐在蔣經國右後方、負責做會議紀錄的王家驊記得，蔣經國仔細聆聽各方說法，有人力主壓制，有人主張要溝通、不能對立。「大家還有沒有什麼想法？」蔣經國問與會黨政高層。

「我要把他們抓起來很簡單，只要一個命令下去，就可以把他們抓起來，但是之後呢？對國家的發展呢？要怎麼走下去？」蔣經國說。

根據康寧祥的觀察，蔣經國約見參謀總長郝柏村，郝柏村向蔣經國報告：「現在偏激分子揚言組黨，其主張實際否定中華民國，或與中共統戰呼應，或為臺獨，當然不能容忍。」言下之意是，建議蔣經國準備抓人[5]。

隨後，蔣經國又接見副總統李登輝，對組黨的態度轉為溫和。

李登輝向蔣經國建議，組黨未構成違法要件，不易依法處理，但必須在現階段注意其動向。蔣經國回答李登輝說：「此時此地，不能以憤怒態度輕率地採取激烈行動，引起社會不安情形，應採取溫和態度，以人民國家的安定為念頭處理事情。」[6] 原本，蔣經國要嚴家淦召集十二人小組，在不違反憲法規定的前提下，研究組黨的可能性。因為嚴家淦在九月初因腦溢血住院治療，蔣經國命李登輝主持十二人小組，但要祕密進行，不要公開。

「聽了總統指示，認為總統確為一位偉大領袖。他再次強調黨追求民主的方針，不能由客觀情形的變化而改變，必須維持下去。」李登輝用藍筆寫在白色膠皮封面的小筆記本內。

創黨的悸動，適逢強人的晚年。三十八歲的游錫堃，是否能躲過黨國這一隻看不見卻無所不在的手？突破黨禁這一年，是否是臺灣最好的時刻？

做好入獄準備的游錫堃，將用一生來尋找這個答案。

黨外宣佈組織「民主進步黨」
昨提出黨綱草案及組織構想

〔台北訊〕由一百卅餘位黨外人士發起組織的「民主進步黨」，廿八日下午宣布正式成立，並且提出黨綱草案及組織構想，推定七位組黨工作委員，即日起將進一步研究規劃具體黨務細節，預備在今年底以前召開第一次全國代表大會。

這一百卅餘位黨外人士，原由尤清、康寧祥等黨外人士發起，涵蓋了多數的黨外公職人員及黨外知名人士，他們在經過多次的會商後，昨天乘黨外選舉後援會在圓山飯店召開大會推薦年底選舉候選人集會之便，再次兩度會商，終於在圓山飯店舉行記者會宣布了上述決議。

七位組黨工作委員分別是，費希平、尤清、謝長廷、游錫堃、顏錦福、黃爾璇、傅正，並由費希平擔任召集人。即日起將針對「民主進步黨」的黨章草案及其相關組織進一步研究規劃具體細節，臨時總部設於目前公政會現址。

據宣布，「民主進步黨」的黨綱草案分為三大部分，即㈠基本綱領，㈡行動綱領，㈢競選綱領。其中基本綱領分為五大部分卅四條，分別是①民主自由的法政秩序；②成長均衡的財經政策；③公平開放的和諧社會；④創新進步的教育文化；⑤和平獨立的國防外交。

至於行動綱領則以黨外編聯會「組黨工作小組」擬定的一百廿四條政綱草案為主，經增列後有一百卅餘條，分外交、自由人權、政治、經濟、社會、勞動、農業、教育、文化等部分。競選綱領則與昨天黨外後援會通過的十二條共同政見相似。

宣布中同時指出，「民主進步黨」的一般組織為三級體制，分為全國中央、縣市及鄉鎮，並設知識青年、婦女、海外、產業等四個特種黨部。

昨天的記者會由費希平主持，尤清與謝長廷分別擔任發言人，尤清指出，黨外組黨是行使憲法保障的權利，現行法令並未限制人民組黨的權利。

謝長廷則指出，「民主進步黨」是開放性的一般民主政黨，將設理監事制行使權力，與民主集中制不同，理監事僅對黨內事務與組織關係進行仲裁。他同時說，民主進步黨與海外「台灣民主黨」並無關係，但因係開放性政黨，任何國人如認同該黨政綱願意加入，並無排除限制的必要。

謝長廷同時說，「民主進步黨」的黨名不冠以「中國」或「台灣」的字樣，主要是為了避免「中國結」與「台灣結」之間的糾纏和爭辯。

費希平說，民主政治是多數決的政治，在少數服從多數之前，多數尤應尊重少數。他相信，黨外組黨對執政黨所一貫號召的團結和諧，將有正面作用。

1

無黨籍政治人士決定組黨

【台北訊】一群無黨籍政治人士昨天在台北圓山飯店集會後，對外宣佈他們決定要組織一個新黨，並預定在年底選舉前召開所謂的全國黨員代表大會。

由立法委員費希平代表宣佈的這個新黨名稱是「民主進步黨」。他說：新黨的名稱不冠任何地理名詞，是避免以後產生「中國結」或「台灣結」的爭執。

這群無黨籍政治人士並推出了費希平、尤清、游錫堃、江鵬堅、謝長廷、顏錦福、傅正等人組成七人小組，推動「黨務」工作。

2

1 中國時報無懼國民黨政高層干預新聞，於一九八六年九月二十九日報導民主進步黨成立／《中國時報》一九八六年九月二十九日，第二版，中國時報提供

2 九月二十九日，聯合報未提及圓山組黨人士已宣布成立民主進步黨，只保守提及黨外人士「決定組黨」／《聯合報》一九八六年九月二十九日，第二版，聯合報提供

中國時報偵查計劃
一、本案緣起
本局長於本（69）年五月二日就偵查「中國時報」專案之指示辦理。
二、專案名稱
「中國時報」偵查專案名稱訂為「寧靖」專案。
三、余紀忠化名
為偵查中國時報內之可疑人物，而防止洩密計，將於余紀忠訂化名為「老黑」。
另其他重要可疑關係人之化名，依偵查進度，隨時訂定。
四、偵查原則
（接下頁）
被噤聲的年代
寧靖專案
針對「不妥文章」報導，清查幕後不法，發掘匪、臺獨線索，偵破組織性、叛亂性案件。
其中，因中國時報的影響力，特別設有「中國時報偵查計劃」
威權統治時期
針對中國時報的監控
促進轉型正義委員會
中國時報偵查計劃偵查原則（續上頁）
偵查計畫原則，包含（一）縮小偵查面、（二）避免驚動、（三）採漸進、長期方式偵查（四）採內線方式偵查、（五）採外形觀察方式偵查等
「中國時報」清查作業計畫
一、緣起：
1. 近年來中國時報及其相關刊物經常發生偏差報導和不妥文章報社立場及其成員頗多可疑。
2.鈞局69.6.24（69）寧安3420號函對中國時報問題的指示：「深入偵查，搜集不法事證，檢肅滲透份子」
二、對象：
以中國時報及其關係企業（以下簡稱「時報」）全體員工及撰稿人員為清查對象，其中以負主要責任及言行可疑者為主要清查對象。
三、原則：
以秘密方式進行，除非必要不得透過時報安全部門搜集資料。

5

3 中國時報創辦人余紀忠，即使受到國民黨干預，仍堅持在圓山組黨後忠實報導，捍衛了新聞自由，也間接確保了甫誕生的民主進步黨，有助於臺灣民主化／余紀忠文教基金會提供

4 一九八六黨外候選人推薦大會公告／《黨外公報》一九八六年十月四日，游錫堃提供

5 戒嚴時期，中國時報及關係企業人員遭情治單位監聽、監看，當時的偵查計畫斑斑可考／促進轉型正義委員會提供

（要聞版） 黨外公共政策研究會公報 1986年10月4日出刊 第1期

民主進步黨適時成立

年底選舉前召開黨員代表大會

海內外奔相走告，來電致賀

發刊詞

民主進步黨的補品——黨外公報誕生

黨外公共政策研究會公報

民主新希望 新黨救台灣

黨外選舉後援會在圓山召開

民主進步黨 歡迎有誠意的溝通

恭賀 民主進步黨 成立誌慶

黨外公政會總會
宜蘭分會
基隆分會
台北分會
首都分會
北縣分會
桃園分會
新竹分會
台中分會
南市分會
港都分會
打狗分會
高縣分會
屏東分會
全賀

（選戰焦點） 黨外公共政策研究會公報 1986年10月4日出刊 第1期

一九八六黨外選舉後援會推薦候選人簡介

七、關鍵十日（附黨外到民進黨創黨歷程組織系統表）

組黨後第四天，十月一日。省議員會館二六三房，清晨的微光從門縫洩入。游錫堃起身，走向窗戶。窗外的植物園綠意盎然，椰子樹葉和榕樹掩映之間，可以望見紅瓦白牆的孫運璿官邸。孫運璿，傳說中蔣經國的接班人，兩年前因為中風卸任行政院長，從此淡出政壇。此刻的他不會料想到，十多年後，政權遞嬗，他將擔任行政院長。眼下，他只煩惱：黨，安全了嗎？

他先翻閱新聞報紙。昨天去費希平大湖山莊家中後，原本建黨工作七人小組，再加入康寧祥、洪奇昌、江鵬堅擴增為十人小組，以壯聲勢[1]。但情勢仍然緊繃，各種傳言不斷。

十月一日《中國時報》斗大的標題躍入游錫堃眼簾：「少數人士如不顧情勢擅自組黨，政府將依法處置，立場並無改變。」他趕緊再翻《聯合報》：「施啓揚重申政府嚴正立場，此時此地不宜組織新黨。」他覺得自己像是一尾正在蛻殼的蝦子，剛剛從舊殼中掙脫而出，新殼尚未硬化，非常脆弱，一旦被攻擊，就會死亡。對他和民主進步黨來說，這是關鍵的十日。

人可以抓，黨不能毀

政治衝突，看似節節升高。

在游錫堃等人的奔波下，組黨後一週內，大家聚集在臺灣省議員會館密集開會研商，建黨工作小組的名單從七人小組，擴充到十人小組，於十月二日再度擴充到十三人小組，於十月七日增加到十八人小組[2]。

游錫堃不知道的是，傅正在十月二日當天，還私下請了胡佛與楊國樞兩位臺大教授喝咖啡，把「人可以抓，黨不能毀」的決心透露給兩位中介學者。

檯面下的密談，創造了迂迴緩衝的政治空間。一方面，國民黨威信搖搖欲墜，蔣經國在時勢所趨下所啓動的表象的政治改革，突然被圓山組黨打亂陣腳[3]，一時之間舉棋不定。另一方面，太平洋的彼端，美國國務院也正密切觀察蔣經國與民進黨的走向，擔心兩方的過激反應[4]。

其實，早在一九八五年，美國參議院就通過支持臺灣民主決議案。江南案發生後不到一個月，雷根勝選，發現他的臺灣盟友竟給他惹麻煩，開始調整對臺政策，認爲一個親美反共的民主政權，比一個親美反共的專制政權，更符合美國利益，雷根在八月十七日簽署臺灣民主決議案，要求國民黨進行民主改革。一九八六年夏天，游錫堃籌謀組黨之際，美國參議院外交委員會主席魯嘉於八月二十日訪臺，會見蔣經國。魯嘉向蔣經國建議，應准許反對黨成立，並且提早解嚴[5]。

由美國參議員和眾議員組成的臺灣民主委員會，也在九月三十日發電報呼籲臺灣政府容許民進黨自由參與政治活動[6]。

然而，這些與中介學者的溝通會議，與美國方面對蔣經國的暗中施壓，祕密籌畫圓山組黨的游錫堃，都不知情。

從宜蘭冬山的水田間，到臺灣省議會的問政舞臺，游錫堃有的只是胸中蓄積的一股政治狂熱。「這些就是八〇年代的政治暗殺與長期以來的司法迫害教會我的一件事：聲音再微弱，也該掙扎著說出來，寧鳴而死，不默而生。」游錫堃說。

游錫堃覺得自己是已把王牌攤在桌上的玩家，只能靜待對手出牌。

到了組黨後第六天，游錫堃看了報紙，才感到情勢稍微緩和。《聯合報》[7]報導，執政黨對兩大政治議題已原則決定，戒嚴令盡速於適當時機解除，政治社團將可成爲合法團體。在博愛路上的臺灣省議員會館和青島東路的公政會總會來回開會奔波時，他也曾注意，街角是否有異樣的目光、背後是否有陌生的腳步聲、有沒有特務或情治人員跟蹤他，隨時準備爲他上銬？

畢竟，他在擔任一九八六黨外選舉後援會召集人時，就曾侃侃而談，今年是組黨的最佳時機，要用實力逼國民黨開放黨禁[8]。要到三十多年後，游錫堃才能確定，到底自己密謀組黨，國民黨有沒有一一看在眼內？到底自己身邊最親近的人，有沒有抓耙子（臺語：告密者）？

誰是告密者？

他要到三十多年後到促轉會翻閱檔案，才發現原來他的行蹤一直被調查局掌握、記錄。

調查局緊密追蹤，一九八六黨外選舉後援會在八月緊鑼密鼓地開會，會議時間、地點、人數，都詳細載明：「黨外後援會，第一次會員大會，一九八六年八月二十四日，下午兩點半到六點二十分，在臺大校友會館，會員一百二十六人。黨外後援會，第二次會員大會，一九八六年九月七日，下午六點半，在南京西路一六九號海霸王餐廳，實到八十八人，會員共一百四十三人。」就連前一年一九八五年十二月二十六號公政會在青島東路會館開會的結論：「目前組黨付出代價太大，應先整合內部分歧。」的會議結論，調查局都清楚登錄。

惘惘的威脅中，人的意志仍自由生長著。時代的鐘擺，在威權與民主之間來回擺盪。

意外在十月七日那天，以一段訪問的形式來臨。

那一天，蔣經國總統赴會客室接受《華盛頓郵報》發行人葛蘭姆專訪，蔣經國表示政府即將制定國家安全法、解除戒嚴、開放組黨。

時任總統英文祕書，三十六歲的馬英九居中翻譯，右手振筆疾書。這個時刻，馬英九只覺「頭皮發麻，感覺好像身上觸電一樣，因爲我們正在改寫臺灣的歷史。」[9]

李登輝也特別說明，這是一次很重要的訪問。「Graham女士先訪問蔣總統，再來訪問我。蔣經國對Graham表示將要解除戒嚴，當時我還不知道他這項決定。他並沒有談到臺灣要如何走。他不會說那種話，他向來都只是面對事情，然後提出臺灣要做什麼。至於要如何做，下面的人會繼續思考。」[10]

十月八日一早看到報導的游錫堃，在賭命式叫牌掀底的十天後，終於能感到一絲慰藉和欣喜。「歡喜的不是自己安全了，而是這個黨安全了。」他說。

民進黨終於可以免於夭折。這個黨，是四十年來，一代又一代的黨外人士在寂寞、橫逆、屈辱的血雨腥風中所哺育，也是所有嚮往民主的臺灣人所支持、呵護的黨。這個黨，是暗潮洶湧時局裡的一葉扁舟，乘載了民主與自由的希望。（請見

BOX 1）

然而，民主不是烏托邦，自由不是免費的自助餐。衝破黨禁之後，游錫堃仍然必須面對對內如何彌平派系之爭，對外如何回應經濟、社會結構改變的種種挑戰。

所有的政治家都需要運氣，一種時代與他的才幹相匹配的運氣。這一局，游錫堃做對了。在這關鍵的夏天，他在自己身上找到了一種從前未曾發現過的領導能力，一種越被低估、越能開創新局的稟賦，讓他在歷史的轉折點，沒有退卻，沒有放棄，成爲自己從年輕就一心仰慕的民主鬥士。

一九八六年九月二十八日：「一九八六黨外選舉後援會」完成國代立委推薦。圓山組黨成功，民進黨成立，設七人「建黨工作小組」[18]

一九八六年九月二十九日：「建黨工作小組」第一次會議。[19]

一九八六年十月二日：「建黨工作小組」第二次會議。[20]

一九八六年十月八日：美國華盛頓郵報報導蔣經國宣布朝向解除戒嚴與開放黨禁之十月七日專訪。

一九八六年十月九日：「建黨工作小組」第三次會議。[21]

一九八六年十一月十日：民進黨第一屆第一次全國黨員代表大會[22]

一九八六年十二月六日：增額國代、立委選舉投票。第一次兩黨競爭。[23]

一九八六年十二月二十一日：「一九八六黨外選舉後援會」第四次會員大會。[24]

危險期
半危險期
安全期
直接關係
間接關係

製表：王崇欽

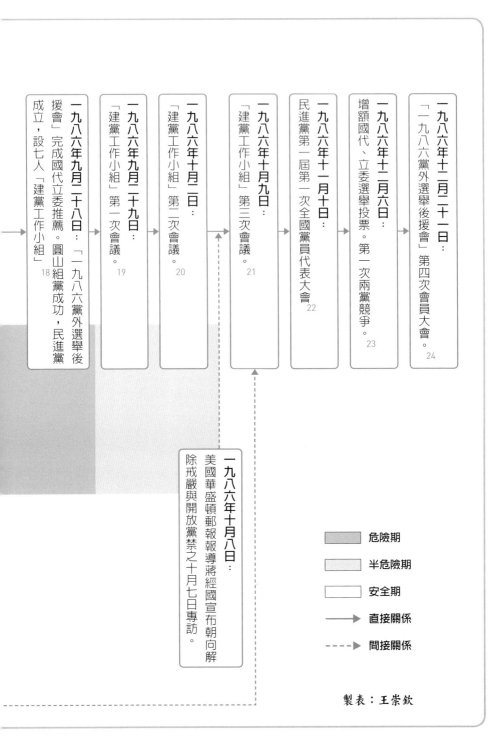

BOX 1 黨外到民進黨創黨歷程組織系統表

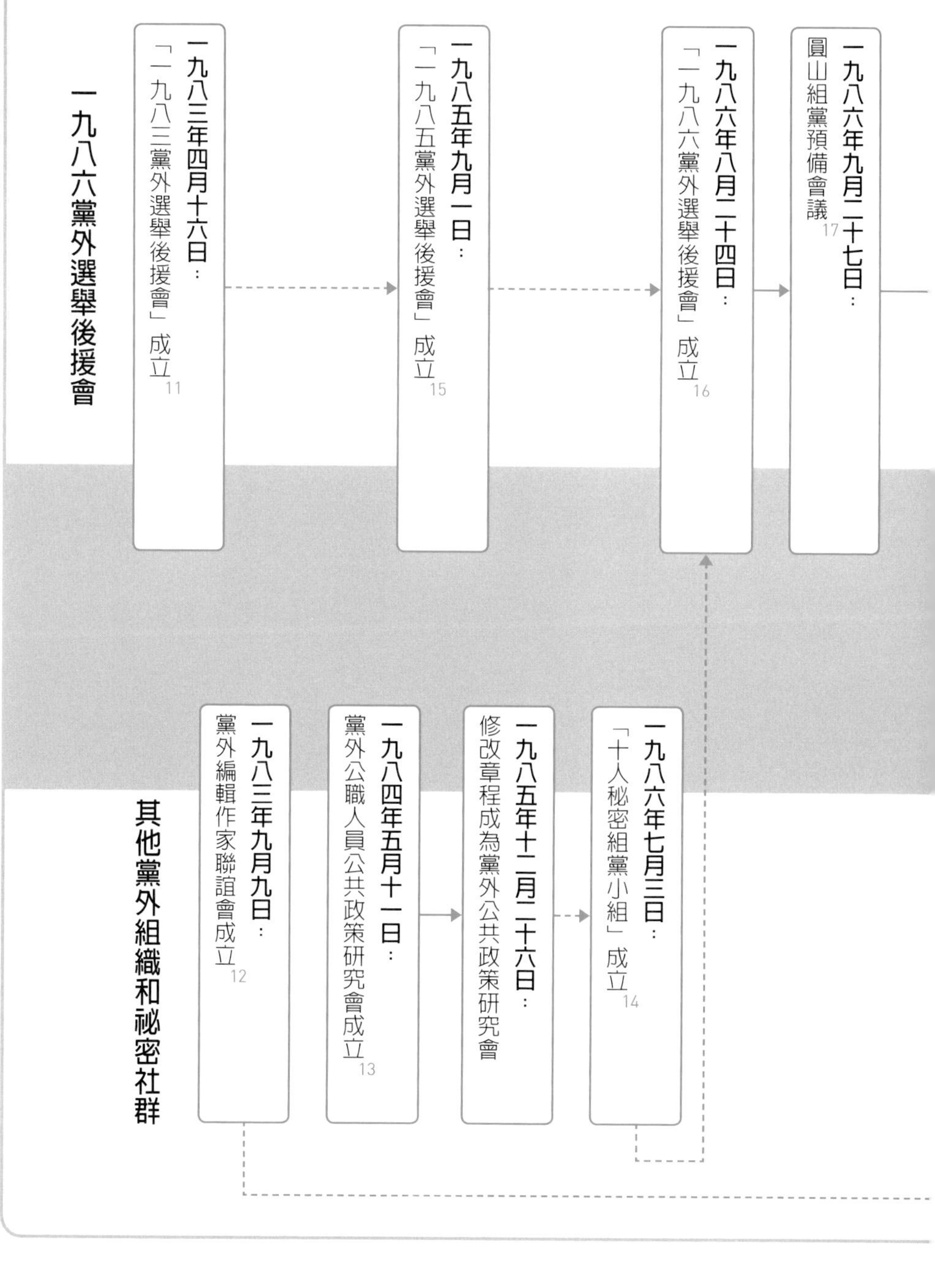
一九八六黨外選舉後援會
一九八三年四月十六日：「一九八三黨外選舉後援會」成立11
一九八五年九月一日：「一九八五黨外選舉後援會」成立15
一九八六年八月二十四日：「一九八六黨外選舉後援會」成立16
一九八六年九月二十七日：圓山組黨預備會議17
其他黨外組織和祕密社群
一九八三年九月九日：黨外編輯作家聯誼會成立12
一九八四年五月十一日：黨外公職人員公共政策研究會成立13
一九八五年十二月二十六日：修改章程成為黨外公共政策研究會
一九八六年七月三日：「十人秘密組黨小組」成立14

1 蔣經國接受美國《華盛頓郵報》董事長葛蘭姆女士訪問，提及已經研議即將解除戒嚴、開放黨禁／《中華日報》一九八六年十月九日，第一版，資料取自國家圖書館，中華日報授權

2 九月二十九日起至十月七日，國民黨利用新聞媒體釋放各種消息，恫嚇黨外人士與民主進步黨組黨人士 ／《民眾日報》一九八六年九月三十日第一版，資料取自國家圖書館，民眾日報同意使用

3 游錫堃任職兩屆臺灣省議員，戮力問政，為民喉舌／游錫堃提供

3

中華民國七十五年十月九日 星期四
中華日報
南部版 第一四八一〇號
CHINA DAILY NEWS
蔣總統接受美報記者訪問表示
政府將提議取消戒嚴令
組黨問題近可做成結論
中國現代史話
1

民眾日報
MIN CHUNG DAILY NEWS
中華民國七十五年九月三十日 星期二
農曆丙寅年八月二十七日
組黨如有實際行動 政府決依法處理
執政黨緊急會議 將作政治宣告
台灣人口增加率大幅滑落
造成人口斷層強烈衝擊
如再繼續降低 將發生勞動力不足問題嚴重
政治與學術體育分開
與基本國策不相牴觸
政院重申對中共三不立場不變
組黨仍在籌備階段
費希平說尚未定案
對黨外組黨一事
內政部法務部均不表示意見
中介人士學者看組黨
各版新聞提要
親愛的家長們
2211581・3344552
2

八、街頭即戰場

冬夜裡，一輛平快火車從臺北搖搖晃晃地駛向蘭陽平原。這輛慢速火車上載著的游錫堃，卻宛如威力強大的炸藥，炸開了獨裁者的禁忌、時代的秩序。

自十月以來，游錫堃已經跑了全臺灣二十三場新黨的說明會，到處演講，在臺灣社會掀起一波又一波的情感動員、政治關懷。

望著窗外，游錫堃想起前幾天午夜時在嘉義市中山路上噴水池[1]的演講，人群把圓環擠得水洩不通。只要他高喊：「民主新希望，新黨救臺灣。」民眾就會跟著激動歡呼，他也會和群眾開玩笑：「我們組黨成功了！因為我們選九月二十八日，在連假的時候，國民黨打麻將的打麻將[2]，怎麼會想到我們已經成功了！」臺下一陣喧譁與歡笑。

而今天，正如往常，結束了一週省議會的問政工作，為了要趕上明天週六早上八點半在宜蘭縣羅東樹人路上的選民服務，開完會後，他趕緊從霧峰搭車北上，到臺北車站匆匆忙忙轉車。只有在回家的路上，能在激情過後有片刻的午夜獨處，沉澱自己。

素樸的願望

他回想起在嘉義市噴水池的助選演講。一張張充滿期待的臉龐，一雙雙握過的手，在他腦海逐漸匯成一張臺灣人的集體臉孔，急欲掙脫威權的枷鎖，拚命地想要「臺灣人出頭天」。這些勞苦大眾，從口袋裡掏出十塊硬幣、一百塊紙鈔塞到募款的紙箱內，甚至有些聽眾一丟就是一大綑紙鈔，姓名都沒有留，收據也不拿，就是相挺剛創立的民進黨。負責演講、募款的游錫堃，從未經手捐款事宜，每次募得的款項都會在當天交給民進黨財務組組長周滄淵，再交由會計人員將款項封存在中央黨部。在臺北都會區，每一場說明會辦下來，平均可以募到七、八十萬元[3]，有幾千人自掏腰包捐錢給民進黨，每一張鈔票，都是一份素樸的願望。

坐在返鄉的平快車上，游錫堃不禁想起，不知道是誰說過的一句話：「熱情不是一種可以掩藏許多年的特質。」儘管疲憊不堪，他依稀感覺得到歷史和命運的轉折，總發生於瞬息之間。這種時刻往往只發生在某一天，某一小時甚至某一分鐘，但這些時刻的決定性影響卻超越了時空，宛若天上的星星散發的光芒，普照暫時的黑夜。在火車悄悄平穩的前行中，他慶幸，自己就算曾有恐懼，卻未曾退縮。

九月二十八日密謀組黨成功後，爲了讓這個新創的黨贏得社會信任，他到處助選，將目光對準了一九八六年十二月六日的增額國代、立委選舉，更要讓這個黨成爲乘載社會多元改革的工具，而非權力的廢墟。

政經結構快速轉型下，社會的力量奔放宣洩，農民、漁民、老兵、大學生、國營事業被資遣的員工、計程車司機，原住民等等，都紛紛走上街頭。上街頭挑戰黨國權威的，不再只是菁英，而是各行各業的普羅大眾。街頭成爲新的戰場[4]。

左手創黨、建黨，右手守護宜蘭

火車快要駛進羅東車站。這個冬雨綿綿的小鎮，也在這波的民主運動中，發出屬於自己的聲音。

這一邊，九二八圓山組黨後，民進黨建黨工作如火如荼，第一屆第一次全國黨員代表大會（簡稱「全代會」），十一月十日將在臺北環亞飯店召開，選出中常委、中執委、黨主席，一舉確認黨的領導和運作機制。

另一邊，身爲《噶瑪蘭週刊》[5]發行人的游錫堃，也同時必須爲自己的土地奮戰。

全代會開會前四天，十一月六日，臺塑集團創辦人王永慶宣布要在宜蘭投資四百億臺幣，設立第六輕油裂解廠（簡稱「六輕」）。游錫堃趕緊和《噶瑪蘭週刊》總編輯劉守成等人商議，在週刊上報導輕油裂解廠是否造成污染[6]的議題，啓迪民智、帶領輿論風向，也和鎮長鄉民們交換意見，力抗空污大戶落腳宜蘭。游錫堃率領《噶瑪蘭週刊》編輯們，點滴累積努力。一年之後，在《噶瑪蘭週刊》的支持下，一九八七年十一月十四日臺灣環保聯盟宜蘭縣分會，在游錫堃的服務處正式成立，讓宜蘭的反六輕運動以更具組織方式來運作，發行十五種「向六輕宣戰」文宣，深入各鄉鎮舉辦說明會，也邀請專家針對六輕設廠進行環境評估，也動員縣民分別到環保署、工業局以及宜蘭縣政府抗議。

游錫堃成為第一個跳出來反對六輕的宜蘭政治領袖，而且不只反六輕，他還要為宜蘭擋下蘇澳火力發電廠（簡稱「蘇火」[7]）。

全代會開會前一天，十一月九日，游錫堃在霧峰的臺灣省議會，看著自己擬妥的手稿並質詢：「一年燃煤量一千六百萬噸，發電量六百四十萬瓩的火力發電廠，是宜蘭縣用電量的十六倍！拒絕變色的青天，宜蘭不歡迎火力發電廠！」

他想起自己筆記中手抄的數據：「中華經濟研究院的研究結果指出，臺電發電廠的設備利用率是四十八%，還不到一半。全臺灣的用電量一千六百八十萬瓩，蘇火的發電量占全國發電量超過三分之一，地方的負擔太大。再加上臺灣燒的都是高硫煤，即使是低硫煤，硫含量只有一%，一年就要燒十六萬噸的硫，硫若蒸發出來、結合水分，一公斤的硫就會變成四公斤的酸雨落下來。而蘭陽平原地形特殊，冬雨綿綿，酸雨落下來，宜蘭哪還能有青山綠水？」[8]

凌晨，火車就快抵達羅東站。他腦海仍不斷翻騰著熱心捐款的民眾臉孔，以及一旦六輕落腳宜蘭利澤、火力發電廠落腳蘇澳的景象。他童年騎在水牛背上蹺腳看書、仰望的那片天空，會不會變成一片灰濛濛？

冬夜的雨，細密如針，落在地上一窪窪的積水閃著銀光，更覺寒冷。羅東車站外，原本熱鬧的街道早就熄燈，空蕩蕩的路上只有游錫堃的太太楊寶玉正在等他出站。看到嬌小的太太在寒風細雨中等他，他心中不免有一絲歉意。這些年來，兩人總是睡不到五小時就要起床面對來陳情、投訴的民眾，又要開始忙碌。

「趕緊轉厝，好好歇睏，囝兒都落眠呀。」楊寶玉對游錫堃說。

在這個街頭即戰場的年代，縱使游錫堃還有許多理想、許多煩惱，此刻，他不禁覺得：幸福原來如此樸素。不需要萬人空巷的演講、不需要大紅大紫的媒體報導、不需所謂成功的印證。

在這樣的一個冬夜裡，能在街上和群眾肩並著肩，回到家和太太共蓋一條被，他對自己和臺灣的未來充滿希望與期待。

1　身為一九八六黨外選舉後援會召集人游錫堃，勤跑各地、受邀為黨外候選人助講／游錫堃提供

2　游錫堃創辦的《噶瑪蘭週刊》早在一九八六年就首先報導臺塑六輕相關議題，開守護環境之先河／游錫堃提供

3　《噶瑪蘭週刊》率先報導反蘇澳火力發電廠相關議題，引發宜蘭反蘇火運動／游錫堃提供

4　《噶瑪蘭週刊》燃起宜蘭反六輕運動火苗（攝於一九八七年十一月二十日）／邱萬興提供

噶瑪蘭 28 週刊

贊成者謂將可促進繁榮
有人則對是否造成污染表疑慮

縣黨部如意算盤曝光!!
黨部、派系分別支持葉、蕭
合兩人之力抬李讚成進國會

漁民團體選民真奇怪!!
漁會會員投票意向大不同
仔細瞧!!認真想!!此事必有蹊蹺

中華民國75年11月8日 噶瑪蘭週刊 第27期

蘇澳將變成廢市?
火力發電廠應慎選地點
游錫堃議會質詢表反對

社論
國民黨倫理在那裏?

三星舊市場爭執
將留下原有巷道

泥水工會秘書侵佔公款案
判處有期徒刑一年六個月
石黃清月不服上訴遭駁回

張川田演講會
時間—十六日下午七點
地點—宜蘭市某處

5

5　《噶瑪蘭週刊》燃起宜蘭反六輕運動火苗，激起宜蘭人愛鄉意識與認同感（攝於一九八七年十一月二十日）／邱萬興提供

九、自由的窄門（附黨外組黨大事記）

「民主進步黨萬歲！臺灣人萬歲！」群眾的口號，響徹臺北市金華國中的夜空。

一九八六年十一月十日，晚上九點多，金華國中司令臺旁的升旗桿，冉冉升起綠色臺灣懸在十字路口的民進黨黨旗[1]，沿用自一九八六黨外選舉後援會的會旗。雖然沿用原設計，游錫堃建議小幅修改，將當初有如萬箭穿心的米字旗會旗，改成十字路口的黨旗。

剛剛當選為民主進步黨三十一位中執委之一的游錫堃，和其他中執委一起站在司令臺上，掛著胸花，向操場上近萬名群眾致意。

望著臺下的人山人海，游錫堃幾乎可以暫時放下心中的焦慮和憂愁，暫時陶醉在全世界華人第一個民主政黨的喜悅中，暫時享受這個自由之夜。待會，他還得跟中執委們一起趕往元穠茶藝館[2]，選出第一屆黨主席。

先把派系配票的煩惱放一旁，游錫堃捧著募款箱，走入操場的群眾。民眾紛紛投入銅板、一百塊、一千元的鈔票。

「我等一天等很久啊！我看今天現場大多數人都跟我一樣，被國民黨欺負太久了，你們這些人有種！」三十五歲的五金行老闆李仁財高興地說。

「新黨好像很寒酸……我到過美國，美國民主黨的候選人連舉辦演講都要賣票，我一點心意啦！窮沒關係，手腳乾淨就是最大的號召。」四十四歲的蘋果西打經銷商林天養一邊說，一邊把一千元紙鈔投入箱內。

「等你們組黨等好幾年了，都快聽膩了！看你們今天這樣，早三年組黨呀，國民黨還不是睜一隻眼、閉一隻眼，你們內部紛爭也可以早一點擺平嘛！」二十五歲的電子廠領班黃國俊有點不滿。

「聽說那個許信良年底要從美國回來，敢是眞耶？以前他在臺灣搞得國民黨雞飛狗跳，現在又有好戲看囉！」三十七歲的計程車司機張哲璇跟人打聽。

形形色色的群眾，在游錫堃眼裡，有如一片龐雜多元的山景，芒花、樟樹、榕樹、竹林層層疊疊，野蠻生長，他只能遊蕩其中，張開身上每一個細胞去仔細感受。雖然他可以清楚感受到每一個人的存在，但他們的形狀似乎總是受到周圍情勢擠壓，樣貌彷彿倒映在水裡的影像，朦朦朧朧、飄移不定，幾乎所有人都正在努力去理解屬於他們的自由與束縛。所有人的人生經驗在這個夜晚，被擠壓、變形、凝聚成一個歷史事件。群眾如果有臉孔，那便會是一張變化萬千的臉孔，在游錫堃記憶中留下難以捉摸的痕跡。

但也是同一群民眾，讓游錫堃為年底十二月六日即將舉行的增額國代、立委選舉，增添了一些信心。

後蔣經國時代第一班政治列車

他知道組黨不等於建黨，要整合內部意見，才能讓這個黨開始推展黨務、贏得選舉、改變政治結構。圓山組黨後的這個秋天以來，多次的建黨工作小組會議，光針對要組什麼樣的黨、黨員資格、什麼時候開黨員大會，大家意見分歧，往往激辯數個小時，沒有決議。

看著眼前的群眾，游錫堃每往前一步，群眾就自動分站兩側，一道窄廊逐漸打開。每次走入群眾，都有這樣的一道窄廊，容他走過。他感到幸運與驕傲。這是黨外運動蘊積四十多年的能量，才能讓他走到這條自由的窄廊，一腳踹開新時代的大門。

這樣的歷史機遇，就這麼突然降臨到他這一代人身上。機會可能稍縱即逝，黨內仍舊暗潮洶湧，黨外還有國民黨虎視眈眈。他想起了十月底在臺灣省議員會館的激辯。

費希平十月時才跟十八人建黨工作小組回報國民黨找他談判的條件。在立法院召開院會時，國民黨中央政策會副祕書長許勝發找費希平談，希望民進黨在《非常時期人民團體法》[3]還沒修正前，不要舉行全國黨員代表大會（簡稱「全代會」），這樣國民黨就可以維持民進黨只是在籌備階段，不承認、不取締的微妙現況。許勝發轉告，就算要舉行全代會，選後再舉行，不要動員群眾、不遊行、在室內開會。費希平一口回絕，告訴許勝發：「已經是箭在弦上，不得不發。」

尤清本來還有一些猶豫，認為是否在選舉前通過黨章、黨綱，其他等選後再說。游錫堃發言力爭，一定要在選舉前召開全代會，一舉確認黨的領導與組織機制，才不會中了國民黨的緩兵之計。他有前車之鑑。去年（一九八五年）他在臺灣省議會曾為了質詢省政府違憲超額編預算，他與謝三升、蘇貞昌一起召集了共十四位省議員辭職，成為轟動一時的「省議員集體辭職事件」，但卻在國民黨各個擊破下，只剩下他、謝三升、蘇貞昌三人堅持辭職。

黃爾璇私下想，這些公職人員老毛病又犯了，忘了自己曾經宣稱要在選前召開全代會，又害怕被國民黨取締，原本穩操勝算的公職，頓成泡影。黃爾璇覺得，怎麼可以讓個人利益算計，凌駕黨的發展[4]？

「一定要選前開，組織容易達成，老K才不敢取締，全代會一開成，對候選人都有利。如果不舉行，外界會以爲我們工作小組抓權，形象必定大壞。」黃爾璇說完，游錫堃、康寧祥、尤清馬上支持，才讓全代會不至於夭折。

而十二月六日的選舉，是一九八九年之前最後一場選舉，未來三年內都沒有選舉。如果這次的選舉成績不佳，或沒有超過黨外時代的得票率，可以說臺灣社會還不相信這個剛剛誕生的黨，臺灣的民主運動就會失去這個歷史機遇。

這次選舉，可以說是後蔣經國時代的第一班政治列車。

雖然游錫堃聲名鵲起，政治實力又更上層樓，但他仍爲這個新創的黨擔憂。黨內派系能不能整合？選舉能不能勝利？前往元穠茶藝館的路上，他心中懸著許多問號，也早就決定自己這一票要投給費希平，希望這個初創的黨可以拋開統獨，整合歧見。

晚上十一點多，游錫堃抵擋倦意，和三十一位中執委到了臺北市仁愛路圓環老爺大廈二樓的元穠茶藝館，選出十八位中常委和黨主席。出他意料之外的是，他趣稱爲「槤柑」的立委江鵬堅，以十三票對十二票，一票之差險勝費希平，當選創黨主席。

「事後大家發現，派系之爭對民進黨影響深遠，甚至控制民進黨的權力分配與政黨走向。」也當選第一任中常委的康寧祥日後這麼說[5]。

走出元穠茶藝館，已是凌晨一點多。

十一月十號全國代表大會後，一九八六黨外選舉後援會轉化爲民進黨的選舉對策委員會，游錫堃擔任主任委員。十一月二十日，民進黨中央助選團成立，黨主席江鵬堅擔任總團長，游錫堃擔任總幹事。這個冬天，游錫堃繼續衝刺選舉，爲四十四位民進黨推薦的候選人助選，拉抬選情，扛起一九八六年底大選前最重要，也是最後一項責任。

他再次走入群眾，走出一道窄廊，希望抵達自由的彼端。

一個月多後，游錫堃在選後的記者會宣布，民進黨二十四・七八％的立委得票率、二十二・二一％的國代得票率，都比黨外陣營在一九八〇年的十八％、一九八三年的十九％，明顯成長。

《朝日新聞》和《紐約時報》都報導[6]，這場臺灣有史以來第一次兩黨競爭的選舉，民主進步黨將在立法院內外展開強大的監督力量，臺灣朝民主化的道路前進。

他的心靈，終於得以平靜。

一百多年來，臺灣人想要組成自己政黨，擺脫外來政權統治。經過一代又一代的拚搏，一次又一次的犧牲，這一群黨外人士，往前承接民主運動的能量，往後乘載臺灣社會的期望，終於在一九八六年，努力撐開時代的縫隙，讓民主進步黨安然誕生。從此，臺灣開啓政黨競爭，在民主化的道路上顛仆前行。（請見BOX 1）

是時候了。一九八六這一年，游錫堃終於準備好，開啓他自己與臺灣最好的時光。

他笑過、忍住不掉淚過、敬畏過、恐懼過、滿腔熱血地行動過。每當我們在深夜裡，想起我們的民族是怎麼從過去走到了現在，那一年游錫堃的奮鬥，就像今天的你我一樣，即使曾被輕視，仍懷著理想，即使常有挫敗，仍尋找機會。

歷史彷彿在無意中重複，押著同一個神祕的韻腳。一九八六那一年，是我們未來時代的原型。而時間彎彎曲曲的路帶著我們繞過一圈，再次回到原地，再次抵達自由的窄門。

BOX 1

黨外組黨大事記

年	組黨關鍵事件	國內外相關情勢
一九六〇	**五月四日**：雷震組「中國民主黨」。	
	九月四日：雷震因匪諜案遭判刑十年、傅正被判感化教育三年。	
一九七五	**十二月二十日**：郭雨新參選立委因廢票數萬張而落選，民情譁然。	
一九七七	**十一月十九日**：「中壢事件」。在桃園縣長選舉投票過程中，中國國民黨被懷疑有作票嫌疑，引起中壢市民憤怒，包圍、搗毀並放火燒毀警察局。	
一九七八		**十二月十六日**：美中簽署《建交公報》，蔣經國宣布中央民意代表選舉停辦。
一九七九	**一月二十二日**：「橋頭事件」。黨外人士為「情治單位以涉嫌吳泰安匪諜案為名，先後逮捕七十六歲的余登發父子」舉行的	**四月十日**：美國總統卡特簽署《臺灣關係法》並正式生效。

	抗議活動，是臺灣戒嚴後首次街頭示威活動。
	十二月十日：「美麗島事件」。
一九八〇	**二月二十八日**：「林宅血案」。林義雄母親及雙胞胎女兒慘遭不明人士潛入家中殺害，大女兒林奐均重傷，至今未破案。
	四月十八日：「美麗島事件判決」。軍事法庭判決施明德無期徒刑，黃信介十四年徒刑、姚嘉文、張俊宏、林義雄、呂秀蓮、陳菊、林弘宣各處有期徒刑十二年。
	十二月六日：「周清玉旋風」。中央民代恢復選舉，美麗島受刑人姚嘉文之妻周清玉以十五萬多票，第一高票當選臺北市國大代表。
一九八一	**七月三日**：「陳文成命案」。（至今未破案）
	十一月十四日：地方公職選舉，黨外謝三升、蘇貞昌、游錫堃等十四位當選省議員；陳水扁、謝長廷、林正杰等當選臺北市議員。

一九八三	**四月十六日**：「一九八三黨外選舉後援會」成立，選出召集人費希平、祕書長游錫堃。是「黨外」走向正式組織化的第一步。	
	九月九日：「黨外編輯作家聯誼會」成立，會長林濁水、副會長邱義仁。	
	十二月三日：「方素敏旋風」。美麗島受刑人林義雄之妻，黨外立委候選人方素敏以十二萬多票，第一高票當選。	
一九八四	**五月十一日**：「黨外公政會」成立，費希平擔任理事長、林正杰擔任祕書長。	**十一月二十一日**：內政部吳伯雄部長在立法院答詢，說「黨外公政會」等組織，「均係未經申請許可之非法組織，希望自行解散停止活動」，「今後，凡是未經申請核准之集會或結社，均將責由有關機關依法取締。」[7]
	十月十五日：「江南命案」。（美國FBI於十一月三十日破案。）	
一九八五	**三月二十九日**：費希平辭卸「黨外公政會」理事長，並宣布退出「黨外公政會」。[8]	**十二月二十三日**：國民黨恫嚇，不允許「黨外公政會」成立分會，「行政院答覆立法委員質詢時表示，戒嚴法第十一條規定，戒嚴地區內得停止集會結社。……若違抗這項禁令，得依刑法第一百五十三條之規定，處兩年以下有期徒刑。」[11]
	四月二十七日：「黨外公政會」新舊任理監事交接。尤清當選理事長，祕書長謝長廷、財務長王兆釧。	

	五月十六日：臺灣省議會謝三升、蘇貞昌、游錫堃等十四位黨外省議員辭職事件。[9]	
	九月一日：「一九八五黨外選舉後援會」成立，輔選省市議員、縣市長，張俊雄擔任召集人。[10]	
	十一月十六日：「地方公職人員選舉」投票，蘇貞昌、游錫堃重返省議會。	
	十二月二十六日：「黨外公政會」召開會員大會，修改章程刪除「公職人員」字樣，放寬入會資格，並訂定「分會設置辦法」，決議於各縣市成立分會。	
一九八六	**四月十二日**：「黨外公政會」通過臺北市（兩個分會）、宜蘭縣、臺北縣、高雄市（兩個分會）、桃園縣、臺中市、屏東縣等九個分會籌設申請。	**一月三日**：國民黨祕書長馬樹禮在中央黨部召集會議，進行一項祕密討論，會議主題是：「如何加強執行戒嚴法」。會中「多人主張戒嚴法至今只實施了『百分之三』，過於寬容。」；「宋時選和趙自齊都舉黨外公政會將成立地方分會為例，認為黨外錯估了政府禁止組黨的決心，而有組黨的準備，這種趨勢不容忽視。」；「與會者絕大部分是國民黨的保守派，他

一九八六

們的共識是取締組黨於法有據，他們認為戒嚴法第十一條規定得很明白：『戒嚴地域內，最高司令官得停止集會結社及遊行請願，必要時並得解散之。』如今黨外漠視法紀，非採取強硬行動不可。」[12]

二月二十五日：柯拉蓉．艾奎諾就任菲律賓總統，前總統馬可仕逃亡美國夏威夷。

四月十八日：針對「黨外公政會」有意通過設立分會之申請，「國民黨開會研商決定，黨外公政會若設分會，決予以限期解散，如不聽制止，不論總會分會將一併逕行取締。」[13]

四月二十四日：聯合報頭條新聞，「政府有關方面已原則決定，黨外公政會如逕行成立分會，所能夠採取的對策，首先將強制解散，如拒不解散，將依刑法煽惑他人抗拒合法命令罪處刑。」[14]

四月二十六日：「黨外公政會召開大會，各地申請分會，獲理事會同意的有九個，須協調者有兩個，籌備中的有三個，完全無視於先前國民黨當局的恫嚇威脅。」[15]「黨外公政會」第三屆理事會改選，尤清連任理事長，游錫堃、林正杰、張德銘、林文郎、陳水扁、張俊雄、謝長廷、顏錦福當選理事。

五月一日：許信良等旅美臺僑百餘人成立「臺灣民主黨建黨委員會」。

五月七日：「中國國民黨蔣主席指示中央政策委員會，應誠心誠意與社會各界人士進行溝通，以促政治和諧與民眾福祉。」[16]

五月三日：「黨外公政會」第三屆第一次理事會，通過祕書長謝長廷、財務長王兆釧的人事任命。	
五月十日：「黨外公政會臺北市分會」成立，陳水扁擔任理事長，為全國第一個成立的分會。	**五月十日**：「陶百川、胡佛、李鴻禧、楊國樞等四位中介人士出面邀請執政黨三位代表與黨外七位代表進行首次溝通餐敘，獲致三點共同結論及兩項默契。並決定由黨內外代表輪流作東邀約餐敘，每兩星期一次，進行溝通。」[17]
五月十七日：「黨外公政會首都分會」成立，康寧祥擔任理事長，林正杰任祕書長。	
五月二十四日：「黨外溝通代表在溝通桌上正式發帖邀請中介人士及國民黨代表參加六月七日舉行的第三次溝通」[18]	**五月二十四日**：「國民黨溝通代表出面邀約中介人士及黨外代表進行第二次溝通餐敘，未獲具體結論。」[18]
五月三十日：「黨外公政會臺北市分會」理事長陳水扁及黃天福、李逸洋等三人因蓬萊島案被判刑八個月並附帶民事賠償新臺幣兩百萬元。	
六月二日：「臺灣民主黨」國內第一號黨員鄭南榕[19]，被以違反選罷法起訴，遭地檢署收押。	
六月四日：「黨外七人溝通代表」費希	

一九八六

平、康寧祥、尤清、謝長廷、江鵬堅、游錫堃、張俊雄「決定無限期延期第三次溝通」。[20]

六月七日：原定今日黨內外溝通第三次會議，黨外七位溝通代表以國民黨司法迫害、破壞和諧，發表暫停溝通，朝野政治氣氛回復緊張趨勢。

六月八日：「黨外編聯會」成立組黨工作小組，研究有關組黨準備工作，研擬黨章、黨綱、幹部訓練。[21]

六月十三日：「黨外公政會首都分會」向「黨外公政會總會」提出「民主時間表」，建議「黨外五年內的運動目標依序為一九八七年成立新黨、一九八八年解嚴行憲、一九八九年國會全面改選、一九九〇年總統直選、一九九一年臺海和平。」[22]

七月三日：傅正決定成立「十人祕密組黨小組」，第一次會議成員：費希平、江鵬堅、傅正、尤清、黃爾璇、謝長廷、周清玉、陳菊出席，並決定邀游錫堃、張俊雄二人參加，進行黨綱、黨章之研擬。

七月一日：「國民黨溝通代表之一的蕭天讚就任行政院政務委員」。[23]

七月十六日：「蔣經國在中央常會重申與無黨籍人士的溝通政策並未有所改變，他並期勉黨內外民意代表應相忍為國，共同

	促成政治和諧。」[24]
八月六日：「黨外公政會臺北市分會」祕書長、臺北市議員顏錦福被以違反選罷法判刑九個月、褫奪公權三年。[25]	**八月六日**：「政府發言人行政院新聞局長張京育接受中央社記者訪問時重申，黨外公政會如不依循法律途徑活動，政府當責成有關機關依法處理。」[26]
八月九日：「黨外公政會首都分會」在金華國中舉行「組黨說明會」。	
八月十五日：「黨外公政會」與「黨外編聯會」在臺北市中山國小舉行「行憲與組黨說明會」，美國民主黨國際事務協會會長艾伍德參加演講。	
八月二十四日：「一九八六黨外選舉後援會」全國後援會成立，選出周滄淵、徐明德、陳博文、蔡龍居、顏錦福、蘇貞昌、余玲雅、林正杰、游錫堃、張富忠、魏耀乾等十一人為執行委員，游錫堃為召集人，顏錦福、蔡龍居為副召集人。召集人提請執委會通過各組負責人：輔選組：游錫堃，總務組：顏錦福，財務組：魏耀乾，法務組：蘇貞昌，宣傳組：張富忠。[27]	**八月二十七日**：「國民黨中央常會核定立法委員許勝發接任中央政策會副祕書長，負責與友黨及社會人士溝通的工作。」[28]

一九八六

八月二十八日：「一九八六黨外選舉後援會」公告受理一九八六年增額立委及國大選舉黨外候選人登記事項。時間：即日起至九月六日。地點：臺北市青島東路四號二樓之三，「黨外公政會」會館。[29]

八月三十日：「新潮流雜誌」下午兩點半在吉林國小舉辦「組黨說明會」，尤清、謝長廷、邱義仁、游錫堃、周清玉、江鵬堅等參加演講。[30]

九月三日：「黨外公政會首都分會」祕書長林正杰被以違反選罷法判刑一年六個月、褫奪公權三年。

九月七日：「黨外編聯會」會員大會通過一九八六黨外助選團設立辦法，其組黨工作小組提出政綱草案一百二十四條[31]，黨名構想有「臺灣進步民主黨」「臺灣進步黨」兩種。

九月七日：「一九八六黨外選舉後援會」第二次會員大會於下午兩點在臺北市南京西路海霸王餐廳舉行。[32]召集人游錫堃報告：「會員人數確認一百四十三人。」

「各地方後援會依限期於九月二十日前提出推薦名單。」[33]

九月八日：「黨外公政會」召開理事會，顏錦福當選理事長，原任理事長尤清因競選公職辭職。

九月十日：「蔣經國召見許勝發，詢問對未來負責溝通的作法與觀點，並指示今後的溝通政策。」[34]

九月十三日：「國民黨溝通代表梁肅戎、許勝發拜訪黨外溝通代表費希平，希望他協助促成恢復第三次溝通，費希平認為目前時機不適宜恢復溝通。」[35]

九月十五日：康寧祥在一項記者會中表示，黨外將於一星期內，邀集全省黨外代表，檢討是否要與國民黨恢復溝通事宜。[36]

九月十六日：因應國民黨要求恢復第三次溝通，先前與國民黨溝通的「黨外七人溝通代表」，聯名發函邀請具有代表性的三十四位黨外人士，定於十九日集會協商「是否與國民黨恢復第三次溝通會議」。[37]受邀的黨外團體包括：「黨外公政會各地分會、各縣市黨外聯誼會、黨外編聯會、臺灣人權促進會、勞工人權法律支援會、關懷中心等團體代表」。[38]

九月十九日：因應國民黨要求恢復第三次溝通，三十四位黨外人士第一次開會，提出兩項條件：「執政黨對在獄政治犯及在

一九八六

案政治案件，誠意解決」及「溝通方式應透過電視公開進行」，做為恢復與國民黨第三次溝通的「先決條件」。[39] 當日因「艾貝颱風」導致交通受阻，出席人數不及三十四人。

九月二十日：「一九八六黨外選舉後援會」召集人游錫堃接受《噶瑪蘭週刊》專訪，再次主張選前組黨，提出「用實力逼它開放黨禁。」「今年是組黨最好的時機」「要期望國民黨自動放鬆，期待它開放黨禁，那是不可能的事。」[40]

九月二十三日：黨外三十四位代表第二次開會，討論是否與國民黨恢復溝通事宜，重申「『先決條件』應先解決，才可能恢復第三次溝通。」[41] 為了不著痕跡地促成「九二八組黨預備會議」，「一九八六黨外選舉後援會」召集人游錫堃建議與會者：「既然九月二十八日大家都要來臺北開會，二十七日下午就可以來再開一次會。」[42] 大家後來也就同意了。

九月二十七日：「一九八六黨外選舉後援

會」召開「圓山組黨預備會議」，達成四點共識：一、明日黨外後援大會，先完成立委、國代推薦、授旗程序及通過共同政見後，立即變更議程討論組織新黨事宜。二、變更議程的提案由尤清在會中提出動議，由大會主席徵求全體出席會員同意後進行討論組黨事宜。三、討論組黨的會議請國民黨遷臺前選出的終身職立委費希平先生主持。四、決定以『民主進步黨』為黨名，由謝長廷負責在會中提出動議。

游錫堃商請尤清在「一九八六黨外選舉後援會」第三次會員大會中提案增列「組黨討論案」。提案及連署人如下：

提案人：尤清（黨外立委候選人）

連署人：游錫堃（「一九八六黨外選舉後援會」召集人）、

費希平（黨外立委、「黨外七人溝通代表」召集人）、

顏錦福（「一九八六黨外選舉後援會」副召集人）、

蘇貞昌（「一九八六黨外選舉後援會」法務組長）、

一九八六

康寧祥（黨外立委候選人）、謝長廷（黨外立委候選人）、許榮淑（黨外立委候選人）、邱連輝（黨外立委候選人）、周清玉（黨外國代候選人）、陳志成（黨外國代候選人）、黃爾璇（「一九八六黨外選舉後援會」會員）、林文郎（「一九八六黨外選舉後援會」臺北市後援會）、佚名、魏耀乾（「一九八六黨外選舉後援會」財務組長）（九月二十八日加簽）。

九月二十八日：「一九八六黨外選舉後援會」第三次會員大會，會中通過候選人推薦名單，立委二十人、國代二十二人。下午舉行「一九八六黨外候選人推薦大會」，開放媒體進場。

「圓山組黨」簽名發起人有一百三十五人。下午六時六分召開記者會宣布成立。並成立七人「建黨工作小組」，召集人費希平，成員包括尤清、謝長廷、游錫堃、

黃爾璇、傅正、顏錦福。[44]	**九月二十九日**：七人「建黨工作小組」第一次會議，康寧祥列席。會中決定增加康寧祥、洪奇昌、江鵬堅等三位成員，成員合計十人。[45-46] 中國時報報導：「黨外宣布組織『民主進步黨』昨提出黨綱草案及組織構想」。[44] 聯合報報導：「無黨籍政治人士決定組黨。」[47] 費希平回應中介人士，「採嚴格說來，黨外組黨目前仍處於籌備階段，一切尚未定案，要在研商修改黨綱、黨章、宣言等草案，交由會員大會通過後，才算正式成立。」[48]	**九月三十日**：「民主進步黨」發言人尤清針對國民黨中央政策會三位副祕書長的聲明指出，民進黨「歡迎執政黨有誠意的溝通」，並發表三點聲明。[54] 費希平決再邀許榮淑、張俊雄參加「建黨
	九月二十九日：美國國務院有關人士透過各種管道，希望進一步了解黨外宣布組織「民主進步黨」的詳細情形。[49] 因應黨外宣布成立「民進黨」，國民黨開會討論原訂九月三十日的溝通餐會是否繼續進行，最後決定溝通餐會照舊。[50-51] 國民黨採取分化策略，一方面宣布對「民主進步黨宣布成立」事件「採取寬容政策，目前不致採取法律行動」，但仍堅持對貿然組黨行動將依法處理；另一方面表示將繼續與無黨籍人士溝通，不受「民主進步黨宣布成立」事件的影響。四位中介人士（陶百川、李鴻禧、胡佛、楊國樞）表示事先不知悉黨外組黨一事。[52] 四位中介人士互相聯繫，商討如何與黨外人士溝通。[53]	**九月三十日**：國民黨溝通代表（梁肅戎、許勝發、黃光平）與四位中介人士於中午見面，商討與黨外人士溝通事宜。[53] 三位國民黨溝通代表與四位中介人士會面並發表聲明，「正告無黨籍人士『絕勿輕

一九八六

工作小組」成員擴增為十二人。[55-56]「民主進步黨」成立及臺灣政局發展狀況，除美國政府與國會密切關注外，海外臺僑團體亦紛紛表達關切並致電道賀，包括：「加拿大溫哥華組黨促進會、臺灣基金會、比利時臺灣之友會、臺灣人公共事務協會會長彭明敏及該會亞特蘭大分會、全美臺灣人權協會等。」[57]

易嘗試』任何『違法或激烈』的行動；且勿『對政府維護治安的決心，有所誤解』。」[58-61]法務部長施啓揚在立法院院會重申「此時此地不宜組織新黨，若有少數人士擅自組黨，政府將依法處置」。[62-66]行政院長俞國華在立法院院會表示民主憲政是合法參與，絕不容非法群衆運動製造分裂。「對少數人士的脫法行為，政府為求團結和諧加以忍讓。但這種忍讓是以不容許危害國家安全與社會安定為極限。」[67]美國參議員裴爾、愛德華甘迺迪，衆議員索拉茲、李奇，拍電報道賀「民主進步黨」成立，電文指出「『民主進步黨』是該島和平發展全面民主化體制的一項重要的步驟。此新黨將經由和平民主運動創造新的團結，而使臺灣安全與穩定」。[68]

十月一日：國民黨在臺北賓館開會，對有關政黨制度等問題繼續研商。國民黨立委莫萱元書面質詢，依據憲法第十四條規定，人民有結社自由，建議行政

十月二日：「建黨工作小組」第二次會議，十二位成員開會討論黨綱、黨章及擴大工作編組問題，並發表三點聲明強調：「將以黨的名義與立場，與執政黨進行溝通。」[71]

院儘速擬定《政黨法》，完成立法程序，使政黨活動有法可循。[69]

中國青年黨執行長劉子鵬與中國民主社會黨主席之一楊毓滋指出「現階段並非組黨的適當時機；為了維持國內安定的政治環境，呼籲執政黨與無黨籍人士應加強溝通，以避免引發尖銳的對立。」[70]

十月二日：國民黨中常會十二人小組開會，原則決定，於適當時機解除《戒嚴令》、另訂《國安法》、修正《非常時期人民團體組織法》，開放政治性社團的成立。[72-74]

十月三日：行政院長俞國華在立法院院會中答覆立委質詢「開放黨禁」時，重申政府對組黨的政策，並說明溝通四前提：「一、不能否定憲法與法律，二、不能有分裂主義的思想，三、不能不顧國家非常時期的環境，為敵人製造統戰的機會，四、不能犧牲國家利益與全民利益。」[75-79]

美國政府官員針對「民主進步黨」成立，建議國民黨：「應該以耐心、開明和精敏的手法來因應這件事，不要流於衝動，做

一九八六

出過度反應。」並且指出美方最擔心雙方各走極端，致爆發衝突，造成不利民主化的不幸事件……國民黨若能對此事處理得好，對民主化過程是向前邁進一大步，在對美國工作及應付中共對美國的「和平攻勢」也有大助益。[80]

十月四日：蔣經國以國民黨主席身份，召見祕書長馬樹禮關切「解除戒嚴」及「開放黨禁」兩大議題。[81] 國民黨中央常會十二人小組開會，原則決定解除戒嚴令，另訂《國家安全法》，將《非常時期人民團體組織法》修正為《人民團體組織法》，並修正《選舉罷免法》。[82-84]

十月六日：國民黨高層人士強調，「政治爭論或可寬容，違法行為絕不縱容，政治團體設立問題未定案前，擅自組黨乃是破壞國家安全」。[85-86]

國民黨召開「民間社團組織問題」議題的幕僚會議，完成結論報告，確定循修正《人民團體組織法》及《選舉罷免法》，確定將解除臺澎地區的《戒嚴令》，並訂定範圍最小的《國家安全法》。[87]

十月七日：從九二八組黨到十月七日的這十天，是「民主進步黨」組黨「關鍵十日」，也是臺灣民主的「關鍵十日」。

費希平、張俊雄、許榮淑、鄭余鎮、江鵬堅等多位黨外立委聯合質詢，分別針對組黨問題要求政府尊重人民組黨權利，讓「民主進步黨」有公平競爭之機會。[88]

費希平在立法院總質詢時指出：「《人民團體組織法》及《國家動員法》都不是經立法院通過總統公布之法律，自然沒有法律效力」。[89]

江鵬堅立委質詢時語帶諷刺指出：「政府縱容國民黨、青年黨、民社黨而只取締黨外，這是違法的，民主政治國家，人民有組黨自由。」並認為「只要回歸憲法，即無制定政黨法的必要。」[90]

十月八日：美國《華盛頓郵報》報導，蔣經國透露臺灣將朝向「解除戒嚴」及「開放黨禁」兩方面邁進。確定了「圓山組黨」事件雨過天晴，「民進黨」順利誕生。[91]

十月七日：蔣經國接受美國《華盛頓郵報》專訪。[91] 行政院長俞國華答覆立委費希平質詢：「目前處於非常時期，多黨林立對國家只有壞處；非常時期，政府有權限制組黨，是為了國家生存。」並表示費希平所提兩個法雖然是「訓政時期所公布，但是依據《憲法實施準備程序》，凡與憲法不抵觸者，在行憲之後能繼續有效施行。」[92-94] 江鵬堅立委質詢有關憲政與「民主時間表」，行政院以書面答覆，強調訂民主時間表無實質意義，「在當前艱困的變局中，是以國家安全及社會安全為首要任務。假如一昧刻畫民主『進度』，幻想民主表象，而罔顧敵人伺機從我內部進行滲透、分化、顛覆進而遂其以武力犯臺的野心，危及國家社會的根本；民主政治，又將何所依存？」[95-96]

十月八日：蔣經國接受《華盛頓郵報》訪問見報。蔣經國指：「中華民國政府不久將提議取消緊急法令，也就是通稱的戒嚴令。」並說，因中華民國的立法院還必須研究，解嚴時間還未定。[91]

一九八六

十月二十日：「民進黨中央巡迴助選團」成立，總團長為立法委員江鵬堅，總幹事為臺灣省議員游錫堃。舉辦全臺巡迴演講會，以「一九八六黨外選舉後援會」第三次會員大會通過的選舉共同口號「民主新希望，新黨救臺灣」，主打選戰。

十一月十日：「民主進步黨」第一次全國代表大會於環亞大飯店舉行。會後召開中央執行委員會，選出首任黨主席江鵬堅；選出費希平、蘇貞昌、康寧祥、游錫堃、江鵬堅、洪奇昌、周滄淵、謝長廷、尤清、潘立夫、吳乃仁等十一人為中常委。

十二月六日：「一九八六年增額國代與立委選舉」投票，是臺灣政治史上第一次有兩黨競爭的選舉，象徵臺灣正式走入政黨政治。 97

十二月二十一日：「一九八六黨外選舉後援會」第四次會員大會。召集人游錫堃報告選舉結果：民進黨獲得十二席增額立委，較原有席次跳增一倍；增額國代亦獲十一席。成為國會第二大黨。「一九八

	六黨外選舉後援會」任務圓滿完成，宣布解散。	
一九八七	**二月三日**：「民進黨美日外交訪問團」啓程，為期兩週，訪問紐約、華府、加州、芝加哥、東京等地，受到當地臺灣僑胞及國際友人熱烈歡迎，二月十七日歸國。	
		七月十五日：解除戒嚴
一九八八		**一月十三日**：蔣經國過世，李登輝繼任。
一九八九	**四月七日**：鄭南榕自焚殉道	
一九九〇		**三月十六日**：「三月學運」（野百合學運）
一九九一		**五月一日**：廢除《動員戡亂時期臨時條款》，動員戡亂時期結束。
		十二月二十一日：國民大會代表全面改選
		十二月三十一日：資深中央民代全部退職，萬年國會告終。
一九九二		**五月十五日**：中華民國《刑法》第一百條修正通過，廢除人民連「想」的自由也被限制的「思想叛亂罪」。

		十二月十九日：第二屆立委選舉，啟動臺灣真正的「國會全面改選」。
一九九六		**三月二十三日**：臺灣首度「總統直選」投票
二〇〇〇		**五月二十日**：第一度政黨輪替。政權和平轉移。
二〇〇八		**五月二十日**：第二度政黨輪替。
二〇一六		**五月二十日**：第三度政黨輪替。民進黨首次完全執政。

附註：

底格顏色代表以下四大分類：

- 淺金色：一脈相承組黨的黨外選舉後援會相關事件
- 金色：公政會、編聯會相關事件
- 淺灰色：國民黨相關事件
- 無標色：社會與國際情勢

中國時報
CHINA TIMES

總統宣告今起解除戒嚴

範圍包括台灣本島及澎湖地區

動員戡亂時期國安法同日施行

外滙管制大幅放寬

新種個人理財工具陸續推出

金融市場展現嶄新氣象可期

美對我解嚴表示歡迎

認有助加強中美關係

全斗煥與盧泰愚之齟齬及復合

1　一九八七年七月十五日蔣氏政權解除戒嚴，結束長達三十八年五十六天的軍事統治／《中國時報》一九八七年七月十五日，第一版，中國時報提供

中國時報

CHINA TIMES

增額國代立委選出・投票率超過六成五

當選人名單

執政黨贏得國代68席立委59席

總統伉儷投票民眾問好

僑選增額立監委

增額立委、國代各黨當選席次統計表

		國民黨		民進黨		青年黨	民社黨	無黨籍
立委73席	當選席次	59		12		0	0	2
	席次占有率	80.82%		16.44%		0	0	2.47%
	參選人數	提名報准 75	自行參選 16	推薦 19	自行參選 2	2	1	22
	當選人數	59	0	12	0	0	0	2
國代84席	當選席次	68		11		0	1	4
	席次占有率	80.95%		13.10%		0	1.19%	4.76%
	參選人數	提名報准 83	自行參選 19	推薦 25	自行參選 5	3	2	32
	當選人數	68	0	11	0	0	1	4

4

2　中國時報社論：民主憲政的大事，臺灣選舉首次出現兩黨競爭／《中國時報》一九八六年十二月七日，第二版，中國時報提供

3　國民黨恫嚇與黨外整合不易的驚滔駭浪中，民主進步黨終於召開第一次黨代表大會，是為建黨。有別於九月二十八日圓山組黨／創黨／《中國時報》一九八六年十一月十一日，第二版，中國時報提供

4　一九八六年十二月國代與立委增額補選，民進黨開出勝於前幾屆黨外在大選的成績／《中國時報》一九八六年十二月六日，第一版，中國時報提供

喜見一次推進民主憲政的選舉順利完成

社論

關係到國事前途、而爲萬衆矚目的今年增額中央民意代表選舉，終於昨日順利完成；這一屆的立法委員與國大代表，俱已選出。正如蔣主席所說：選舉是民主憲政的一件大事。我們再度完成了一件大事。而且今年的這件大事，較之過去，顯然有很大的進步，和很多的特色。

就整個選舉過程來看，我們當然不能說這次選舉全然沒有缺點。但是民主政治是一步步熬出來的，也是永遠沒有止境的。縱然有悠久歷史的民主先進國家，在複雜的選務與激烈的競爭中，也無法避免突然冒出的瑕疵。因此我們要評斷這次選舉過程的得失，最好是與過去的選舉比較。大家就可發現，這次選舉，的確較前有進步，有長足的進步。在競選活動與投開票過程中，要說沒有暴力介入，沒有金錢介入，沒有違反選罷法的行爲，沒有逾越分際的言行，沒有選舉事務上的疏失，沒有衝突與糾紛，那當然是文過飾非，不足取信。但是，凡此種種現象，與過去歷次選舉比較，顯然已經減少發生的次數，降低嚴重的程度，這就是進步；這就是民主走向成熟的表徵。

我們的選舉的確是大有進步。這可以從三方面來看。在候選人方面，一般的說，知識水準已普遍的提高，形象已普遍的清純；久爲大衆所詬病的金牛級人物已大爲減少；對地方黑社會勢力的倚賴也大爲降低。在選民方面，由於政治認識的加强，自身權益的覺醒，使他們多能憑自己的自由意志去投票，不易爲其他因素所左右。這也促使選舉的品質提高。在選務工作方面，由於一次次經驗的累積，駕輕就熟；再加上兢兢業業的工作態度，使投開票的公信力加强，極少有過去那種疑慮紛擾的情形。這都是可喜的情況。

許信良企圖闖關以及因而引發的機場暴亂事件，是這次選舉中唯一的重大遺憾。這純粹是許信良個人所主演及少數人附和的鬧劇。幸而由於政府有關方面的適當處理，拒許信良於國境之外，使事態並未擴大。否則將對整個選舉構成重大傷害。

這次選舉較大的特色是「民進黨」趨於競選活動開始前搶樂成立，而在選舉活動中打着旗號，代替過去的「黨外」；在組織及號召上當然有所改觀。儘管在法律上，「民進黨」還沒有取得正式地位；但由於政府爲了維持和諧，採取寬容政策，而「民進黨」高層人士，也能以理性來規範行動。使這次選舉中，國民黨與「民進黨」兩股主流，互相頡頏，展開以組織對組織的選戰。這在我國民主憲政史上是一項重大的突破；也爲我國今後的政黨政治建立了雛型。今後有關政黨規範的法律制訂以後，各政黨在公平的基礎上作良性的競爭，自更將促使政治進步，我們的民主憲政也必能更上層樓。

這次選舉的結果，如衆所預料，國民黨仍囊括了大多數的席位，但「民進黨」所提名的候選人，也有所收穫。我們曾一再指出，政治不滿分子走議會路線，以代替走街頭羣衆運動路線，是民主政治的正規。我們希望「民進黨」今後在國會中以制衡性的監督與建設性的政見來問政，以發揮反對黨的功能。而在議壇之外的言行，則多所兢惕約束，不再有過去那種以羣衆滋事及惡意攻訐的方式來譁衆取寵的情事，則社會趨於和諧與安定，民主憲政也可循序推進。至於國民黨方面，據初步統計顯示，其所佔席位的比例，及所獲選票的比例，比前略有降低。但是當選人品質的提昇，形象的良好，以及選務工作的處理公正，流程順暢，都已獲得社會大衆的肯定，以及來華觀察選情的國際人士所讚揚。不過今後國會中反對勢力增強，在施政方面必須不斷革新，力求精進；而國民黨的當選人，更應善盡責任，發揮力量，以資抗衡。這也正是政黨政治的功能所在；在良性的競爭之下，對國家前途、國民福祉，都有莫大裨益。

根據初步統計，這次的投票率，較之上次選舉的百分之六十三．一七，有顯著的增加。這表示選民對於政治的熱忱和對國事的關懷，是一項可喜的現象。

總之，這次選舉，能夠平安而順利的完成，值得欣慰。不過，在選舉過程中仍然發現不少缺失，以及將來戒嚴令解除、組黨開放以後，選舉事務的配合，都有賴於選罷法的大幅修正，俾能有所因應。希望主管當局，早日着手，力求完美，使我們的民主政治，早頭日上。

2

「民進黨」昨召開代表大會
通過黨章黨綱推選主席
選出中執委及中評委四十二人

（台北訊）黨外人士籌組的「民主進步黨」，十日召開第一屆「全國黨員代表大會」，通過黨章、黨綱，選出卅一名中央執行委員，十一名中央常務執行委員，十一名中央評議委員。中央執行委員同時推選江鵬堅擔任中央執行委員會主席。

因議程冗長，場地租借時間所限，昨天的大會分三階段舉行，第一階段在環亞飯店文化中心舉行，從中午十二時進行到晚間七時，通過黨章、黨綱，並由一百七十名與會黨員代表投票選出卅一名中央執行委員。第二階段從晚間七時卅分到九時卅分在中天下餐廳選出十一名中央評議委員。第三階段從晚間十時卅分起在元穗餐廳選出十一名中央常務執行委員及中央執行委員會主席。

昨天的會議針對黨章逐條審查，修正通過全國黨員代表大會每年召開一次，中央執行委員會議每三個月召開一次。

中央執行委員會主席爲江鵬堅，中央常務執行委員十一位，除江鵬堅外，尚有費希平、蘇貞昌、康寧祥、游錫堃、周滄淵、尤清、洪奇昌、謝長廷、潘立夫、吳乃仁。在卅一位中央執委員外，其餘的中央評議委員尚有：許國泰、李茂全、謝學廣、林黎水、鄭式圓、蔡能開。

（台北訊）黨外人士籌組的「民主進步黨」十日晚間在台北市會賓樓中舉行「新黨之夜」，說明新黨籌組經過及黨綱內容，吸引了大批群衆。這項集會由「民主進步黨」主要幹部輪流上台演講，並配合

（台北訊）由於對外傳有關新台幣匯率可能被迫升至卅……比一美元的消息影響，國內股市及匯市……發生程度不等的波動。昨日股市指數跌三八三，造成股市……亦突然騰丘，此項……正常的波動，引起……界的廣泛議論。證券市場十日走……起伏變化甚大，收……

蔣夫人非常關切今年韋恩及艾貝颱風所造成的災害，曾致函詢問有關救災及復建情形，邱主席除詳細報告災民救助及復建工作外，並對蔣夫人指示婦聯總會捐贈二[illegible]萬元救災，特別代表全體災民表示感謝

黨外人士昨開代表大會
內政部長指爲不法行爲
政府不能承認社會亦不能接納

（台北訊）內政部長吳伯雄十日應記者詢問有關政府對所謂「民主進步黨黨員代表大會」所持的態度時表示，政府已積極修訂有關人民組織政治團體的法令，在修法完成前，此類活動，自屬不法行爲，不僅政府不能承認，亦爲社會所不能接納。

內政部目前正著手修訂非常時期人民團體組織法，以配合開放組黨的政策，吳伯雄昨日獲悉由黨外人士宣布籌組的「民主進步黨」於昨天召開「黨員代表大會」時指出，該法修訂完成前，所謂「民主進步黨黨員代表大會」，屬於不法行爲。據悉吳伯雄昨日上午曾赴行政院，與行政院長俞國華討論有關事宜，內政部並於下午對外發布前述聲明。

〔台北訊〕情治單位首長對民進黨召開黨員代表大會，說仍屬於籌備組黨階段，將不會採取激烈取締。調查局一位首長指出，這次民進黨召開黨員代表大會，經了解過後，認仍是籌備組黨的行爲，因此將不會據此展開取締行動。調查局長翁文維昨天曾向法務部長施啟揚報告有關情事。事後不斷說明內情，但調查局及警總昨天均派人前往會場了解狀況。

3

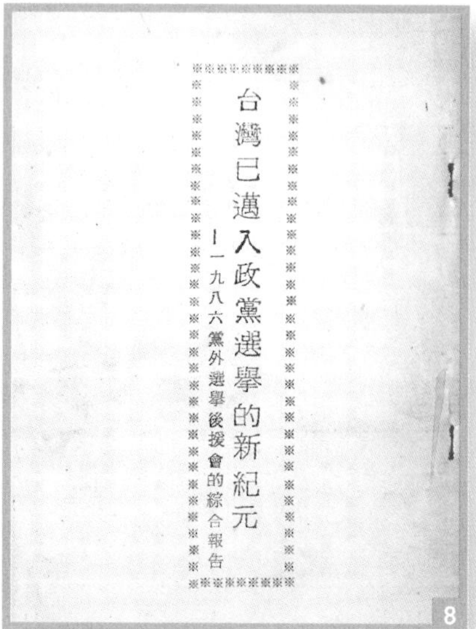
台灣已邁入政黨選舉的新紀元

——一九八六黨外選舉後援會的綜合報告

5 蔣經國宣告「臺灣地區」解嚴之總統令／國家發展委員會檔案管理局提供

6 一九八七年七月十三日，立法院咨請解嚴／國家發展委員會檔案管理局提供

7 圓山組黨之後，我國正式進入兩黨競爭的時代（圖為游錫堃發表政見時人山人海）／游錫堃提供

8 「一九八六黨外選舉後援會」任務完成並出版結案報告書／游錫堃提供

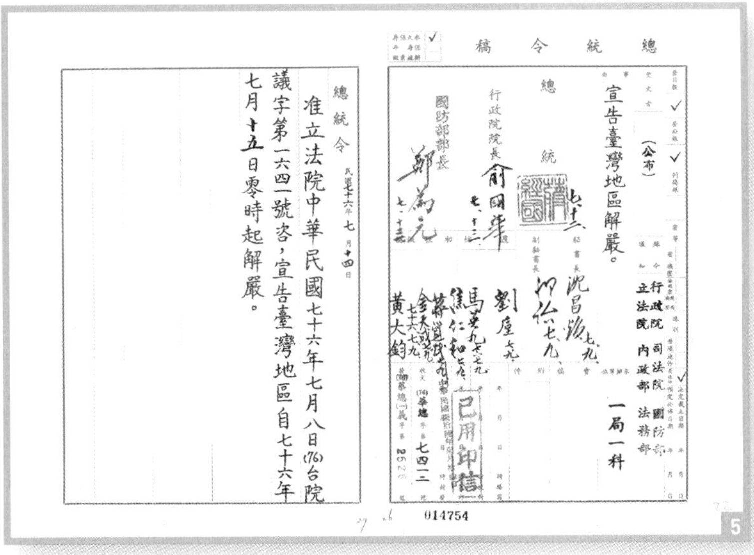
總統令稿

事由：宣告臺灣地區解嚴。（公布）

受文者：行政院 立法院 司法院 國防部 內政部 法務部

總統

行政院院長 俞國華

國防部部長 鄭為元

一局一科

總統令　民國七十六年七月十四日

准立法院中華民國七十六年七月八日(76)台院議字第一六四一號咨，宣告臺灣地區自七十六年七月十五日零時起解嚴。

014754

5

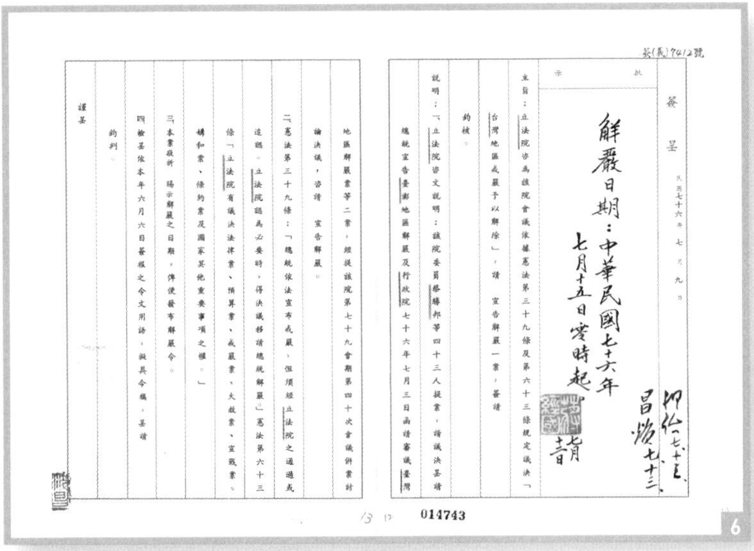
簽呈　民國七十六年七月九日

主旨：立法院咨為該院會議依據憲法第三十九條及第六十三條規定議決「台灣地區戒嚴予以解除」，請　宣告解嚴一案，簽請　鈞核。

說明：一、立法院咨文說明：該院委員滕等四十三人提案，請議決茲請總統宣告臺灣地區解嚴及行政院七十六年七月三日函請審議臺灣地區解嚴案等二案，經提該院第七十九會期第四十次會議併案討論決議，咨請　宣告解嚴。

二、憲法第三十九條：「總統依法宣布戒嚴，但須經立法院之通過或追認。立法院認為必要時，得決議移請總統解嚴。」憲法第六十三條「立法院有議決法律案、預算案、戒嚴案、大赦案、宣戰案、媾和案、條約案及國家其他重要事項之權。」

三、本案裁祈　賜示解嚴之日期，俾便發布解嚴令。

四、檢呈依本年六月六日簽報之令文用語，擬具令稿，呈請　鈞判。

謹呈

解嚴日期：中華民國七十六年七月十五日零時起

014743

6

9 一九八六年十一月十日民進黨第一次全代會，主持人為終身職立委費希平／邱萬興提供

10 一九八六年民進黨第一次全代會後，於金華國中舉辦慶祝活動（前中為周清玉）／邱萬興提供

11 江鵬堅被選為民進黨首任黨主席／邱萬興提供

12 圓山組黨的重要推手之一，一九八六黨外選舉後援會執行祕書陳清泉（右一）。由左至右為時任省議員蘇貞昌、美麗島受難者陳菊、時任立委許榮淑（攝於臺大校友會館）／邱萬興提供

11

12

9

10

13 一九八六黨外選舉後援會第四次會員大會，於十二月二十一日在臺北市南京西路海霸王餐廳召開。召集人游錫堃宣布選舉結果，組黨任務成功／邱萬興提供

14 一九八七年十一月九日民進黨二全大會在臺北國賓大飯店召開。前排右一為游錫堃／邱萬興提供

15 歐秀雄的原設計圖為米字旗，後經游錫堃建議改為十字旗，先成為一九八六黨外選舉後援會會旗，後來民主進步黨沿用為黨旗／邱萬興提供

13

14

16 一九八七年五月游錫堃參加民進黨中央黨部舉辦之「只要解嚴不要國安法大遊行」（攝於臺北國父紀念館）／邱萬興提供

17 一九八六年十一月六日游錫堃（右一）出席「民主進步黨公布黨綱與黨章記者會」（攝於臺大校友會館）／邱萬興提供

18 一九八五年五月，臺灣省議會黨外省議員集體辭職／游錫堃提供

要解嚴 不
16

第二部

口述歷史

一、游錫堃：威權體破自由生

自述日：二〇二一年六月四日 晚上六點
地點：臺北市中山南路一號立法院長辦公室

〈詠民主進步黨圓山組黨卅五周年[1]〉

游錫堃作

戡亂時期白恐橫，
儆寰組黨入牢棚。
明修棧道公編倡，
暗度陳倉援會成；
逼蔣解嚴民主立，
威權體破自由生。
力行雪谷沖雲志，
進步臺灣國際萌。

一九八六年的圓山組黨，以歷史進程來說，是時代潮流下的必然趨勢。當年民主志士前赴後繼、群策群力，最後臨門一腳、突破黨禁，成為臺灣政治史上的轉捩點。

在醞釀組黨的過程中，「黨外公共政策研究會（以下簡稱公政會）」與「黨外編輯作家聯誼會（以下簡稱編聯會）」的倡議、論述、黨綱研擬，黨外雜誌的監督、促進、傳播，貢獻厥偉；費希平、康寧祥、傅正、尤清、謝長廷、黃爾璇、周清玉、陳菊等人均用力甚深，尤其陳菊「剛出獄是假釋期間，還有六年刑期，只要有一點點小問題，就要回去坐六年牢。」[2]而周清玉丈夫姚嘉文尚在獄中，仍能義無反顧、冒險參與，殊值敬佩。

前赴後繼．組黨成功

一九八六年「圓山組黨」，距「美麗島事件」六年多、「林宅血案」五年多、「陳文成命案」四年多、「江南命案」一年多，在那個還存在政治迫害及暗殺陰影的「白色恐怖」年代，許多人士對籌組新黨懷有疑懼，至於投身民主運動的大部分志士，則為拿捏適當的時機而躊躇不前。

而事後回顧，也就是因為有人倡議大於行動、有人行動大於倡議；有人言論激越、有人作風穩健；有人主張立即成立、有人建議來年組黨；有「怒而攖之」（如「公政會」怒批專制、疾呼改革、積極設立分會，狀似隨時就要轉化成新政黨的「實質政黨」，使國民黨不得不忽而溝通、忽而抓人，疲於應對）；有「卑而驕之」（如「編聯會」公開宣稱一九八六年不適合組黨，及「公政會首都分會」主張一九八七年組織新黨等）；有「實而備之」（如「一九八六黨外選舉後援會」掌握時機祕密籌備）……在野人才與主張自成生態及光譜式分布，整體黨外陣營「近而示之遠、遠而示之近」「攻其無備、出其不意」，致使國民黨政府莫辨眞僞、防不勝防而措手不及，民進黨才得以順利誕生。因此當年的黨外人士，不管鷹派或鴿派，大家的貢獻都值得肯定。

千年檜林，獨木難活

觀之宜蘭縣太平山，成林的檜木存活率高，而伐木時留下的孤檜，即使已經在原地屹立千年，還是容易枯死。清國臺灣知府楊廷理曰：「開疆端待出群才」，政治改革運動更是如此，要能成事，必定是靠成群人才合作與競爭。雖然總被簡單畫分為鷹派、鴿派，或激進派與穩健派，但當它形成生態分布時，往往就是最能達陣的時候。「野火燒不盡，春風吹又生」，不管最後成功與否，其對國家社會的後續發展總是帶來巨大的影響，這可能就是「有無相生、禍福相倚」的道理吧？

當年的黨外陣營中，曾有些人被批評爲「怕死」，或被指責爲「護身不護道」，優先考慮自己的安危，面對理想的追求卻退縮不前。但我一直相信他們心中更多的是擔心臺灣民主運動的前途，先哲云：「全旅爲上，破旅次之；全卒爲上，破卒次之」，他們期待「不戰而屈人之兵」、不要再次發生「美麗島事件」，希望在野陣營能夠在穩健中發展直至成功，應可理解。

所以我期待今世之人，在評論組黨當年人物時，應該體會清國戊戌變法失敗的譚嗣同決定慷慨就義時，勉勵梁啓超所言：「不有行者，無以圖將來」，及「我自橫刀向天笑，去留肝膽兩崑崙」的情懷。

蔣經國事前毫無所悉？

一九八六年九月二十八日，黨外人士突然在圓山大飯店宣布成立民進黨，國內外關心臺灣民主改革的媒體、政壇及社會人士，大多深感意外。

「立法委員費希平昨天正式宣布成立『民主進步黨』，不但令外界感到突然，及連大多數的黨外人士本身也感到意外」「大多數與會人士事前並不知道有這項動議，也沒有正式成立新黨的心理準備」[3]。

其後，外界就一直有一種傳言：「民進黨組黨，蔣經國一手主導的」、「民進黨的組黨，是在國民黨與蔣家的掌握之中，不是『一無所知』，也非『生米煮成熟飯』。」[4]

果眞如此嗎？

直到「圓山組黨」三十二年後，二〇一八年一月十一日，蔣經國任內的機要室主任王家驊，在「蔣故總統經國先生對臺灣之貢獻暨逝世三十週年紀念座談會」上，說出：「民主進步黨組黨成功那天，蔣經國並不曉得；圓山飯店組黨大會當天，經由我向蔣經國報告，蔣經國才知道。」[5] 王家驊之言，才使眞相水落石出。

不過，這話也讓許多人疑惑。蔣經國眞的事前不知道「圓山組黨」？難道當時蔣經國的統馭失靈了？或是當時蔣經國的身體已經很差？還是黨外陣營採取了孫子兵法「攻其無備，出其不意」的策略，使國民黨防不勝防，措手不及？

黨外明修棧道，暗渡陳倉？

在威權體制下，當全國各地的異議分子一百三十多人齊聚在名聞國際、美輪美奐、被視爲蔣家王朝權威象徵的「圓山大飯店」衝撞黨禁，宣布成立「民主進步黨」之際，黨、政、軍、特一把抓的蔣經國，竟然直到正式宣布時才知道？即使三十五年後的今天，仍令人難以置信。是不是當年黨外陣營，有意或無意間採用了兵法上「實則虛之，虛則實之，虛虛實實，莫辨眞僞」的策略？

也就是說，黨外陣營以「公政會」與「編聯會」來明修棧道，但卻以「一九八六黨外選舉後援會」（以下簡稱「後援會」）暗度陳倉；奇兵突襲，以致於國民黨政府一時摸不著頭緒而措手不及？若然，我想蔣經國在事件發生之後，應該會萌生方孝儒《深慮論》：「慮天下者，常圖其所難而忽其所易，備其所可畏而遺其所不疑。然而，禍常發於所忽之中，而亂常起於不足疑之事」之感嘆吧！

實則虛之，虛則實之？

如果黨外眞的做到「虛虛實實」，讓國民黨「莫辨眞僞」，那促成「圓山組黨」之黨外次級團體，何者爲實？何者爲虛？

個人認爲「公政會」爲實，「後援會」爲虛。「實則虛之」的意思是，讓國民黨以爲黨外人士以「公政會」爲組黨載體，結果公政會並未組黨；「虛則實之」的意思是黨外讓國民黨以爲「後援會」無意組黨，不必防備，但結果卻是「後援會」

組黨了。

打壓公政會無所不用其極

那麼，「實則虛之」又意謂著什麼？

組黨是黨外人士多年來的夢想。「公政會」於一九八四年五月成立，目的就是要「黨外政黨化」。一九八五年十二月二十六日「公政會」召開會員大會，修改章程刪除「公職人員」字樣，放寬入會資格，並訂定「分會設置辦法」，決議於各縣市成立分會之後，國民黨對「公政會」的關注也就有增無減。無獨有偶，黨外人士也大多認爲「公政會」已是一個「實質政黨」，是最有可能適時轉化成新的政黨。於是，「公政會」也就自然而然地成爲國民黨打擊與迫害的首要目標！

一九八六年一月八日晚，在一群由康寧祥邀約的政學界十多人聚會中，田弘茂說：「要判斷在什麼情況之下，KMT會抓人。組黨時一定會抓人，公政會擴大分會不一定，但可能製造事端，」他又說：「KMT是布爾雷維克的形態和法西斯本質的政黨，右派法西斯還是他們黨的核心，這一點，絕不容許黨外組黨。」；李鴻禧坦承他「晚餐時與KMT一些人溝通意見，他認爲KMT即將採取對黨外壓制姿勢，解散公政會（如果再向地方發展的話）和抓人。如果組黨，當更不能容忍。」[6]

國民黨確實是打壓「公政會」無所不用其極。比如，四月十八日，「國民黨開會研商決定，黨外公政會若設分會，決予以限期解散，如不聽制止，不論總會分會將一併逕行取締。」四月二十四日，《聯合報》的頭條新聞報導：「政府有關方面已原則決定，黨外公政會如逕行成立分會，所能夠採取的對策，首先將強制解散，如拒不解散，將依刑法煽惑他人抗拒合法命令罪處刑。」[7]

面對恫嚇，分會設立如雨後春筍

雖然國民黨「動員各種力量展開恫嚇，除了國會殿堂上內政部長吳伯雄，法務部長施啓揚一再表態施壓之外，黨內外居間溝通的學者以及一些黨外友人也開始傳話，軟硬兼施，阻擾黨外朝向組黨前進」[8]，但是「黨外組黨」仍然持續升溫，到一九八六年夏天，已經成爲最熱門的政治議題。尤其該年年底國民大會代表及立法委員增額選舉，黨外陣營有意參選者競爭激烈，爲爭取出線及更多的支持，全島各地的黨外人士摩拳擦掌，隨時準備成立「公政會」分會，爲倡議組黨增添了無數的柴薪。隨著選舉日愈益接近，自五月十日至八月十五日的三個月左右，全國就成立了十三個分會[9]。

組黨呼聲，風起雲湧

黨外多位有意參選者不只成立分會，也積極舉辦演講活動，講題離不開「組黨」。所有黨外人士都高調倡議，組黨的聲量不斷上升。八月九日，「公政會首都分會」在金華國中舉行的「組黨說明會」擠滿聽眾；八月十五日，國內政壇人士皆知極度合不來的「公政會」與「編聯會」，竟也聯合舉辦「行憲組黨說明會」，這場在臺北市中山國小舉辦的演講會更是人潮洶湧。緊接著負責黨外候選人推薦與輔選工作的「一九八六黨外選舉後援會」於八月二十四日成立。一向力排眾議主張一九八六年不適合組黨的「編聯會」，八月三十日更以「新潮流雜誌社」名義在吉林國小辦理「組黨說明會」，無疑造成籌組新黨的聲浪波濤洶湧！

國民黨主動安排溝通

隨著「公政會」各地分會紛紛成立，儼然成爲「沒有黨名的實質政黨」，引起國民黨高度焦慮。五月七日，蔣經國「在中常會指示，本誠心誠意的態度與社會各界人士進行意見溝通。」[10] 其後，國民黨找了陶百川、李鴻禧、胡佛、楊國樞等四位中介學者，共同參與黨內外的溝通工作。五月十日由「中介人士」作東邀請召開「黨內外溝通第一次會議」，國民黨由蕭天讚、梁肅戎、黃光平「三人小組」與黨外費希平、康寧祥、尤清、謝長廷、江鵬堅、張俊雄、游錫堃等「七人小組」進行溝通會議，前後五個小時，獲致三點共識：「雙方同意尊重中華民國憲法」「雙方同意『公政會』分會是否登記及名稱仍有不同意見，願意繼續討論」「雙方同意爲政治和諧而共同努力」，會中，國民黨也原則同意「公政會」設立分會。會中，雙方也同意每兩週進行一次溝通會議。

抗議兩手策略．黨外宣布停止溝通

然而，兩週後，五月二十四日換國民黨作東的「黨內外溝通第二次會議」，進行得並不順利。「國民黨溝通代表出面邀約中介人士及黨外代表進行第二次溝通餐敘，未獲具體結論。」當天，黨外溝通代表遵守兩周進行一次，輪流作東進行溝通會議的承諾，「就在溝通桌上正式發帖邀請中介人士及國民黨代表參加六月七日舉行的第三次溝通」[11]。

未料，國民黨卻採行兩手策略，一方面要求「公政會」溝通，一方面持續司法迫害「公政會」及支持組黨的黨外人士。五月三十日，陳水扁、黃天福、李逸洋「蓬萊島案」被判刑八個月；六月二日鄭南榕被以違反選罷法起訴，遭地檢署收押。於是，雙方緊張關係再現。原定六月七日的「黨內外溝通第三次會議」，輪到作東的「黨外七人小組」斷然決定，以國民黨司法迫害、破壞和諧爲由，公開表示停止舉辦、撤銷邀請。

蔣經國的高壓統治與司法迫害

有人說，一九八六年民進黨之所以能夠突破戒嚴、組黨成功，是蔣經國晚年比較開明。事實是當時所處的客觀環境讓國民黨有點舉步維艱，不得不在表面上比過去表現得開放「一丁點」。國際上，國民黨受到菲律賓、韓國的民主化運動衝擊及美國政壇人士的關心；在國內，國民黨因爲「中壢事件」的經驗，選舉作票已不可行；因爲「美麗島事件」的經驗，軍法審判已不可行；因爲「林宅血案」「陳文成命案」「江南命案」的經驗，政治暗殺也已經不可行。一九八六年起，國民黨不得不改弦更張，採行新手段，以持續而密集的恫嚇及司法迫害，打擊異己。

國民黨爲防堵、阻擋「公政會」設分會、掛招牌、轉化成政黨，使出兩手策略，一方面積極推動黨內外溝通，一方面司法迫害及威脅抓人。

五月，「公政會」設立第一個分會「公政會臺北市分會」後，理事長陳水扁爲首的「蓬萊島三君子」就被判刑。接著，國民黨也以司法對付「臺灣民主黨」國內第一號黨員鄭南榕。八月六日，「公政會」理事暨臺北市議員顏錦福被以違反選罷法判刑九個月、褫奪公權三年。九月三日，「公政會首都分會」祕書長暨臺北市議員林正杰遭依違反選罷法判刑一年六個月、褫奪公權三年。

這些司法迫害案之刑度比起二〇二〇年，中共對付香港民主人士黃之鋒、周庭、黎智英等並未比較輕，足可證明，晚年的蔣經國儘管在國內外政治情勢丕變之際，對付異議人士仍維持一貫的高壓統治，差別只在於手段不同。

黨外停留在「言論組黨」階段

一九八六年，黨外陣營倡議組黨的聲量和活動風起雲湧。「公政會」的分會數量屢屢增加，各陣營不斷舉辦組黨說明會，「公政會」「編聯會」各自成立組黨工作小組、各自有黨綱、黨章草案。仔細觀之，主張「選後組黨」者占多數，例如「編聯會」及「公政會首都分會」等。整體黨外並未看到「選前組黨」的具體規畫與行動，有的只是以年底選舉爲主要考量，可說是「競選爲實、組黨爲虛」的「言論組黨運動」。

編聯會不支持「選前組黨」

當「公政會」於一九八五年十二月二十六日決定擴大會員基礎及設立分會，努力成爲「實質政黨」；反觀「編聯會」卻公開表示不支持「選前組黨」。

根據一九八六年一月十八日出版的《政論家叢書》報導[12]，「編聯會」三位領導人的態度如下：「對於組黨一事，洪奇昌（第五任會長）態度傾向悲觀，他認爲黨外還不夠成熟，不宜立即組黨」；編聯會第四任會長吳乃仁說：「立即組黨，或制定組黨時間表，我認爲都沒有意義」；編聯會第三任會長邱義仁說：「公政會目前成立地方分會，顯然是過度膨脹」「我認爲一九八六年還不適合組黨」、「即使在今年底後援會推薦時，加入『當選後應立即組黨，否則辭職以謝國人』的約束性條文，也無法解決黨外應組什麼黨？何時組黨的問題」「目前空言組黨，不過是打高空的行爲」。前述這些主張，明確不贊成一九八六年「選前組黨」。

圓山組黨之日，邱義仁事後回憶說：「九二八那天在圓山飯店的會，我不在臺北，我沒參加」[13]，當天「編聯會」只有洪奇昌一人因接受「一九八六黨外選舉後援會」推薦成爲國大候選人，而以個人身分出席外，其他後來成爲十八人工作小組成員的邱義仁、吳乃仁等「編聯會」核心幹部均未參與。

何時組黨？公政會意見分歧

觀察「公政會」內部，對於何時組黨的意見卻也相當分歧。

主張「選後組黨」最鮮明者，當推康寧祥擔任理事長的「首都分會」。「公政會首都分會」於六月十三日公開向「公政會總會」提出一份「民主時間表」[14]，具體建議「一九八七成立新黨」；其後，在八月九日及八月十五日舉辦的促進組黨說明會前，「發出的幾十萬份促進組黨說明會傳單」，明確主張「一九八七成立新黨、一九八八解嚴行憲」[15]。

即使同屬康系，也有人強烈主張「選前組黨」。比如，本人當時是「公政會」

理事，是康系支持而當選「一九八六黨外選舉後援會」全國召集人，但本人卻是主張「選前組黨」。我不論在「十人祕密組黨小組」的會議中、組黨相關公開演講會中倡議，在圓山組黨前一週接受黨外雜誌《噶瑪蘭週刊》專訪，都不斷宣揚「選前組黨」：「今年是組黨最好時機」「組黨已經說很久了，再等三年，對民眾實在無法交待」「用實力逼它開放黨禁」「要期望國民黨自動放鬆，期待他開放黨禁，那是不可能的事。」[16]

康系內的康寧祥與我，對何時組黨的態度不同，甚而「公政會」系統的其他領導人士對「何時組黨？」主張也不一致。

一九八五年十二月三十一日的一個「尤宅七人談組黨」的內部會議，尤清「主張須儘早成立。現在KMT已暗示只關兩年，再不敢，必遭譏笑。」後來成為「公政會首都分會」顧問的黃爾璇提出「選定七月十七日臺灣民眾黨成立紀念日成立新黨。」[17]一九八六年一月八日「費宅四人談組黨」，「公政會」創會理事長費希平與傅正、黃爾璇、尤清四人在家中開會，「商討組黨事宜，費希平備妥簡單的建黨宣言與十點政綱，便要連署發起組黨，傅、黃、尤認為有待加強」，經三人勸阻並提出一些建議後，「費希平聞此建議不再堅持原來的構想，但認為黨外某些人士根本不必去期待，只要包括學界能夠湊足五十人就宣布組黨。」[18]由此可見「公政會」重要領導人雖然都主張組黨，但對於何時組黨？如何組黨？意見很不一致，難以取得共識。這說明了爲何最終竟是由「後援會」完成組黨的主要原因。

黨外公政會「實則虛之」

在九二八圓山組黨之前，「公政會」一直是黨外力量的主流，擁有最多的中央及地方公職人員，最多的黨外政治資源，尤其在尤清理事長、謝長廷祕書長任內，他們兩位學識口才俱佳，論述能力強，有膽識又有策略，於一九八五年底開始推動設立分會，至一九八六年八月十五日已成立十三個分會，已是全國性的政治組織及尚未有黨名的「實質政黨」。

「公政會」之所以並未「宣布組黨」，乃因「公政會」承受了國民黨所加諸於黨外陣營的所有壓力與迫害，諸如陳水扁、黃天福、李逸洋、顏錦福、林正杰等人相繼判刑入監，皆出於國民黨對「公政會」的打壓。而現實上，「公政會」內部的眾多成員也腳步不一，以致於「言論組黨」大於「行動組黨」，「競選需要」多於「組黨考量」，所以無意間就把公政會「實則虛之」。

後援會、公政會會務少重疊

有人問：那麼多人積極推動組黨，為何九月二十七日之前未曾有人倡議或謀求由「後援會」組黨？

因為「公政會」自一九八四年成立以後，就一直是黨外力量的主幹，被視為「沒有黨名的實質政黨」。所以費希平、康寧祥、尤清、謝長廷、傅正、黃爾璇等黨外領導人的心力全都放在「公政會」身上，他們對於組黨的思考均以「公政會」為骨幹，或「公政會」加上「編聯會」為目標，並不會想要另闢蹊徑。

一九八六年五月，尤清曾說：「黨外籌組公政會之時的目標，就是要在穩健、學習的態度下達到組黨的目標」[19]。謝長廷向來主張「公政會」就是一個實質政黨，並說「就從公政會、地方分會，一步步建立起來，到時機成熟的時候再來改個名字就可以突破了，這是最實在的組黨策略。」[20] 康寧祥以「公政會首都分會」理事長身分向「公政會」總會建議「民主時間表」。除了「編聯會」在九月二十八日之前的組黨計畫，從年初的「一九八六年還不適合組黨」改變為「編聯會自己組黨」外[21]，尤、謝、康等三人在一九八六年都是立委候選人，均非「後援會」的執行委員或會務主管，平常忙碌而又未能與聞「一九八六黨外選舉後援會」會務，沒有機會參加「後援會」內部會議，自然亦不易聯想可以到透過「後援會」來組織新黨。

後援會是臨時任務編組

現實上，黨外陣營共同推薦候選人，自一九八三年四月十六日成立的「一九八三黨外選舉後援會」起，到一九八六年的九二八圓山組黨這段期間，已經辦理了一九八三年底、一九八五年底兩次候選人推薦大會，但是，始終僅止於擬定共同政見、協調候選人、推薦候選人及組織中央助選團輔選而已，也都於任務完成後解散，多年來未曾被期待過組黨，也並未出現過轉化成政黨之倡議或討論。對於黨外陣營而言，「後援會」只能算是一個黨外為因應選舉所成立的「臨時任務編組」，相對於黨外陣營想像中的「組黨」計畫，它一直只是一個「虛」的組織而已。

「後援會」另一個被看成「組黨」的「虛」機構的原因，是跟本人當時擔任一九八六年黨外選舉後援會召集人有關。

當時我擔任省議員、選區在宜蘭、開會在臺中霧峰，在臺北的黨外雜誌媒體曝光度低，因而不容易讓人（包括國民黨）聯想到我或「後援會」會偷偷籌備組黨。

一九八六年的黨外陣營不但未曾期待「後援會」組黨，連辦理「促進組黨演講會」也都是由「公政會」與「編聯會」出面，了不起邀個游召集人代表「後援會」上臺演講，黨外重要領袖也未曾考慮或倡議由「後援會」轉化成政黨。

國民黨忽略後援會組黨的可能性

黨外領袖如此思考，國民黨也相似。國民黨未曾疑慮「後援會」，因而忽略了「後援會」組黨的可能性。實際上，從一九八三年第一次成立「後援會」時，國民黨「對黨外後援會也一直採取觀望的態度，事前沒有干擾，事後也沒有取締。」[22]

對於圓山組黨，化名「鐵金剛」的情治人員回憶指出：「除了與國民黨有關的國際性會議以外，圓山飯店開放給外面的團體前去開會，尤其是非國民黨的黨外團體，那次是破天荒的第一次。當時我們也沒多作猜想，直覺的就認爲上面會有那樣的安排，一定是有他的道理。而且在正式開會的前幾天，我們就接到上面來的命令，內容大致上是說：黨外人士在圓山飯店開會時，不管裡面發生甚麼事，我們都不能插手。」[23]

可以說，國民黨對「黨外後援會」很放心，所以情治主管交代「黨外人士在圓山飯店開會時，不管裡面發生甚麼事，我們都不能插手。」「在那個時候，要申請到圓山大飯店開會或進行甚麼活動，一定要經過士林官邸聯合警衛指揮部的核准」，聯合警衛指揮部直接向總統官邸負責。「一般有重要會議在圓山飯店召開時，都是由我們警衛隊負責布置場地、安全檢查、以及鋪設音響和錄影設備的線路，這些工作一定都是由警衛隊從頭到尾完全親手負責，絕不假手於他人，即使是調查局的人都不准插手。」[24]。圓山飯店「戒備森嚴」，「後援會」選在此地開會本應有如甕入甕中，卻因國民黨對「後援會」不疑有他，應驗了「禍常發於所忽之中」「燈塔之下常是最暗的」，難怪，蔣經國遲至王家驊報告時才知道圓山組黨了。

黨外後援會「虛而實之」

我向來主張「選前組黨」，這是從「雷震組黨」「美麗島政團」失敗中得到的啓發。「選後組黨」，國民黨可以以逸待勞，肆無忌憚抓人；「選前組黨」則具有「國內外關注力大」「參與人士最多」「抓人機會最小」「可以前仆後繼」「不易羅織罪名」等優點。既然「選前組黨」風險較低，如果一九八六年選前不組黨，可能就要等到一九八九年才有機會了，因爲其後臺灣將長達三年沒有省級以上公職選舉，缺乏「選前組黨」的機會，於是藉「後援會」積極籌備而嚴守祕密。

我曾分別「找康寧祥，以及現任民進黨祕書長邱義仁，陳述了「選前是組黨最佳時機」的想法，因爲國民黨要在選前抓人，比較有所顧忌，除非停辦選舉」[25]；也曾經在「十人祕密組黨小組」建議研究由後援會選前組黨，但未獲積極回應。原因已如前述，他們對「公政會」情有獨鍾，對組黨時間亦各有主張，但即使如此，我仍不放棄主張，私下繼續祕密籌備。

我從就任「一九八六黨外選舉後援會」召集人起，到九月二十八日召開「一九八六黨外選舉後援會第三次會員大會及候選人推薦大會」這三十五天期間，可說是日夜不停地進行各項工作，完成包括：召開第二次會員大會、執委會會議及幹部會議、成立分會、協調九月二十八日召開第三次會員大會、協調各候選人和助講員人選、組織助選團隊、準備共同政見、提供選舉訊息、選擇並訂下圓山大飯店及安排九二八前一天召開「組黨預備會議」等。故意趕在九二八，主要是要預留更多的時間，以備國民黨萬一抓人時，來得及補提候選人，前仆後繼。

冥冥中上天似有安排

組黨在威權體制下，是一件天大地大的事，是會抓人的！事實上抓人事小，影響臺灣民主發展事大，在計畫上一定要一舉功成方爲上策。

「圓山組黨」籌備期間要嚴守祕密，九二八當天又需要眾人支持。爲慎重起見，至少在九二八大會前必須召開一個「組黨預備會議」沙盤推演，但這件事情因守密而不敢與人討論，放在心裡困擾許久。沒有想到冥冥中似乎上天自有安排，印證了「天之道損有餘而補不足」。

前曾述及，原定六月七日「黨內外溝通第三次會議」，輪到作東的黨外七人小組，因國民黨司法迫害、破壞和諧，而聲明停止辦理。其後，國民黨判決「公政會」重要幹部顏錦福、林正杰等人有罪。也許國民黨擔心這些司法案件不利於年底選舉，也很可能是蔣經國看到黨外陣營的組黨演講活動風起雲湧，總之，蔣經國忽然讓司法迫害判決告一段落，再度指示重啓黨內外溝通，這也就爲「圓山組黨預備會議」提供了一個洩密可能性最小，能順理成章進行事前沙盤推演的機會。

蔣經國又要溝通了

九月十日，蔣經國「接見執行溝通任務的新任中央政策會副祕書長許勝發，勉勵做好溝通工作」[26]；九月十三日「國民黨溝通代表梁肅戎、許勝發拜訪黨外溝通代表費希平，希望他協助促成恢復第三次溝通。」[27]九月十五日，「康寧祥在一項記者會中表示，黨外將於一星期內，邀集全省代表，檢討黨內外溝通事宜，並就研商結果正式對外界發表公開聲明」「七位曾參加溝通的黨外人士，已決定邀請全省黨外代表，對溝通做深入檢討。」[28]九月十六日，「七位參與黨內外溝通的黨外人士，已聯名發函邀請具有代表性的三十四位黨外人士，定十九日集會協商是否與執政黨恢復第三度溝通，並將廣泛討論當前國內政治情勢。」[29]受邀的黨外團體包括：「黨外公政會各地分會、各縣市黨外聯誼會、黨外編聯會、臺灣人權促進會、勞工人權法律支援會、關懷中心等團體代表」[30]；九月十九日費希平、康寧祥等黨外七人溝通代表名義邀集的「黨外各主要團體代表開會決議，提出『執政黨對在獄政治犯及在案政治案件，誠意解決』及『溝通方式應透過電視公開進行』兩項條件，作爲恢復第三次溝通的先決條件。」[31]該日，因強烈颱風艾貝（ABBY）登陸臺灣東部，我受困於宜蘭而未克參加，一早就打電話向通知人康寧祥請假。

促成九二七組黨預備會議

九月二十三日，「黨外各團體代表第二次開會討論溝通事宜，重申「先決條件」應先解決，才可能恢復第三次溝通。」[32]。這場會議，是因爲九月十九日碰到艾貝颱風，康寧祥告訴我「交通中斷，很多人未到，那一次會議延到二十三日」[33]、「僅十九人出席，而七位成員中游錫堃、張俊雄亦未到場，故決定在明天再舉行同樣的座談會，仍邀請原來的三十餘人參加。」[34]，因此來的人也沒有很多。

在會議中，我以「一九八六黨外選舉後援會」召集人身分，促請大家同意九月二十七日加開一次會議，我「堅持九月二十七日，即九月二十八日後援會開候選人推薦大會前一天，再開一次會」，當時「大家沒有想到是要組黨，所以有人說，下次會議的時間『再通知』，有人則建議九月二十九日開，因爲那一天補假，大家有空，就是沒有人說在九月二十八日以前再開。」最後，我藉籌備九月二十八日「一九八六黨外選舉後援會第三次會員大會及候選人推薦大會」的會前準備爲由說：「既然九月二十八日大家都要來臺北開會，二十七日下午就可以來再開一次會，大家後來也就同意了。」[35] 雖然四天後的「九二七會議」來的人還是不多，但卻巧妙地成爲九二八組黨前的唯一一次「組黨預備會議」。

事先連署組黨討論案提案表

九二七之前，除了「後援會」祕書陳清泉外，沒有人知道我做了以「一九八六黨外選舉後援會」為平臺的組黨準備。「公政會」「編聯會」及費希平領導的「十人祕密組黨小組」（我是成員之一）也不知情。九二七那一天，到了「開會討論時，我一直說『明天是組黨最好的時機』，後來多人同意，有十四人連署提案，說好由尤清在後援會大會中提案並說明，要求變更議程，討論組黨事宜。」[36]

黃爾璇說可惜現在才知明天最好

由於我是「一九八六黨外選舉後援會」的召集人，是第二天（九月二十八日）的大會主席，我主張，開會時藉機組黨的話，很容易就取得大家的信任。

在取得共識之後，「十人祕密組黨小組」中負責黨綱、黨章研擬的成員之一黃爾璇說：「可惜我們到現在才知道明天是最好的日子，實在太慢了。不過，如果想組黨，晚上可開夜車，把原來擬好的文稿修改定案」。[37]

這次會議的召開是九二三決定的，事出突然，卻直接促成了次日「一九八六黨外選舉後援會第三次會員大會」組織新黨的共識，難怪「圓山組黨」完全出乎國民黨及社會各界的意料。事過境遷，其後每想到「大多數與會人士事前並不知道有這項動議，也沒有正式成立新黨的心理準備。」[38]，我就心生歉疚，還好，國民黨沒有抓人，如果抓人，將會有許多人鋃鐺入獄，這事算是因我而起，我將遺憾終身。

傅正「創黨宣言」來不及完稿

也因為九二七才決定九二八「後援會」會員大會討論組黨，所以連向來最積極推動組黨、「十人祕密組黨小組」成員之一，自七月十五日起即著手研擬「創黨宣言」的傅正，花了兩個多月準備的「創黨宣言」也來不及完稿提「圓山組黨」大會討論，「一九八六年九月二十八日在圓山大飯店通過創黨決議，因時間匆促，未及提出，以致沒有創黨宣言，而這篇沒有對外發表的創黨宣言，收錄在傅正文選第三冊」[39]。此可佐證，九月二十八日圓山組黨，並非任何一個「後援會」以外的次團體事前規畫（亦即不是「公政會」「編聯會」或「十人祕密組黨小組」），而是「後援會」祕密籌備並暗中策畫，於九二七當天召開一個「組黨預備會議」，而受到與會的黨外十多位核心幹部所贊同與支持的。

「民進黨助產士」

在黨外陣營有很多人推動組黨，其中論述最多、媒體曝光密度最高者非尤清、謝長廷莫屬，這也就是爲什麼九月二十七日下午，我以「一九八六黨外後援會召集人」身分安排的「組黨預備會議」，在費希平主持之下，我當場請尤清簽名擔任提案人，其他人及我自己則簽名擔任連署人；同時我也當場建議大家同意，由謝長廷在翌日的大會上口頭動議以「民主進步黨」爲黨名。正因如此，民進黨成立之後，尤清曾開玩笑地公開賜給我「民進黨的助產士」[40]的封號。得到這個封號，我固然與有榮焉，但是，獨木難撐大廈，這個光榮的封號，應該歸屬於九二八當天，在嚴峻的戒嚴體制下，勇敢簽下自己的名字，參與組黨的一百三十五位聯署發起人。

（編按：事實上，當天出席者仍有一部分人並未簽名）

預備會議順利獲得共識

九月二十七日，由「後援會」促成召開的「圓山組黨預備會議」，達成下列共識：

- 明日黨外後援大會，先完成立委、國代推薦、授旗程序及通過共同政見後，立即變更議程討論組織新黨事宜。
- 變更議程的提案由尤清在會中提出動議，由大會主席徵求全體出席會員同意後進行討論組黨事宜。
- 討論組黨的會議請國民黨遷臺前選出的終身職立委費希平先生主持。
- 決定以「民主進步黨」爲黨名，由謝長廷負責在會中提出動議。[41]

隔天，一九八六年九月二十八日早上九點二十分，於圓山飯店召開的「一九八六黨外選舉後援會第三次會員大會」正式開幕，在討論議程時，一如九月二十七日下午「組黨預備會議」的共識，由尤清提出該份「議程提案表」建議增列「組黨討論案」，隨後，「康寧祥提議由大會議決通過，即展開會員簽署聯名爲發起人，並由大會定出時間召開成立大會」[42]，十點左右，我以大會主席身分徵求大會同意後裁示決議如下：「通過。當場徵求簽署發起人」[43]。其後，大家開始簽名。

大會授權費希平主持組黨討論案

下午兩點五十五分，依照「組黨討論案」決議，召開「組黨發起人第一次會議」，開始時，我依照前一日的共識，以「大會主席」身分徵求大會同意授權由在場唯一不必改選的終身職立委，德高望重的費希平擔任會議主持人。下午三點半依原訂議程之計畫，「後援會」開放媒體進場公開舉行「黨外候選人推薦大會」，向社會各界推薦「一九八六中央民代選舉黨外候選人」，下午四點五十分結束後，再度召開「發起人第二次會議」[44]，會中謝長廷建議的「民主進步黨」黨名經熱烈討論後獲得通過。於是，數十年來無數黨外人士前仆後繼、犧牲奉獻、流血流汗，冒死推動的新黨，終於以「一九八六黨外選舉後援會」爲平臺，運用「一九八六黨外選舉後援會第三次會員大會」的會議，臨時加入「組黨討論案」獲致共識而誕生，並於下午六點六分召開記者會，正式公開宣布民主進步黨成立。原本國民黨政權及廣大社會所忽略的「一九八六黨外選舉後援會」，成爲黨外陣營成功組黨的載體。

組黨消息一出，國際震動

民進黨「圓山組黨」消息一出，國際震動。國民黨政府措手不及之下，第三天（九月三十日）才由法務部長施啓揚「重申政府嚴正立場，此時此地不宜組織新黨」[45]；「少數人士如不顧情勢擅自組黨，政府將依法處置，立場並無改變」[46]，其間全國情勢緊綳，各種傳言不斷。直至十月八日，美國《華盛頓郵報》刊出蔣經國的專訪報導：「中華民國政府準備很快提出建議解除戒嚴令等問題」[47]。新聞見報後，緊張的局勢才穩定下來，也才確使「圓山組黨」的成果撥雲見日，民進黨順利誕生。從九二八組黨之日到十月八日的這十天，就是民進黨組黨的「關鍵十日」，也是臺灣民主的「關鍵十日」。

圓山組黨為什麼能成功？

圓山組黨爲什麼能成功？可歸納以下幾項因素。

組黨成功因素之一：國內民主覺醒

一九七〇年代國內經濟快速發展、人民生活改善、社會漸趨多元。一九七八年底「臺美斷交」，面對國內的民主改革聲音，國民黨採取高壓統治，於是「美麗島事件」發生，政治氣氛肅殺。之後隨著「林宅血案」「陳文成命案」「江南命案」相繼出現，七年之間又有五次省市級議員以上的選舉，在報禁政策之下，每次選舉都成爲言論尺度較寬的「民主假期」，黨外雜誌也如雨後春筍，禁不勝禁，於是民智大開，民主意識提昇。一九八三年「黨外選舉後援會」成立，是黨外組織化的開始，隨後「編聯會」「公政會」成立，這些發展有利新黨誕生。

組黨成功因素之二：國際民主浪潮及友邦關心

韓國在一九七九年總統朴正熙遇刺，一九八〇年發生「光州事件」，其後，韓國民主浪潮風起雲湧。一九八六年初，位居臺灣之南的菲律賓亦展現「人民的力量」，柯拉蓉當選總統，執政十八年的馬可仕流亡美國。韓、菲兩國的民主運動，對臺灣人民及黨外力量有極大的鼓舞作用。而美國政界及臺灣僑胞對國內民主改革與開放亦一直保持高度關心。例如「黨外公政會」與「黨外編聯會」在臺北市中山國小舉行「行憲與組黨說明會」時，美國民主黨國際事務協會會長艾伍德就上臺參加演講，表達對在野人士爭取臺灣民主自由的支持。而在九二八「民主進步黨」正式宣布成立後，「美國國務院有關人士對於黨外宣布組織『民主進步黨』一事，相當關切。雖然這兩天是週末，有關人士仍透過各種管道，希望進一步瞭解黨外組黨的詳細情形。」[48]

組黨成功因素之三：明修棧道與暗渡陳倉

民進黨正式宣布成立，出乎各界意料之外。三十年後，王家驊說出眞相，蔣經國是於成立後才知道。事後推測，原來黨外組黨運動，無意間符合了兵法上「實則虛之，虛則實之」的策略，也就是說當年「公政會」與「編聯會」等衝撞戒嚴體制的「言論組黨」活動宛如明修棧道，而「後援會」積極籌備、守口如瓶，藉會員大會在圓山飯店召開時，突然宣布新黨成立的「行動組黨」就像暗度陳倉，以致於國民黨政府未能事先預知而阻擋不及。

組黨成功因素之四：以後援會爲平臺

當年之黨外幹部聚會，如果以籌備新黨名義，出席人數往往不會太踴躍。但是以「後援會」爲平臺組黨，參與的人數一定比較多。因爲「後援會」舉辦的「黨外候選人推薦大會」攸關中央民代選舉，黨外陣營包括公政會、編聯會、康系及各縣市無既定派系的黨外人士一百四十三人（一九八六黨外選舉後援會實際會員數爲一百四十三人），候選人及其樁腳幾乎全員到齊。

不過，謝長廷事後回憶說「圓山組黨」當天「提案通過之後，臺下有的人就開始落跑了」[49]。尤清也說：「開會談組黨的時候，有一些人動搖」[50]。事實上當天某一個縣市就有五個會員「有出席而未簽名」，之所以還有一百三十五人簽名，除了散會時有三人補簽外，在場工作人員也有熱烈、敢衝、追求政黨政治的志工，他們的簽名補足了沒有簽名的一部分會員人數。

「組織新黨」雖然一向都是黨外陣營的熱門議題，但在一九八六年九月二十八日之前，大都只停止在「言論組黨」階段。依據「黃爾璇日記」記載，公政會系統「第一階段商討組黨事宜」，是從一九八五年十二月十九日至一九八六年二月四日，合計召開五次會議，最後無疾而終。一九八六年二月十六日，黃爾璇就曾感嘆：「組黨事是否被擺平？」「令人懷疑，到底是那一次聚會，由誰答應黨外目前不組黨？誰有權利那樣做？」[51]。

依「黃爾璇日記」記載，公政會系統「第二階段商討組黨事宜」，是「十人祕密組黨小組」從一九八六年七月三日至一九八六年九月十二日，一共召開八次會議，黃爾璇又稱之爲「組黨籌備會」。但在一九八六年九月二十八日之前，「十人祕密組黨小組」並無具體的「行動組黨」計畫。

九月二十八日以「黨外後援會」爲平臺的「組黨討論案」，在進行之際，除非是法律上負直接責任的大會主席出言阻止，否則與會者都是平常動輒在公開場合倡議組黨的政治人物，有誰敢在一百多位黨外菁英聚集的大庭廣眾之下公開反對？而當時後援會召集人兼大會主席不但未加阻擋，而且還積極引導並於暗地裡已經籌備了一個月，主動安排於九月二十八日前一天召開「組黨預備會議」，邀請其他十三人連署。所以，以後援會爲平臺應該也是「圓山組黨」成功的重要因素之一。

組黨成功因素之五：事前妥善策畫

有人說「圓山組黨」是「後援會會員大會」開會中臨時起意的？這與事實不符。任何一個會議，大會主席致詞都是在會議開始不久時進行，主席致詞也往往會透露會議的主要意義及重要內容。後援會爲了組黨，除了打破成規借到五星級飯店及事前召開組黨預備會議外，當天下午進行候選人推薦大會時，主席面對媒體公開致詞時特別強調：「在這個組黨的關鍵年、『關鍵時刻』，我們後援會是肩負著臺灣政黨政治的歷史使命」；「歷史的洪流、民主的浪潮，已經使『黨外組黨進入臨盆的時刻』」；「『預祝組黨成功』，感謝大家。」並帶領大家一起呼口號：「民主新希望，『新黨救臺灣』」[52]，等於多次預告當天新黨將誕生，足可證明是事前準備而非臨時起意。

組黨成功因素之六：積極籌備，守口如瓶

由一九八六上半年「公政會」設立分會一波三折、國民黨藉溝通玩兩手策略，

可以推斷，不讓國民黨事前掌握，與組黨成功密不可分。雖說當時小蔣已比以前開放一丁點，但在戒嚴體制下，繼續停留在言論層次還好，一旦眞正展開組黨行動，國民黨還是毫不手軟。「圓山組黨」的計畫保密到家，直至九二七「組黨預備會議」才告訴十三位黨外核心人士，連「十人祕密組黨小組」負責研擬黨綱、黨章的黃爾璇與傅正，事前不知情已如前述，而謝長廷也是到九二七才知道。

謝長廷於二〇一三年回憶：「所以在組黨的前一天，我就認爲第二天應該會組黨」；又說「於是，前一天我們就緊鑼密鼓展開籌備、分工，我和尤清負責提案，游錫堃負責主持後援會提名大會」[53]。另一證明就是曾被批評爲「後援會先斬後奏」的「民主新希望、新黨救臺灣」口號雖早已想好，但爲了避免洩密，第二天才提請大會追認。[54]足見後援會眞正做到積極籌備而守口如瓶。

組黨成功因素之七：選前組黨抓人成本高

「九二八圓山組黨」正式宣布後，被推薦的候選人立即成爲「民進黨黨員」，國民黨馬上陷入兩難。不抓？等於承認民進黨組黨成功；抓人？距離登記截止日還有三十八天，民進黨有充裕的時間補推薦候選人或由候選人家屬披掛上陣，這樣一來，一九八〇年的「周清玉旋風」及一九八三年的「方素敏旋風」料將再現，國民黨必然得付出昂貴政治代價。所以蔣經國措手不及，不得不在數天內做出決定，並藉著接受美國《華盛頓郵報》董事長葛蘭姆的訪問，說出「中華民國政府準備很快提出建議解除戒嚴令等問題」[55]而選擇不抓人。

組黨成功因素之八：選擇圓山飯店

有人說：「國民黨為甚麼大方地將圓山飯店租給黨外集會，圓山飯店是何許人開的，黨外人士誰人不知，那人不曉，顯見國民黨的尺度已放大了些。」[56]事實是「後援會」認為組黨是百年大事，希望找一個氣派莊嚴的五星級飯店，要有別於過去黨外人士集會，總是在臺大校友會館、社區活動中心、中小學校禮堂或一般餐廳，未料竟然誤打誤撞，以「臺北市牙醫師公會」之名，租到當時全國最氣派、國際知名的圓山大飯店[57]。

在圓山飯店除了比較不會遭受基層情治人員干擾，組黨消息也較難以封鎖。宣布組黨第二天，九月二十九日「中國時報」一馬當先，逕行報導黨外宣布『成立新黨」[58]的組黨新聞，對於民進黨組黨消息的曝光及安全上壘很重要。

二〇〇〇年政黨輪替後，我個人與《中國時報》創辦人余紀忠先生曾有數面之緣；我當面表達感謝，也請教有關九二八圓山組黨時的新聞處理。余先生說，九月二十八日晚上國民黨祕書長馬樹禮曾先後打來四通電話，其中三次通上話。第一通勸他不要登，他回以，「我不登，他報會登」沒有答應。第二通馬樹禮來電回覆說：「協調好了！你不登，他報不會登」，余先生回以：「好，等我看到文字稿時研究」。

余紀忠在看黃輝珍寫的文稿時，「字斟句酌修改完新聞內容和標題，並指示放在二版頭題後，丟下一句：沒有我的命令，不准撤稿。」[59] 等到馬樹禮第三通電話打來時，他婉轉告以新聞照登。他婉拒的理由之一是：「在圓山大飯店，新聞蓋不住。」可見選擇圓山大飯店這個地點裨益了組黨成功。

組黨成功因素之九：選擇九月二十八日

選擇九月二十八日是因爲要使組黨日期與候選人登記日期拉開，萬一國民黨捉人，有足夠的時間可以補推薦候選人參選。當年投票日是十二月六日，候選人登記時間爲十月二十九日至十一月五日，九月二十八日距離登記截止日期足足有三十八天。圓山組黨之後，萬一國民黨抓人，黨外陣營還來得及補推薦候選人。這應該是關鍵因素之一，致使國民黨決定不抓人。另外，九二八是星期日，既是教師節國定假日，也是長假（次日補假），分布於全國各地的黨外後援會成員出席人數比較多，相對而言，國民黨的情治人員反而會因放假而較爲鬆懈，所以「黨外宣布組黨的當天，國民黨由於正在放假（教師節），因此根本來不及反應。」[60]

組黨成功因素之十：預備會議形成共識

在九月二十四日的會議中，「後援會」促成了九月二十七日加開一個「組黨預備會議」沙盤推演。雖然出席者不多，但都是當時黨外陣營的核心幹部，會中的共識成爲「九二八圓山組黨」的主流力量，有助於在大會中順利通過，例如新黨黨名，在討論時意見甚多，若非前一日已形成「民主進步黨」爲黨名的共識，可能要花費更多的時間與力氣。

有人問我，我爲什麼會決定祕密籌備圓山組黨？回顧三十五年前的初衷，我想，是宜蘭精神賦予我的使命感。

我的故鄉宜蘭一向具有優質反對運動的政治傳統。從政之初，在國民黨威權體制下，對鄉先輩蔣渭水生平所知有限，只知其曾經創立臺灣民眾黨，但因爲我是繼郭雨新、林義雄之後的宜蘭黨外第三棒省議員，對郭、林兩位的事蹟則知之甚詳。第一棒郭雨新於一九六〇年在省議員任內參與雷震組黨，第二棒林義雄於一九七九年在省議員任內參與美麗島政團，他們畢生獻身民主，積極推動組黨，是我景仰、學習的典範。身爲第三棒的我，在省議員任內一直尋找參與組黨的機會，並始終堅持一個信念：若有機會參與籌組新黨，即使因失敗而失去自由或生命，亦將引爲畢生的光榮。

「人生自古誰無死，留取丹心照汗青。」民進黨的誕生，是無數人辛苦奮鬥、犧牲奉獻、用自由與生命換來的。圓山組黨是經過「公政會」、「編聯會」論述、倡議、推動多年，及「後援會」事前妥爲規畫並出其不意，絕非臨時起意，也不是蔣經國主導或默許的。一九八六年，我身爲「黨外選舉後援會」召集人，是法律上的實際負責人，是當天的大會主席，在會中討論組黨時，以大會主席授權終身職立委來主持會議，如果組黨失敗，責任仍是逃避不了的。我之所以選擇義無反顧、勇往直前，乃因這是任何一個臺灣人的歷史責任。天地厚我，夙願得償，感謝上蒼，感謝前輩先賢。天佑臺灣！

二、陳菊：
我出獄後發現，臺灣社會氛圍不一樣了

訪談日：二〇二〇年九月三十日 早上十點
訪談地點：臺北市中正區忠孝東路一段二號，監察院

組黨有遠因也有近因。

一九六〇年雷震組反對黨，被關了十年。

雷震是來自中國的自由主義知識分子，對於民主、自由的渴望，一九四九年成立《自由中國》雜誌，他和全臺灣的本土知識分子結合，像是郭雨新、許世賢、吳三連、高玉樹等人，組「中國民主黨」，後來雷先生因此在一九六〇年到一九七〇年被關了十年才出獄，但仍被特務密切監視，到一九九〇年代才得以平反。

我大概是在一九六八、一九六九年開始擔任（省議員）郭雨新先生的祕書，當時郭先生有任何對外事情的聯絡都是由我負責，他要和雷震先生見面，他們不會直接聯絡，郭先生必須找他很信任同時對方也認識的人，許多黨外運動人士，大多都會通過我的安排與郭先生見面，包括游錫堃，他其實很早就投入臺灣民主運動，他來郭先生辦公室的時候，就可以感受到他很有熱情。

組黨有遠程，中程，近程。

現在的年輕人會覺得國會改選是很自然的事，但是，四十多年前的臺灣社會，要求國會改選是天方夜譚，不可能達成的任務。

有群跟國民黨從中國到臺灣的民意代表，擔任國大代表的任務就是六年選一次總統，選蔣介石當總統；立法委員任期三年，但永遠不必改選。

到了一九七二年，因爲社會中的壓力才有中央民意代表增額立法委員補選。爲什麼立法院裡只有中國各省的聲音？如果代表湖北的人過世，就又要從湖北選一個代表來，種種不合理的狀況很多。一九七五年，第二次增額選舉，每一個選區的範圍都很大，第一選區包括臺北縣、宜蘭縣、還有基隆市，選區這麼大，讓人難以著手，選舉的過程非常辛苦。康寧祥就是那時候出來的。

新世代接續郭雨新組黨香火

郭雨新先生在一九七五年參加立法委員選舉。宜蘭人出外討生活，有很多鄉親住在臺北縣、基隆市，所以郭先生有一定的選票基礎。

郭雨新先生出來選舉，比較重要的是，讓臺灣黨外第一次新生代介入參與選舉。黨外的新生代像是吳乃仁、邱義仁、吳乃德、現在的考試院副院長周弘憲，還有歷史學家周婉窈、還有劉毓秀、謝明達、蕭裕珍，那時候都是臺大的學生，還有林正杰。周婉窈那時候大概大學一年級，她哥哥就是周弘憲。還有賀端蕃，他們那時候都來幫郭雨新發傳單。《橄欖的美夢——臺灣菊．臺灣情》中有一篇，〈走過風雨和困頓〉，裡面我寫到很多黨外新生代。

過去選舉很少有學生參與，但從一九七五那次立委增額選舉開始，那時候的《臺灣政論》編輯部，張俊宏、張金策……幾乎就是郭雨新先生的文宣小組，他們在幫忙做文宣，我認爲在胡慧玲這一本書[1]都有滿清楚的敍述。

我要談的是，組黨從那時候開始有黨外的新生代。我跟吳乃仁、邱義仁、田秋堇等等都在這裡面。田秋堇的爸爸就是田朝明醫師，他們都是長期比較公開愛護黨外很多政治犯，他們也是郭雨新先生的家庭醫師，所以和我們關係都很密切；又加上黨外民主運動：范巽綠、張富忠、田秋堇，這一群人，從不同地方都結合在一起，他們在各地爲郭雨新助選時，看到選舉的不公。

一九七五年郭雨新先生投入立委選舉，廢票有八萬多票，得票我不知道，最後落選，投票當天我在宜蘭的競選總部，從早上差不多十點開始，就不斷有人打電話來說哪裡作票、哪裡作票。

我記得我去壯圍，開票那一天（十二月二十日）我在宜蘭，我跑去壯圍海邊一個小投票所，哇！群眾都把投票所包圍，高喊作票！作票！從廢票之中還找出四百多張是投給郭雨新的。群眾就要求重新開票，都快要暴動了，這是一個過程。當然沒辦法細節談這麼多。郭雨新落選了，林義雄和姚嘉文就出來幫他辯護，黨外民主運動一直都在向前。

美麗島組黨失敗

一九七九年《美麗島雜誌》就是要組黨。《美麗島雜誌》那時候提出在全國分地設分社，以美麗島雜誌社做為中心，希望把民主力量組織化。

那時候，國民黨看到，《美麗島雜誌》每一期雜誌都印幾十萬份，一期、兩期……我們連續在幾個地方設立分處，儼然是一個「沒有黨名的黨」，是在成長、形成中，沒有說一定會成功或不成功，那時候黨外的民主力量就好像是站在浪頭上，朝著民主的潮流往前走。

國民黨沒有辦法忍受《美麗島雜誌》，而且臺灣島內的民主運動又和海外的臺灣民主運動又相互結合。那時候的氛圍讓大家都感覺到，要成立反對黨。

美麗島大審對社會的政治啓蒙

後來發生美麗島事件，美麗島事件的主張你們都很清楚。《美麗島雜誌》的主張在公開審判時都講出來，媒體也都一字一句刊登，變成整個社會的一次政治啓蒙。一些當時的主張：要求開放黨禁、報禁、總統直接民選……在美麗島大審當中都一直被提出來討論。

我其實要談的是，我坐牢回來，一九八六年二月，我就發現臺灣社會的氛圍不一樣了。

第一個不一樣的是，在過去，臺灣的政治犯是被社會遺忘的，政治犯的家人，大家都不敢接觸，有任何一個牽涉到政治犯的家屬，在鄉下、這個庄頭，大家都會很怕你。美麗島事件之前，我接觸過很多政治犯，每一個政治犯都是一篇悲慘的故事，那講不完、苦不完。

美麗島事件後，我就發現政治犯的家屬有一個組織互相連結，我們那時候還在新店看守所，家屬會來探望，政治犯不再是被孤立、人民不再恐懼，這是在美麗島事件之後出現的轉折。當一個獨裁的政權，用監獄、壓迫、逮捕、恐怖的手段，但人民卻不再害怕，那臺灣的民主運動就邁入一個新的階段，這是我的感覺。

第二個不一樣的是，《美麗島雜誌》的政見主張已經變成民間社會的共識，民眾認爲我們不是暴力分子，只是希望臺灣的政治和社會能夠有所改革。所以那個時候，像游錫堃他們出來選舉，從林義雄的參選（省議員）開始，全臺灣各地黨外的民主力量是慢慢在深化和擴散的。

我在獄中都看《中央日報》，還有看三臺（臺視、中視、華視）。我有訂一本雜誌，《疾風雜誌》，就是反共義士勞政武他們辦的，我非常喜歡看，因爲它從第一頁到最後一頁都在罵黨外，透過《疾風雜誌》我可以知道黨外的訊息。譬如有一篇，它罵《自立晚報》有一篇文章多麼反動，我就可以知道《自立晚報》寫了什麼。因爲字太小，我跟呂秀蓮關在一起，就跟她家人說，我們要織毛衣，鉤針太小，我們需要放大鏡，其實是爲了看《疾風雜誌》。家屬覺得，哎喲！他們兩個被關到連打毛衣都看不清楚，要用放大鏡！但是我們不能講，因爲每次家人來的時候，所有的探監、談話，都被錄音、錄影，所以我們不會講眞話。所以《疾風雜誌》讓我們在坐牢期間了解很多黨外的活動和發展。

美麗島事件八個軍法審判，第一個出來的是林義雄。一九八〇年發生林宅血案，他先交保出來。接下來呂秀蓮，關五年，交保出來。再接下來是林弘宣，交保。接下來是我，我是滿六年又兩個月。接下來，姚嘉文，第七年。再過來就是黃信介跟張俊宏。然後，到一九八七年，施明德在戒嚴解除當天放出來。我們同時被抓，但不是同時出獄。

傅正、組黨與十人小組

我想歷史是很微妙的，我一九八六年坐牢回來，我就碰到傅正老師。我還在讀世新的時候曾上過傅正老師的課，他上課從第一分鐘講課，講到最後一分鐘就出去，從不跟學生對話。我們很想接近他，他也都避開，我曾跟傅老師提起，郭先生問候您，他也是冷冷的，可能是因爲他跟雷震組黨都坐牢的因素，歷經太多苦難。

但是我坐牢出來後發現，社會不恐懼，再加上林宅血案，大家變得非常積極，我出獄後看到的傅老師也跟之前完全不一樣，他很積極，他認爲他是參與臺灣組黨第一人，看到現在這個局勢，他認爲我們應該藉著這個機會，大家一起好好思考、努力。

傅正老師找我吃飯，我們就到周清玉家聊天。他認爲說不定我們可以定期來討論組黨，傅老師認為他這一生最重要的是，臺灣能夠成立一個反對黨。所以我們這個小組是彼此信任度比較高的，一開始有十人小組，後來才慢慢擴大，裡面大部分都是公政會。

黨外有公政會和編聯會。我不是公政會，也不是編聯會的，編聯會組成的時候，我在坐牢，但兩邊我是都可以溝通的。

我想在組黨這個過程，游錫堃扮演很重要的角色，他擔任省議員，也是公政會的代表。當時在十人小組裡面，有一個很好的機制，在當天的聚會中，我們就講好下週什麼時候再聚，大家都很清楚電話聯繫會有人錄音、監聽，所以不會有人打電話，下週時間一到大家就會自己來。

第一個，我們互信的基礎很強，如果這個消息洩漏，那我們一定會查，是誰把我們這個小組洩漏。游錫堃都一路參與這個過程，他當時是臺灣省議員，大家都在琢磨，是什麼時候適合組黨，像黃爾璇、傅正、尤清把黨綱、黨章弄好，後來謝長廷、江鵬堅慢慢出來，就擴大為十八人小組。就把編聯會、公政會結合在一起。因為大家是知道光靠單一力量是不可能的。

編聯會和公政會當時是對立，但是大家都瞭解到必需放棄成見，雙方的領導人對臺灣的使命感、互相的包容，都展現出來。編聯會和公政會還是有路線上不同，編聯會比較主張要靠群眾的力量，公職只是一個工具，以選舉掛帥的公政會就不以爲然；還是有些路線上的差異。後來因爲跟老康（康寧祥）鬧翻，有什麼雞免同籠，哇，這個很複雜。

我要說的是，當年到底是什麼時候要宣布組黨討論的過程中，必需考慮情勢，同時要有遠程，有中程，近程的規畫。

支持組黨的社會力

美麗島組黨沒有成功，因爲當時的國民黨力量還是很大。民主運動需要臺灣社會的支持，但那時的力量仍然過於零星。

在這個過程，九月二十八日那一天就藉著要提名年底（一九八六）黨外參選公職的候選人，游錫堃是主席兼召集人，他當然扮演很重要的角色，如果那一天他害怕、懦弱，不敢變更議程，不能宣布成立民主進步黨，這個黨當然是組不成。如果那一天他沒有歷史使命感，他可以臨陣退縮。所以他當然是一個扭轉乾坤很重要的力量，在混亂中，讓這個黨可以成立。這些過程有些人知道，有些人不知道。

我知不知道那天要組黨？

我們知道那一天要組黨，但是能不能成功，不知道。所以臨場的指揮，游錫堃就扮演一個很關鍵的角色。所以，我會覺得說，當然游錫堃在這個過程很重要，他不是那種魅力型的人物，但是他是一個很穩健，很可靠的力量。

那個彼此信賴的年代

接下來，宣布成立後那幾天都不知道會不會被抓，四顧茫茫那種心情。

國民黨很長一段時間都還是叫「民X黨」，報紙也都還是不承認民進黨。不過我們組黨十八人小組，也有說起萬一被抓的事，我們排了第一批、第二批，就不用排到第三批，他們就反對把我的名字放到第一批，因為我剛剛被放出來。

當時黨外那個年代，大家彼此信賴，這個中間也有很多人員之間誰不喜歡誰，但是是可以合作的。

我記得，美麗島事件之前，余登發被抓，我們突然接到這個消息，所有人就通知到張德銘律師事務所，許信良、姚嘉文、張俊宏、施明德、王拓、陳鼓應都到了。許信良就主張，余登發這麼有力，他女婿是高雄縣長，他女兒是立法委員，媳婦余陳月瑛是省議員，他們余家班這麼有實力，國民黨還是敢抓余登發和余瑞言，他認爲，國民黨如果連余登發都敢抓，我們黨外這些人，沒有誰不能抓。許信良認爲說，我們那時候應該要站出來，立即反抗，要到高雄橋頭去示威遊行。

我們早上開會，下午林義雄要趕回宜蘭，因爲星期六下午是他固定的選民服務時間。他告訴我跟秋菫，他跟我約清晨五點，他一定會趕到高雄車站，除非他被抓。我們每個人都在忐忑不安的狀況，我們坐計程車下去高雄，要離開臺北五味雜陳，不知道回不回的來，到高雄都兩、三點了，在一個小旅館，我和林義雄約五點，我到車站一看到林義雄，非常歡喜，也非常感動，你知道，那時候參加遊行都是赴死的，危險性很高，並不是所有接獲通知的人都有參與。

三、周清玉：眞的不是勇敢，該做的事，做就是了

訪談日：二〇二〇年六月四日 早上十點
訪談地點：國家婦女館，臺北市杭州南路十五號九樓

民進黨組黨是臺灣民主化過程中很重要的一部分，對於年輕人也許只是認爲只是很理所當然而已。

多少努力才走到今天

但是，那是多少的努力才走到今天這裡的，他們可能覺得自由還不夠。當然也是不夠，但跟我們那時候比起來，我們已經是很感謝了。因爲看到以前的困難，是這樣一點一滴累積，甚至是在我們之前有多少人犧牲，現在年輕人的想法，跟我們不太一樣。我們會感激很多人的努力，眞的不是只感謝哪一個英雄而已。

不是說誰多厲害，也不是說有一個hero，中間也有人在做組黨歷史的紀錄，但是都是東一塊、西一塊零碎的，應該是大家要聚在一起，把當年的經過兜起來。我也一直這樣想，每一個人都有好大段的故事，每一個人都有自己的點，再慢做就來不及了，等很多人都走掉

了，會來不及耶！

組黨成功，就是那時間點、那個氛圍、還有方法、大家的共識。一個一個時代，大家的想法跟重點都不太一樣。我有時候自己也會有忘掉跟記錯的，反而變成相信別人講的。應該是我們聚一起再講一遍。

其實到今天眞的是很不容易，怎麼去珍惜、怎麼去包容，現在年輕人就好像比較會自認爲「這是我的（成就）」，我覺得比較可惜。我們畢竟要靠年輕人去發揮，但他們現在好像都比較在乎位置。我們那時候哪有想什麼位置？不要被捉就很了不起了。

那時候也有派系啊，但那是其次，因爲那個「惡」（國民黨）太大了，要把那個惡的根源去掉才有可能好。所以，那時候當然和現在不一樣，你也不能怪現在這些年輕人在乎權位，因爲他們也想推動一些事；可是我覺得，如果那個惡不去掉，哪裡會變好？這個很糾結。

我們這一輩都有焦慮感，會期待他們，可是他們跟我們就是完全不連結，有時候想起來都覺得好可憐。有一次黨慶，蔡英文當黨主席那一次，我去參加，黨工就說，「上面沒妳的名字不能進去。」我不會生氣，只是難過。那時候我已經不是中常委了，可是這個黨跟我有那麼深厚的關係，我也講我的名字啊，黨工就說，「可是就是沒有妳的名字，所以妳就不能進去。」

所以我就回家了。我也不生氣，我的專業背景是社工，所以我也很能知道他們的處境，是黨對他們沒有訓練。我覺得我自己是跟臺灣民主運動有關的，這個黨就是在我家組的，我就很難過。我眞的不怪黨工，我們組黨那時候，說不定他們還沒出生呢。我現在也不太去中央黨部，他們表面是尊稱我縣長喔、老前輩喔，但就是僅止於此。我多麼失望，但又能怎樣？我們是屬於過去的人。

菁英的啓蒙

現在回想，組黨對我來講也不是憨膽，也不是勇敢，而是（哭）……我應該是滿天眞的憨憨直直，對的，該做的事，我們做就是了。

我們自己是臺灣人，但是對臺灣歷史都不清楚。我自己是到大學跟姚嘉文認識那時候才開始我的啓蒙。他是法律系，我是社會系，那時候我們有一個社會科學研討會，我們大概就是所謂的菁英吧，我其實就是一般很正常普通的人，我們每一次聚會就輪流把各自的特點做報告分享給大家，把自己學到重要的事share給大家。

這個會中，我們有五個系：法律、政治、經濟、社會、商學。然後他們在講臺灣的《憲法》，說什麼「像是小孩穿大人的西裝」，這句話我是從那時候才開始聽到。想說：喔！他們怎麼這麼厲害！我們學法學概論也沒學這個！啓蒙就是從那裡開始。

彭明敏那時候被軟禁，姚嘉文是會長，我是他的祕書。姚嘉文說要去看彭明敏，要我一起去。我一開始是說不要，我不敢去。後來想說就跟去看看。買了一籃蘋果去看彭明敏，在他家，溫州街啊，巷子口就有人站哨。我就是這樣啊！我不是被誰訓練，我是被國民黨訓練！眞的都是這樣親身經歷來的。巷口、巷尾都有人站哨，那種氣氛眞的會叫人惶恐害怕。一個月之後，彭明敏就流亡美國了，但這個印象一直都在腦海中。

美麗島事件衝擊

因爲姚嘉文是念法律的，他是貧苦家庭出來的，他念書的時候是半工半讀，在電信局工作，後來他開律師事務所。

我們算是大家滿倚重的律師事務所。可是，那時候黨外、政治的案子沒人願意辦，辦了也一定判有罪，也且也沒錢賺啊！他都義務幫政治犯辯護，「黨外大護法」的名號就是這樣來的。

以前人家來家裡，我頂多是遞茶水，我就聽到「二二八」事件、蘇東啓、余登發、郭雨新的案件等，反正政治案件最後都判有罪。

有一次我學開車，剛拿到駕照，全家陪我到路上練車。我女兒坐在後面，我先生坐旁邊，我女兒突然說：「媽，不是只有妳在練車耶！後面也有一臺在練車。」才知道有人在跟監我們。那時候雨靜很小。

後來余登發去世，出殯那天大家都去上香，前後到達會場，卻發現後面跟了一長排黑頭仔車，十幾二十臺。原來每個黨外知名人士都個別被跟蹤了，當同時到同一地點停下來，跟蹤的車子就會出現，如此可笑的畫面。我居然還不曉得害怕，甚至還很生氣：連公祭的場合也可以跟成這樣，這是浪費公帑啊！

黨外大護法被捉

美麗島事件，姚嘉文是律師，他高雄當天要開庭，國民黨說他叛亂。

他有沒有叛亂？我心裡有數，他不會騙我。他就是幫這些人辯護，哪有叛亂？

我根本沒有想到要怕。那陣子我也懷疑過，因爲十日到十三日之間跟監得很明顯、很厲害。我就問我先生說：「看這樣是不是會捉人？」姚嘉文還罵我：「憨呆！我們又沒有做錯什麼事情，他們不可能會捉我們！錯的是他們！沒事，睡覺！」他念的是法律，他相信法律。我相信他，所以我就安心睡了。

隔天，他就被捉了。

第二天我們送小孩去學校，我在五樓鎖了門下樓。樓下擠滿人，姚嘉文已經不見了，他們還不讓我女兒上學。我沒有到所謂的「怕」，我還叫他們不可亂誣陷。最好笑的是，他被捉去以後，我還覺得他們應該會馬上知道捉錯人了，我先生就會回來。

每天看到報紙、電視、新聞，報得很恐怖，但事實都不是如此，我們到處打探也不知道他們被捉去哪裡。才知道大事不妙。

第一次被通知去景美看守所會面已經是二個月以後了。到處寫陳情書，還請張德銘律師事務所的林勤剛律師幫我改，上午送去，下午去見林律師。他苦著臉說：「張律師說不可以幫妳改。」我心都涼了。反而是從前不相識的傅正老師，親自帶我到處簽署陳情書。我非常感謝他。

姚嘉文被關了七年多。那時候雨靜讀小學三年級，她在學校很辛苦，她本來是國歌指揮，就被撤換下來。小孩子其實很在乎榮譽，她就很不能接受，同學又會欺負她，說她是叛亂犯的小孩。

串連受難者家屬，律師、教授、教會

其實組黨很多人講，只是一講好像就會被捉。那時候許信良在美國，也開始講要組黨回臺，這個風潮一直都在。

其實一開始起頭的人不是我，我根本不是政治咖，我也不是勇敢，就是碰到了不閃避，你避也沒用。我的心情是這樣。

剛開始我覺得，等一下姚嘉文就會回家，反正他們捉錯人。到後來有一陣子我就一直哭，衣櫥打開就哭，在路上看到兩個人走在一起就哭，哭到後來就想，我如果沒有念書，就不會有思想，就只會煮飯、洗衣服、帶小孩，這樣就會平安無事。可是，後來又推翻自己，覺得就是因爲有讀書才會思考，我們沒有做錯事，最少我還會思想，應該設法營救，讓社會大眾明白眞相。我會把這些事情兜在一起。

我先生有沒有做壞事？沒有耶，他都是做大家在讚美的事情。他教書、他做平民法律扶助，都是好事啊，怎麼會被捉？他都幫人家辯護，也沒收人家錢，那爲什麼被捉？好像不對耶！

起初我都是拒絕接受現實。我自己是精神科的社工，我隨時都在反思我自己，漸漸地，我才開始跟受難者家屬串連，連結這些教授、律師、知識分子。一定有你的思路，不然，只是怨嘆也沒路用。

我那時候眞的是很會哭，他們都叫我「愛哭仔」。幸虧我家裡教養規規矩矩，有專業訓練、還有宗教信仰，這些都支持我走下去。教會的支持也很大，我自己受精神科社工的訓練，我自己會往比較健康的方向去走。我至少沒有仇恨、我沒有想要報復，我也可以理解國民黨爲什麼捉人，因爲要穩定政權。但是專制政府亂捉人是不能接受的，必須設法改革。

我現在不管在看什麼事情，勞資糾紛啦、夫妻關係啦，對就是對，可是，沒有什麼是天上掉下來的，都是有很多的波折。怎麼樣去看這些問題、怎麼樣變得有力量、怎麼樣去想辦法結合更多的人、更多的資源，然後把事情很清楚很簡單地講明白。你以爲講清楚就好，沒有，還需要很多的努力。我其實很感謝，我七十幾歲，但我還在學習，我也很願意分享給學生，我現在還在教書啊。

我就是用這種態度，才開始跟受難者家屬相熟，本來也不熟耶！我那時候是臺大精神科的社工，專業的訓練對我也有很大的幫助，不然我大概不會這麼健康，可能就會得憂鬱症、去大罵，或者死掉，但是我都沒有。我只是想怎樣能營救；更求臺灣能眞的享有民主、正義，沒有白色恐怖。

美麗島審判，很多記者當場也都哭成一團，可是還是判了十二年，在戒嚴之下沒有判死刑已經了不起了，也是經過多少努力，那時候是軍法審判。

不敢留證據，組黨紀錄告停

回過頭來講組黨。我眞的不是起頭的人，但是，當發生到我身上來，我也沒有逃避。

是傅正說要在我家開會的，傅正的書有紀錄，我們都沒有。爲什麼沒有紀錄？我起初也有寫，但是被康寧祥罵。他說：「妳再寫！他們就是因爲寫了，就成爲被捉的證據。」我都還記得清清楚楚，被康寧祥罵。

黨外時期，黨外雜誌經常被禁，姚嘉文都義務擔任法律顧問。當年，我接受亞洲基金會獎助到美國舊金山訓練及念書，九個月結束後到華盛頓。美國的國會議員跟我說：「你們家的雜誌被禁了。」我一頭霧水，完全不知情，原來姚嘉文把女兒搬到我們的房間，空出一間房免費提供康寧祥辦《臺灣政論》雜誌。姚嘉文可能怕我擔心，根本沒告訴我。

我說什麼雜誌？我根本不知道就是在講《臺灣政論》。美麗島高雄事件發生後，當報載美國在臺協會主席 David Dean 來臺灣，要見受刑人及家屬時，我就去找康寧祥請他安排引見，結果他當面回絕：「人家哪有時間見你們？」我愣住了，只能含淚回家。

後來我怎麼辦？我也不認識其他人，更不可能找國民黨的人。

我就打一〇四查號臺，問美國在臺協會。我一通電話，人家就說：「好！妳什麼時候來？幾個人來？」就這樣耶！我那時候就想，這不是我一個人的事，這麼多家庭，我能聯絡到的其他受刑人家屬命運共同體，就整批大概二十多人就跟 David Dean 見面。結果講了兩個鐘頭。

我們是去把實際狀況說清楚，有這麼多家庭，有司法審判的、有送軍法審判的，有被刑求的，有沒有被刑求。所以爲什麼我們這些家屬都凝聚在一起？因爲我沒有私心，我不是只要我家人被放出來就好，這是整個臺灣的狀況、這是代表臺灣的現象，這不是個案。

我其實不記得 David Dean 講什麼，我想的是讓他知道實際狀況。我們那時候要求要公開審判，這個我記得很清楚。

如果公開審判，我有把握他們沒有犯罪嘛。如果不是公開審判，就是隨便他們講。那後來陳若曦也是從這個訴求來講，美國法律界也有發動。我先生是Law Asia的會員，學界、法律界都署名。我一個人跑了幾個國家你知道嗎？我那時候沒有遲疑，也沒有想說去了會怎樣，任何可能做的我都去做，做了會怎樣？其實誰知道？我就想，其實不會比這個更壞了，我就是不放棄任何可以努力的機會。

我一個人到歐洲、美國，甚至有時候一天跑一個國家，到瑞士當天又往法國去，瑞士長什麼樣我都不知道，一直都在房間裡。到瑞士那天就是四個會面，見四批人：國會議員、國際特赦組織、同鄉、教授等等，還好我英文還可以講。可是我記得很清楚，我不知道「叛亂」的英文怎麼講，我去問教會的外國牧師，才知道是sedition。我根本不會用這個字。我後來跟總會也很熟，高俊明牧師後來也被捉去關。

如果被捉，就關在一起好了！

組黨在我家開會，其實我家不是第一個考量，之前已經問過好幾個，沒有人答應。傅正組過黨，他一跟我講，我就說好，我根本也不加思索。這是對的事。我先生在牢裡，我家裡只有我跟小孩，那時候我也沒什麼人能商量。組黨是很危險，可是又怎樣？人都已經被捉了，了不起也是這樣。如果被捉，我們就關在一起好了！

我眞的是這樣想，被捉就關在一起好了！邀來開會的人是挑選過的。可是，後來有一個人，我們後來覺得不太妥當，就沒有再邀他來了。

我們就約定，不可以打電話，不可以對別人講，反正到時候大家自己來。從七月三日開始每週五晚上。我們很保密，但也有人說，我們中間也有人是調查局的。

我依稀記得是九月二十七日說要在九月二十八日組黨。那陣子每天都開會，但是情況每天都在變化。

其實九二八組黨這些細節就是當事人會記得，游錫堃不是那種會把別人的功勞攬在自己身上的人，我是相信他講的。

其實我也眞的只是記得大的事件。那時候如果不趁勢組黨，那就沒有了！我就是覺得，不然是要等到什麼時候？我那時候也覺得我先生不會被釋放，我就想說，要捉就關在一起，我眞的覺得沒什麼好損失的。那時候不是發生林義雄家血案的事情嗎？我就把雨靜藏起來，後來送回娘家住。

我沒有完整充分時間陪伴雨靜長大，這也是我的遺憾。親情或者感情都是很複雜，有愛，絕對有。有尊敬，絕對有。沒有完整充分地陪伴，也是事實。

雨靜上學以後，我當民意代表，又當縣長，跟人家那種家庭主婦每天在身邊的媽媽還是不一樣。她都會覺得人家都不看重她的能力，只注意她是姚嘉文和周清玉的女兒。她覺得壓力很大，人家找不到我們，就找她，對她也是不公平，也沒辦法。今天的情況，恐怕是不一樣吧！但我對自己的孩子沒能完全充分照顧，仍深覺愧歉。以往的政治犯都是被踩在腳下，在暗夜裡恐懼哭泣，我認爲這些都必須改變。

其實我自己知道我那時候的角色，我是聯繫了全國的受難者家屬，臺灣人的命運和我們連結在一起。你想想看二二八？可是我也沒有覺得自己那麼重要，只是剛好遇到這件事，我的專業又讓我有能力可以處理。其實社工就是在處理問題，因爲姚嘉文也被捉的情況，讓我才眞正體會白色恐怖的恐怖。我突然警覺，這麼好的人也可以被變成政治犯？我是他的家人，如果我都不能爲他努力，不能幫他講話，怎能期待旁人相助，對不對？我那時候的努力也不是在做什麼政治、民主運動，就是想把眞相讓大家弄明白，希望臺灣不應該再有政治犯。

送黨旗給獄中的姚嘉文

姚嘉文被關七年多，我每個禮拜去景美看守所看他。我當然不能跟他講組黨，因爲有人監聽。我不是直接跟他用講的，我拿給他看黨旗，是我拜託我的一個好朋友歐秀雄設計的。我不能講那是黨旗，我就說：「這個給你。」他也不知道是什麼，就收下了。他們監獄裡面的報紙有挖洞，就有人講說那個洞就是說黨外組「民主進步黨」了。

我如果都不敢做，那還有誰敢做？這種人權的事，我是這樣的心情。我這輩子都沒有想到要勇敢或者不勇敢，或者覺得自己很偉大。眞的，就是做一個人，做一個臺灣人，做一個臺灣人的太太。做一個受了教育、受了訓練的一個人，我是對這件事情負責，就是這樣而已。

我是不太記得細節的人。我特別記得姚嘉文被捉之後兩個月，第一次會面，他說國民黨眞的是騙很大，他說，他們跟他講，你父親不要你了，你的太太已經跟人跑了。因爲他們不讓我看姚嘉文啊，整天就是要讓他崩潰。他說騙很大，我一直記得，因爲這對我也是很震撼，他們講這種話是可以逼到人家崩潰的。我就跟姚嘉文說：「是他們不讓我們知道你被關在哪裡，否則，我怎麼可能不來看你！」他們就是要跟受難者說，他們都被家人唾棄。後來我爲什麼高票當選？也是對受難者他們一個鼓舞。我如果不走這條路，不然要怎麼辦？國際特赦組織來，我不講，要怎麼辦？

我不是那種本來投入在政治活動裡的人，可是碰到了，也沒得閃，然後就是把原本累積的能力朝正確的方向去努力。

那時候我選上國民大會代表，去陽明山中山樓開會，嚇壞了！又要選總統了，看到一堆輪椅啊、擔架啊，有些老國代是從醫院裡被抬出來開會的。《法統黑面紗》那本書就是我寫的，是推動國會全面改選最好的武器。國民大會代表那數字很奇怪，有七百多個，也有一千多個，有列席代表，有遞補代表。監察委員林孟貴將資料給我，我看到資料就嚇壞了，我把資料排在我家地上，好幾位教授來幫忙整理出來，哪一年死了多少人，要補多少人，還有多少人在遞補名單上等別人死掉；由這樣的代表來選總統，代表全中國，這樣叫做法統。

做都來不及，哪有時間寫？

我們走過的民主運動沒有很多紀錄，我們不是不敢講，不寫，是當時很多事情做都來不及了，哪有時間寫？寫了也可能成爲被捉定罪的證據。那時候如果不組黨，反而會被捉，因爲行動漸漸被更多人知道了，再不眞正組起來，反而會更危險。我那時候想說，要被捉也不會是死刑，我都覺得本來就已經很慘了，不會更壞了。

圓山組黨之後，蔣經國說要開放黨禁，我沒有驚訝，我覺得很好啊！說實話，那時候要不要就組黨，是有爭議的。有人覺得太過危險，我是覺得不組黨才危險。在我家組黨，我能做我就做。我是眞的知道有人寫遺書，我是沒有，我知道我女兒會有人照顧，我該做的我就是去做，我不是最特別的。如果你歹運碰到，你可能比我更堅強，這就是臺灣女人的韌性。

美國那時候對黨外的態度非常好。臺灣同鄉會在美國做很多遊說，我去美國也跟他們連繫，都是很親近、很自然，大家都會關心，還會寄美金支票給我們，起初政治犯家屬接到支票都不敢用，到後面才敢用。

我們臺大精神科一位林信男醫生，他的弟弟林弘宣，也是美麗島受難者之一。林醫師跟我是同事，我們本來計畫該針對政治受難者來寫創傷症候群，後來不敢寫，也不忍心寫。所以，我有多天眞，有多好笑，在專業上就覺得可以趕快趁這機會來做這個研究，其實這是很有意義的主題。可是，親人受難，是眞的研究不下去，太痛了、太苦了、太折磨了，也不忍寫。所以，後來被徵詢是否去接二二八基金會，我不敢接受。我不是不重視，而是，一個美麗島事件，就要用我的一生承受。臺灣有上萬的政治案件，我擔心負荷不了。

我可以理解姚嘉文。他出獄回來，短時間內連電梯也不會用，人也不認得。親人沒有辦法那麼客觀做研究，那眞的很傷痛，那種孤立絕對是一直烙印在身上。所以，我能做多少就盡量做。年輕人也不一定聽你的，能夠健康地過日子，就很不容易。

我這一輩子，我只覺得，至少我很認眞，往正確的方向走。絕不放棄。臺灣的民主，不就是這樣，多少的人承受諸多的苦難，前仆後繼，累積堆疊而成，大家必須珍惜。期待後繼者更加努力，臺灣是光明的。

四、尤清：組黨是長期的，也是集體的成熟的表現

訪談日：二〇二〇年八月二十七日 早上十點
訪談地點：溫州街尤宅

我先講九二八組黨當天的部分，再講組黨的策略。

組黨過程

從一九八六年七月三日開始，在周清玉家開始有十人小組的祕密會議，共開了八次。

傅正日記裡面記載了時間、地點，但是沒有會議內容。我向傅正的一位學生借了傅正日記來影印。這是傅正日記影本，不過，我看不懂傅正的筆跡，像甲骨文。可能傅老師用潦草字體混亂情治人員監控。

十人小組祕密會議在周清玉家召開，主要是討論組黨的一些策略細節，中間有提到我們共同的政治主張。傅正的觀念在《自由中國》的時代就有提出。我就負責黨綱、黨章。我先前在德國留學的時候，對黨綱、黨章、政黨法是胸有成竹。這八次會議可以參考傅正日記。

另外，在組黨前幾天，又有三次的擴大會議，把社會上有影響力的人找過來。分別是：九月十九日第一次會議，九月二十三日第二次會議，和九月二十七日的第三次會議。

九月二十七日第三次會議是關鍵，在討論九月二十八日黨外選舉後援會的事。在這次會議有一個結論，要來變更議程，討論組黨。這個會議在黨外公政會的總會會址，在青島東路立法院後面那邊，當然，游錫堃也在場，公推我提案把組黨列入議程。黨外公政會這三次的擴大會議，大家都在一起，包括傅正、我、游錫堃。

九月二十八日上午召開黨外選舉後援會，主席是游錫堃。提名會是上半段，中間有一位現任的公職人員許哲男因爲生病不願意選，雲嘉那邊就推朱高正，許哲男就不想退，就吵成一團。屏東那邊也是。所以上午就吵吵吵，通通談好以後，康寧祥就講到提案要組黨的事情，就要游錫堃趕緊處理。

後來游錫堃處理了，就是說，下午兩點召開組黨發起人大會，也推費希平主持。也就是說，黨外選舉後援會的主席是游錫堃，下午的組黨發起人大會主席是費希平。

下午，大家又爲了黨名的事情吵，中間有休息，到了下午五點有第三次會議，休息的目的就是要大家喬一喬。我的部分已經談好，提出今天要組黨的六個理由，公政會由我代表，編聯會那邊洪奇昌比較愛講話，邱義仁比較不愛講話，洪奇昌就出來講他的看法。後來，你可以找民進黨的官網，「基本綱領」是黨外公政會寫的，「行動綱領」是編聯會把標語、口號放進來。行動綱領用標語、口號就夠了嘛，反正年底選舉嘛，有納入編聯會的意見了。

黨名是在九月二十七日的擴大會議談的。坦白講，那時候我們大家都彼此尊重。黨名我們本來內部要叫「臺灣民主黨」。後來到九月二十八日下午，講到黨名，大家就在鬧了。大概傅正寫這個「中國民主黨」，就有誰講說是要叫「臺灣民主黨」，有人說那跟許信良在美國組的黨名重疊，有人說，那就叫「臺灣自由黨」。大家吵來吵去，亂哄哄。後來大概也有人考慮到，剛組黨，不要讓國民黨有藉口說我們是臺獨，所以大家有一個共識：「臺灣」不要放進去，免得被抓進去，就把「臺灣」拿走了。好像是不曉得誰講說，我們目的是要臺灣進步嘛，謝長廷就講說，那我們要民主，要進步，那就叫「民主進步黨」。

九月二十八日傍晚六點六分，組黨發起人大會主席費希平就宣佈：「民主進步黨正式成立。」大家就高高興興地走了，我留下來開記者會。

記者會開完後，大家也走了。我留下來和我的助理林鴻志收拾東西，免得被人家抓到證據。這時候，我從圓山飯店二樓走下來，看到大廳樓梯三個警總的人，他們問我：「你們在上面開會？」我說：「是是是。」其中有一個叫做「戽斗李」，他跟蹤過我，其他兩個我不認得，我趕緊走。

那時候我當監察委員。我走出圓山飯店，不曉得要去哪裡，我也會怕啊，那時候我當監委，我就坐上計程車，回到監察院的辦公室。那是因為，有一個德國通訊社駐亞洲的代表在陳文成公祭日之前，來訪問我、深入探討臺灣政況，他留下他家電話，我放在辦公室。那天是禮拜天，還好我有他家電話，我就打電話給他說我們今天組黨了，有多少人、黨綱、黨章有什麼內容……有些法政原則是從德文抄的，我看了歐洲所有的政黨，我很快就翻譯出來，德國通訊社就發新聞了。

怕第二天國民黨抓人，我當天晚上從我家陽臺往外看，本來在外面公園的涼亭有一對情侶是長期監視我的，那天晚上換了人。就是現在你看到，外面這個紅色柱子的涼亭。他們反正就是長期偽裝成一對情侶，半夜三點、四點都還在那裡。哪有情侶感情那麼好的？我後來當臺北縣長時，安全單位在辦公室和官邸裝監視器。

九月二十八日那天下午組黨的大會由費希平主持。

圓山飯店創黨之後，由費希平召集一個七人小組：傅正、黃爾璇、費希平、尤清、游錫堃、謝長廷、顏錦福。後來又增加到十八人小組。所以，有十人小組，也有十八人小組。公布的時候是公布十八人小組。十八人小組就是多了陳菊、邱義仁他們，大致上就完成了。

組黨策略

組黨是長期的，也是集體的。大家都有貢獻。

不過，在組黨的策略方面，組黨的時候，我想前段《美麗島雜誌》要組黨時，這個臺灣法政角力四十年，有許多法律的爭點。總之，第一個階段，是對抗惡法、挑戰法統，這是美麗島時代。第二階段，是要組織政黨來輪流執政。第三階段，就是要自決、制憲、正名、參加國際社會。臺灣這四十年來就是在做這件事，一個階段，一個階段，每個人都有貢獻。

《美麗島雜誌》就是要組黨，在各地成立分社，但是，都還沒有組黨成功就散了嘛，就被國民黨抓了。《自由中國》的時候也想組黨，美麗島也是想組黨，都是還沒組成，就被抓了。所以，後來變成到我們可以組黨，是天時、地利、人和。

一九七九年發生美麗島事件。我當監委是一九八〇年，一九八二年我創辦《博觀雜誌》就是要組黨，我不囉唆。那時候林濁水當總編輯，那時候談組黨，本來也是在我家裡談新黨的組織綱領和運作，林濁水、陳文茜、洪奇昌、邱義仁，都在我這個地方談，沒有想到一位《自由日報》記者也參加進來，第二天他就把組黨的構想寫在《自由日報》，登出來第二天，就有一個立委向內政部長林洋港總質詢，林洋港就答覆說：「依據《戒嚴法》，要嚴辦。」我就發表社論：「組黨是《憲法》賦予的權利。」就先開啓法律戰，我打破「黨禁」的藉口。我先說《戒嚴法》沒有黨禁，我先衝破它。

一九八二年有一個比較法學會，各政黨的人都有，我就演講，最主要就是講，人民有組黨的自由，行政機關不能禁止，只有大法官可以因違憲而解散政黨，就是先排除行政機關阻礙組黨。我就介紹德國政黨法，其實是在講組黨自由。

比較法學會在一九八四年的九月二十九日做了臺灣、美國、德國、日本的議會選舉制度及政黨比較研究，臺灣三個就是胡佛、李鴻禧、尤清，事實上也是講政黨、國會、選舉。那時候胡佛講選舉，李鴻禧講國會，我講政黨。我介紹三個觀念：政黨自由、政黨平等、黨內民主，我就是修理國民黨，這是我的部分。

後來黨外公政會在一九八四年成立。五月四日，有一位聖地牙哥加州大學的教授Freeman來臺灣，是林義雄的老師。我就找他演講，講行憲與組黨。然後我想說，這個外國人演講可能會不痛不癢，我就找朱高正。朱高正每天早上都幫我拿報紙拿上我家，坐在我家客廳這邊跟我談。我就叫朱高正上去講五分鐘，他說我們要組黨，被抓也在所不惜。

黨外公政會從一九八五年的十二月就開始設很多分會。一九八六年一月，我們到中壢的時候，國民黨就叫警察包圍我們，因爲以前有中壢事件。我們掛分會的牌子，警察就把牌子卸下來。

後來國民黨政府派兩個人來找我，一個是蕭天讚，一個是黃光平，他們找我吃飯，說要談公政會。我那時候是公政會的理事長，祕書長是謝長廷。我就找謝長廷一起去吃飯。我說，談公不談私。在來來飯店吃飯，我說，我們各吃各的，你付你的錢，我付我的錢，反正各不相欠，後來不歡而散。他們說，公政會再設分會的話，就要嚴格取締。我說，憑什麼法？他說《戒嚴法》、戒嚴令。我說，這正是我在抗爭的。我說，這是什麼人叫你來講？蕭天讚比大拇指說：「上面要我來的。」我說，那我要跟你上面講，你又不能做決定。

吃飯回來，我就叫我太太打電話到總統府，要約見蔣經國。她說，我是尤委員祕書要見蔣總統。我（一九八六年）三月底要去美國的 FAPA（臺灣人公共事務會）去遊說，那時候因爲有一家《國際日報》被禁，所以美國就講說關心臺灣的新聞自由和國會改選。我就要求 FAPA 說：「你要找我去遊說可以，我要再加一個組黨自由。」後來他們也加上去。FAPA 他們遊說國會參眾兩院，後來提一個共同決議案。後來我就陪他們去遊說。

四月五日我回來，四月七日就在費希平大湖山莊的家，我就拿這個決議案跟大家講，人家美國都關心臺灣的組黨自由，今年年底要選舉，美國國會議員索拉茲我拜訪他時，他就說：「昨天的菲律賓，今天的韓國，明天的臺灣。」黃爾璇就說：「火車吹哨，不上車的人就坐下一班。」很傳神。若組黨，不參加的人，年底選舉也選不上，因爲大家會說你怕死。

後來黨外人士沒有動作，都在醞釀，談一談又散開，都沒有結果。傅正日記裡面也寫，四月以後，在處理黨外公政會的事情，忙的團團轉。我們繼續硬幹，國民黨繼續拆，組黨十人小組在這段期間仍持續開會研討組黨。

後來，一九八六年四月二十五日，胡佛、李鴻禧、張忠棟來找我說，你現在事態嚴重，你當理事長。第二天，我拿我寫的文章，我個人爲黨外公政會講幾句話的文章給《自立晚報》，《自立晚報》就登了，我說，我們就是要組黨，戒嚴不能有黨禁，組黨只不過是最謙卑的要求。

一九八六年五月十日，胡佛、李鴻禧、陶百川，再加一個楊國樞又找我們一次，在來來飯店吃飯。我先下手爲強，後來我五月十四日趕緊補了一篇「組黨的依據是憲法」公開發表，我寫說，現在組黨有《憲法》依據。

七月開始緊鑼密鼓，之前二月到五月，國民黨還期待可以嚇唬我們，但我們分設分會的活動沒有停過。

《博觀雜誌》被停刊我們改出版《博觀》叢書。一九八二年開始，《博觀雜誌》四期及《博觀》叢書四本都在挑戰法統，掀開法統的假面具。現任國大或立委，一堆漢奸在裡面啊！《憲法》之外加了一大堆臨時條款，那些所謂「法統」都沒有選舉，通通任期到了；你哪裡是法統，根本是歪統，你們自己違憲，我們當然持續抵抗惡法，挑戰所謂「法統」。

七月三日到九月十二日，十人小組在周清玉家開了八次會議，擬好黨綱、黨章，找人呀，傅正日記裡有寫，黨綱架構是我做的，我就按照德國的政黨學，我也參考《自由中國》時代組黨的聲明及黨外人士選舉共同政見。

當年（一九八六）四月中旬陶百川先生來問我，要找蔣經國要談什麼，是不是監察院幾個大案？我說不是，是要談組黨。他說：「你這樣是挑戰國民黨的根本，不要這樣衝。」我想想，那不要去見蔣經國，我去跟蔣經國對衝，不好。陶公也有跟我說：「蔣總統最近生病，心境比較溫和。」一九八六年二月，他就生病了。

一九八六年三月，國民黨要我們公政會去登記。我們不去登記。他們國民黨組黨的時候，有去向滿清政府登記嗎？我們就是要組黨。國民黨是認爲依據《戒嚴法》要組黨，要登記。五月在溝通的時候，叫陶公來協調時，就是要叫我們去登記。政黨是不會跟行政機關登記的，他那個登記的目的是要拿到政黨的補助，登記成一個人民團體。

國民黨說民進黨是早產兒，我請簡錫堦畫一張漫畫，標明臺灣老母親懷孕四百年才生下民主進步黨，怎麼可以亂說民進黨是早產兒！我們組織民主進步黨是集體的，成熟的表現。

五、謝長廷：一九八六年，民進黨改寫了華人的歷史

訪談日：二〇二〇年十二月四日 下午三點
訪談地點：臺北市民生西路一一九號

組黨完全靠大家的回憶，就會變成三個黨。

我個人有好幾次要求民進黨編黨史，但是好幾任主席也許因爲他們沒有參與，對這個歷史並沒有興趣，這次我支持以口述歷史紀錄，但我認爲，法律上有一句，「物證重於人證」，物是客觀的，人是主觀的，會隨時間變化，會回過頭來看許多事，所以當時的紀錄、當時的報導，《政治家雜誌》和《雷聲雜誌》都有派記者進去，都有報導，就要靠一些文獻來佐證，不光靠記憶，不然會變成三、四個黨。

留遺書做為物證

我當時當公政會總會的祕書長，很多的事務是我在做，有些東西後來也都在我那裡，我有交出一部分來，都不見了。還有一部分。

我那時候有寫一本書（自由時代系列叢書第十號

《民主進步黨》謝長廷著／鄭南榕發行），是在建黨那一年（一九八六）寫的，當然也有我的主觀，你看連名字都打錯，當年匆匆忙忙的。但這裡面都有記載，黨名是我取的，黨章是我一個人寫的，黨綱是我們幾個人一起交出去的，和黃爾璇、邱義仁他們一起寫的。這本書裡面還有《雷聲雜誌》的報導，我把它引用下來，這個報導當然是因爲當時我比較活躍，所以寫我比較多，這裡面還有附當時的外電。

你問我風險，那當然組黨風險比較大。

當美麗島的辯護律師並沒有罪，但是，組黨是違反《臺灣省戒嚴令》，所以我是有寫遺書的，我不知道別人怎麼樣。遺書是鎖在我的律師事務所，松江路六十五號十二樓，太太知道，遺書有交代她說萬一。遺書裡面當然也有一些私人的，不純粹政治的，有欠債的、人家欠我的、我欠人家的，也有寫。遺書是在建黨前幾天寫的，因爲不曉得……

我前幾天在臉書還有寫一篇，我二〇〇八選總統失敗後，我也有寫一紙備忘交代說我兩百五十萬放哪裡，萬一哪一天被起訴可以交保用，其實我是習慣做這樣，這已經是組黨二十多年以後的事情了。那時候（司法機關）在追「高捷弊案」。都有清楚寫說，這兩百五十萬是幾年幾月幾日從合庫領出來，才不會說是我貪污的錢。

（編按：謝長廷臉書二〇二〇年十一月二十八日貼文：「這次隔離期間在整理書房的壁櫃時，偶然發現一張字條和一個合庫銀行的紙袋，字條上這樣寫著：兩百五十萬元，二〇〇八年九月二日由合庫領出，自己或朋友交保備用，司法已淪爲政治打手，檢調毫無公信常理可預測，任何事情都可能發生，不一定是壞人才會有官災。」）

我在（二〇〇七年）黨內初選時（編按：二〇〇七年四月十九日，民進黨舉行第十二任總統提名選舉，俗稱「初選」。謝長廷於二月十六日表態參選），《壹週刊》就登我貪污罪證明確，那我就抗議，說我貪污證據確鑿應該起訴我啊，怎麼是媒體爆料？說是檢察官的公文外洩，那公文爲什麼外洩？後來這個案都沒有起訴，就不了了之。但是，我（二〇〇八年）總統選完之後（編按：二〇〇八年三月二十二日，第十二任總統、副總統大選投票。民進黨候選人爲謝長廷、蘇貞昌），又在查了，尤其總統選完是最脆弱的時候，所以我就去領這筆錢出來隨時準備。從政就是有這麼多的心酸啦。

一九八五年後援會檢討報告後，決定要組黨

好，回到一九八六年建黨。

其實嚴格講，組黨成爲主要訴求，應該是「黨外選舉後援會」成立以後，尤其是一九八五年的後援會，我認爲很重要。那一些文件我都還在。

那一年的後援會我們有提名，一九八三年就有第一次的後援會，經過兩年之後，當選的比例有提高，這一年（一九八五年）後來有個檢討報告，就決定要組黨。黨外的組織化已經具體化，那時候我有提一個「柔性政黨」的概念，是「一個沒有名字的黨」的概念，它可能叫做「公政會」，就是一個黨的政策研究中心，「編聯會」可能黨的文宣部，「後援會」可能是黨的提名小組這樣。所以公政會，編聯會，後援會加起來，黨的主要功能都有了。

再來就是地方黨部，地方黨部我們就是在看哪一個地方要設分會。那時候公政會已經在全國各地方都開始設分會，那就可以是地方黨部。所以我們在一九八五年的後援會，我已經在入會書上附有一個同意條款說，「如果新黨成立同意加入新黨」，已經有一個很具體的組織化的訴求出來。

你問到大家當年的路線一不一樣？

老康（康寧祥）是比較謹慎，但是對於要組黨並沒有不一樣。老康是在建黨當天，他和張德銘主張要先成立一個建黨小組，但是朱高正和我都認爲這樣就組不成，他們說要先來個籌備會。我只能說老康是謹慎派，當時是有很多人不信任他，但我是認爲我們做我們該做的，本來政治就有激進派、穩健派。

所以我講民主進步黨，民主的包容、進步的取向，通通包容，但是你不能連垃圾都包容，包容這麼多人進來要有同一個方向是進步的。

編聯會是主張，有十個人敢出面就建黨，被抓了再十個人第二批，前仆後繼這樣。我的主張則是說，在最多人的時候組黨，什麼時候最多人？選舉提名的時候大家最勇敢也最多人參加。但是編聯會是計畫要有一批一批，我是覺得說，十隻小鳥在電線桿上，逮一隻鳥，不是剩九隻喔，其他就通通跑掉了。因此我是懷疑會有第二批、第三批。

我自己在推動組黨，就是從黨外後援會的方向。編聯會有在推，但是，是不一樣的方向，菁英組黨。編聯會認爲公職人員比較散，比較腐化。我是認爲，不要菁英到只剩下你一個，我是覺得要包容，要人多。

這個黨名也是建黨前幾天，游錫堃、尤清和我在青島東路那邊公政會交換意見，我提出來的，事實上，組黨還是主要是公政會這邊在推動。

公政會、編聯會對組黨的主張是一致的，但是對於什麼時間，什麼地點，什麼方式意見就不同。

（一九七九年）美麗島的時候就想組黨，過去（一九六〇年）中國民主黨也是組黨失敗，那我們認爲說，組黨就是我們的宿命，沒有組織化，是不可能跟國民黨對抗。所以「黨外黨」，我有寫一本書是《黨外黨》，「黨外」已經是一個專有名詞。

建黨何以能成功

後來爲什麼建黨可以成功？

第一個是吸取前人失敗的經驗，第二個，我認爲一九八六年是最好的時機，這是正確的。當時我在想說，如果當時抓人，只要這個黨名出來，只要存在一天，以後的選舉都會有人用這個黨名，世世代代都會傳下去，政治就是這樣。

政治就是這樣，假設十八人小組當年被抓，那年底的選舉一定是拿「民主進步黨」的號召，再來營救我們。所以我覺得一九八六年是最好的時機。

那時候美麗島剛發生不久，所以蔣經國他可能覺得這一次如果抓，代價更大，而且也沒有效果。當時情報單位都說，如果組黨成功就一起撲滅，美麗島的時候就說要讓這些政治犯公開審判，讓他們懺悔，讓國際都看到。在美麗島之前，蘇聯發生一個類似案件，也是審判，全世界都去旁聽，去聲援，就像現在香港一樣。結果他們每一個出來都懺悔，說自己做錯了，向社會道歉。

美麗島也是這樣，（國民黨）他們認爲可以讓被告懺悔，他們也都寫自白書了，所以他們認爲可以給世界看。因爲你懺悔了，之後再反悔說我沒有錯，是會判死刑的。因爲那時候就是唯一死刑，是懺悔了才可以減刑。想不到，美麗島公開審判之後，我們律師這樣搞一搞，報紙天天報導，死刑就判不下去了，就判更輕。

所以，蔣經國後來可能覺得說再抓也解決不了問題，他後來有批示，李登輝的書裡面有寫，建黨一開始三天內沒有人敢跟蔣經國講話，李登輝有一本日記，他寫的，三天後蔣批示這個事情就交給嚴家淦，那時候有一個十二個人小組，在研究社團法律化、社團法人化。就是修改《動員戡亂時期人民團體法》。所以根據這個，國民黨就說我們還沒成立，不是政黨，只是社團法人而已。所以我們組黨那時候，我起草的黨章，架構跟國民黨都一樣，也有中央黨部，也有評議委員會，有人說爲什麼組織架構跟國民黨都一樣，是有這個背景，免得他們不承認我們是政黨，只是個社團法人。

不管如何，也可能是蔣經國他的一念改變讓我們組黨的時間縮短了，不過，即使他抓人，但這個潮流也是擋不住。

你問如果一九八六年組不成，會是之後一九八七年或一九八八年嗎？我只能說有可能，但是，我們付出的代價會比較大。施明德對外公開有講說，我們有人跟國民黨勾結，才可能組黨成功，他說蔣經國默許我。

爲什麼施明德這樣講，大概他們認爲當年也奮鬥想辦法組黨，如果他們都沒有成功，我們怎麼可能成？他說我們一定有勾結。

我必須反駁一下，因爲這對當年勇敢參與建黨的同志很不公平，是不是有蔣經國的默許才組黨，這可以參考李登輝先生的回憶錄，還有一位蔣經國隨扈的回憶錄可稽，而不是個人主觀的猜測就否定一切，他們都回憶當時蔣經國生氣，沒有人敢跟他講話。

而且，建黨十人小組一直保密成功，這是最可貴的，成員也都親身體驗的，不可能有人勾結或洩密。

講到美國的因素。

美國方面倒不是我們主動。因爲美麗島以後，我們爲了營救這些人，我們跟美國和國際特赦組織，Asia Watch，都有來往，這些組織跟他們比較進步的國會議員也都有來往。所以美國兩黨都覺得臺灣黨禁就是應該開放。

問到當年美國是不是有政治利益在臺灣？我認爲，組黨直接沒有。就好像現在的香港，這是美國的國家利益嘛，就說希望全世界國家的制度都跟他一樣，這是美國的觀點。

組黨是使命，是臺灣人的希望

我那時候就已經從政了，當臺北市議員，我那時候影響力比中央民代還大。我是覺得這是我們的使命，也知道組黨是臺灣人民的希望，那我是覺得成功不必在我，但是作爲一定會影響下一代。組黨不一定可以成功，但總是要做。一個大的工程，常常不是一代的人可以完成的，我們做一個重大的事情常常也受益於上一世代。

個性，我想我讀法哲學，認爲正義是法律的法律，正義就應該去做，以前我喜歡的丹諾（Clarence Darrow）這些名律師，社會壓力很大的時候還是去辯護，就是要去做。但是你能不能成功？偉大的，有意義的事業通常是困難的，有時候也不必在我，假如這是對的，留給第二代、第三代去做去成功都是值得的，要有這個觀念。

我是跟我太太說，我們不主動去爭取，但是人家都上門來（編按：一九七九年美麗島事件後，周清玉請謝長廷幫姚嘉文辯護），我們說我們不辦，就是膽小的正義。大的政權你就不敢挑戰。我也安慰我太太說，通常都是去助選、去選舉、去寫文章才會被抓，去辯論不會（笑）。隔了兩年之後，我太太問我說：「那你三件都做了。」所以我也是對不起我太太，因爲我太太是公務員的子女，她很不希望我從政。果然後來（編按：一九八七年「六一二事件」）要抓我。他們是先抓到洪奇昌，要抓我的時候，我從二樓跳下去，成功脫逃，直到議會開議，有了保護傘才跑出來。

這就是政治，個性就是命運。如果我那時候拒絕周清玉，我以後都抬不起頭。我那時候跟他們也不熟，我是在做平民法律服務。我們一群年輕律師，七位，有請過姚嘉文、林義雄他們來演講，他們演講完後我們自己討論都覺得，啊，政治不要參與比較好。現在發現說我不適合從政已經來不及（笑）。

最美好的時光

你問到九二八當天，大家的記憶不太一致，還問到陳菊有沒有去。陳菊她沒有簽名，但是她有去。她沒有簽名。大家都可以理解，因爲她那時候還在假釋中。這個沒有問題，我們大家沒有人怪她。

我從政也快四十多年，現在想起來，最美好的時候一個是建黨，一個是當美麗島辯護律師。

美麗島辯論的時候，我們整天都在想怎麼辯護，把自己所學都貢獻出來，那時候最無私，都不會顧慮到哪一個派系或怎樣，也沒有人懷疑我們的動機，這個最美。

另外就是建黨。建黨最危險，但是最有成就感，因爲我們要改變歷史。那時候我們當然念的是中國歷史，我們創了一個中國歷史中唯一一個沒有個人的神話，可是完全以民主爲目的的政黨。中國歷來有皇帝，共產黨要專政，毛澤東啦他們都搞個人崇拜。民進黨是一個希望，是在改變歷史，所以雖然危險，但是充滿了喜悅。

和密布的情治人員周旋

在戒嚴時期，情治人員密布，反對黨或是從事反對運動的人都會必然會遇到。

比如說，你出版雜誌，警總他們都會來查封沒收，都必須跟他們溝通，像許榮淑，周清玉有掛雜誌社發行人，這些都是家常便飯，也常常要在印刷廠，跟他們討價還價，因爲當時搶回一本算一本，如果搶回一千本，被沒收一萬本，那一千本也可以在地下書攤販賣，在立法院或是市議會，也都有調查局的人，扮演聯絡人的角色，像是臺北市議會就有。

組黨當天，圓山飯店敦睦廳內外當然有很多特務或情治人員，我都看的出來，也有的跟我們聯繫啊！

我在當公政會的祕書長，情治單位當然會跟監呀！而且有時他們都是緊跟，這是專業術語，就是兩、三公尺以內，所以一回頭看就看到了，或者家裡矮牆外，都可以看到。有一次他們跟我到松江路，我就跟他們繞，繞到公園的圓環，變成我在他們屁股後面，他們一車都三、四個人，他們馬上一個人下來，後面還有一個騎摩托車的，後來我就開上高速公路，後來那個摩托車的也開上去。

他們在立院、市議會這裡，都有調查局人員進駐，他們都坐在記者席，臺北市議會的這一位，正好他的岳父以前跟我有熟，姓謝，彰化人，他跟幾位議員，除了我，像徐明德，陳勝宏等比較有在溝通。

二〇〇八年我選總統前，邱姓立委說我和調查局有勾結，他講的是調查局的線人跟我聯繫，我在另一件跟妨害名譽有關的民事官司，傳他（調查局市議會謝姓聯絡人）作證，我就在法庭上問他，我說你後來跑到哪裡去？我們建黨你知不知道？他有承認，他們事先沒有掌握我們建黨的日期，因爲他是呈報我們要到十三個分會才建黨，所以後來他就被冰起來，等於被處分。

組黨最好的時機

關於編聯會。我們要組黨，編聯會那邊也要組黨，不過編聯會一直沒有發表文獻，所以不知道。黨綱後來有納入他們。

關於游錫堃。我們後來有邀請他加入十人小組。爲什麼呢？因爲當時本來都我在弄，一九八五年以前都我在弄，到了一九八六年我要選立委，不能裁判兼球員，所以後援會就由他來主持。不然很多比他輩分高的那一年都要去選立委，像是黃煌雄、康寧祥，也因爲他是在宜蘭，比較近。他也沒有選立委。他當後援會主席，他是主角，但是要銜接組黨，必須用臨時提案，變更議程。

（九月二十七日的）臨時提案這個構想，也不是說誰提出，尤清跟我就說要組黨，問題是說，要組黨要怎麼弄，找游錫堃來當主席。所以那時候我記得，尤清和我提臨時提案，游錫堃就說好，那請費老來主持組黨大會，游說給你們一個鐘頭。九月二十七日開會的那個提案表應該還在。

那時候我當公政會祕書長，組黨那年的春天，國民黨一直說要來拆我們公政會招牌，我就對會員發問卷，問說如果這招牌被拆了，被查封了，我們馬上宣布建黨好不好？如果好，那黨名叫做「民主進步黨」好不好？這個是一九八六年年初發的問卷，目的在抑止國民黨突然動手。

（一九八六年九月二十八日當晚）六個人開完建黨記者會，坦白講大家茫茫然，我也回律師辦公室看有沒有人跟蹤。坦白講，前一天就有考慮到當天組黨有連休，所以只要連休，我們有一天時間社會可以醞釀，那時候有個理論，只要有一天，新聞出去了，外電出去了，我們就成功了。就怕是進行中被抓，像現在香港這樣，就沒有辦法了。如果我們已經建黨了，我們再被抓，都比較沒關係。六點六分我們開記者會，有記者在，也有外國記者在，所以雖然對自己茫然，但是對於這個黨，我們已經是比較安心的。所以就回松江路律師事務所辦公室整理一下東西，把遺書拿出來，回家跟太太講。

我太太事前不知道，其實我們十人小組祕密都沒有外洩。所以說，如果有人跟國民黨勾結，國民黨在十人小組聚會的時候下手，或製造意外謀殺一、二人，那我們通通完蛋。所以我是覺得十人小組很可靠。所以有誰說國民黨默許什麼的，都是假的，傳這種理論的人覺得我們哪有這麼厲害，這是對臺灣人沒有信心或對自己膨脹。我認爲是國民黨的錯誤判斷。我看李登輝寫的，有三天沒有人敢跟蔣經國講話，他很意外啊！

第一個他們認爲公政會，康寧祥這邊比較安全，沒有那麼衝。蔣經國他們也成立一個十二人小組因應，所以對我們組黨很意外。建黨以後，我變成社運部主委，國民黨就報復我，六一二事件，蔣經國親批，爲首者嚴辦，判我三年徒刑，再來就是一連串落井下石，和長年抹黑。

回過頭來想，那一年組黨是最好的時機。因爲如果國民黨提前下手，第一批被抓，可能不會有第二批、第三批，被抓就沒有了。所以（九月二十八日）後援會那時候一百多人來，那是最好的，因爲選舉的時候大家最勇敢，那時候選舉也有人要蔣經國公布遺產啊，或把蔣經國畫成豬的海報，都有啊。

民進黨的價值在哪裡？就是給了臺灣人一個選擇的機會，沒有民進黨，臺灣就只能選國民黨。第二個是說，民進黨改寫了華人的歷史，開創了眞正的政黨政治。

六、王家驊：民進黨突然組黨，加快了經國先生考慮開放黨禁

訪談日：二〇二一年四月六日 下午一點
訪談地點：圓山飯店一樓餐廳

那天是教師節，是假日，好像是禮拜六。組黨那一天，如果沒記錯的話，教師節放假日，我在七海（七海寓所，蔣經國總統官邸）。

我的工作，不論是假日也好，平時也好，我都必須要在七海待命。我固定在七海的時候，經國先生在家裡。我在七海固定要做的工作之一，就是必須看過當天的日報、晚報，看過後講給總統聽。大家都說讀報，其實我是說報紙上的新聞。比如說，報告總統，今天《聯合報》有一篇社論，社論是什麼主題，這個主題上個禮拜曾在什麼新聞裡面出現，我說給總統聽。

突襲，圓山集會變組黨

一九八六年九月二十八日早上，情治單位告知，黨外人士在圓山集會。這個事情，我沒有跟經國先生報告，也沒有必要報告，因爲黨外人士集會的機會很多，

到處都在集會，他們在圓山集會又怎麼樣？只是地點比較敏感，怎麼會在圓山飯店集會？

當天早上，我只知道黨外人士在圓山飯店集會，就這樣而已。期間到底是怎麼樣的變化，爲什麼突然之間冒出了「民主進步黨」，誰發動這樣一個提案，又是如何通過的？我個人，一無所知。

結果，那天下午，當這個事情成爲事實的時候，就有人通知到我辦公室，電話告訴我怎麼回事。我知道黨外人士是在圓山飯店集會，但是，至少在我下午接到消息之前，並沒有人告訴我他們要組黨。

當然這個消息很令人驚訝，我自己也很驚訝。因爲雖然在這之前，蔣先生就已經要求中央黨部的十二人小組（編按：一九八六年四月九日中常會，蔣經國指示由十二名中常委組成「革新小組」，針對包括解嚴、開放黨禁等問題進行研議，但研議尚無結果。五個多月後，九月二十八日就由黨外選舉後援會在圓山飯店突襲組成民主進步黨，並召開記者會宣布。）討論人民團體組織的相關管理辦法。新的人民團體組織辦法，多多少少重點就是擺在組黨和新政黨出現等相關問題上。這可謂是爲未來的開放黨禁預做準備了。

我們雖然都知道這個，但是沒想到黨外人士，抓到每一個時機，開會決議。

不知道是之前說好、講好的，還是臨時有人發起的，這要問游院長（游錫堃）。結果，我被通知說是黨外人士組黨成功了，民進黨成立了。在那個時候，在那個當下，也只有我可以去跟經國先生報告。

民進黨宣布組黨，王家驊第一時間報告蔣經國

我那時候是辦公室主任，所有國家重大的事情，不論是國防、情治、治安等等，除非蔣先生自己交代請某人來，不然就是，由我報告經國先生。我知道組黨這個消息，當然必須即刻報告經國先生。

當時，經國先生的第一個回應是：「確定嗎？這個消息。」

我說：「是，警政署打來的電話，國安局也求證過了。」

他還是跟過去一樣非常地沉穩，非常地平靜。

經國先生在臥房，臥房的床鋪是可以搖起來的（電動床），他搖起來，倚靠著休息。通常，那個時候我應該是要給他做晚報的報告。因爲發生這個事情，我就把晚報擱置。報告完這件事情，他不作聲。我站一會兒便退下。

我心想一定會有事，沒有多久他按鈴請副官來要我過去。經國先生隨即交代

「明天下午四點鐘，」也就是九月二十九日禮拜天的下午四點鐘，「在總統府召開一個會議。」與會的人很多，有李登輝先生、郝柏村先生、沈昌煥先生、汪道淵先生，還有宋長志先生，我現在記不太清楚。除了當時的一些情治首長，還有一些資深的黨國大老。應該有資料可查。我援例擔任會議紀錄。這些與會的人已經知道發生什麼事，可能也已經知道要問什麼問題，要怎麼回答。

九二九總統府開會，下令不抓人

蔣先生主持主席會議的方式是先說明，今天討論什麼議題，然後先請與會者各自發言。他一般主持會議都是這個方式，先聽大家各種不同的看法，之後，他自己再做結論。

當時在會議中，有人提出來說要抓人，指出這個不能容許，否則不像話；因爲我們還沒有開放黨禁。有好幾位是持這樣想法。

也有人說，大環境也改變了嘛，我們必須要想出一個方法來，不能夠對立。

我記得有一位提出不要對立，總是要想出方法來解決這個問題；找個人去跟民進黨的朋友們談談，或是跟民進黨的人互相討論一下，如何解決並共同面對往後的發展。

李登輝先生跟郝柏村先生，我印象中他們九月二十九日那天並沒有先來見總統，他們都是跟大家一起下午四點在總統府開會。就我所知經國先生，不可能就這個問題先徵詢個別的看法，應該是會議中一起討論。

反正不同的人有不同的聲音，我現在沒有辦法記得哪個人講了什麼。有部分人士說要壓制，有的人認爲要想辦法來解決，不要對立。蔣先生通通聽，聽大家講完之後，問大家還有沒有什麼想法、看法。

記得當時確實有很多不同的聲音，有些人認爲這個不像話；另有些人認爲大環境是這樣子，我們必須要順應這個環境，有些事情不能夠硬碰硬。

我記得經國先生那天做決定的時候說：「我要把他們抓起來很簡單，我只要一個命令下去，就可以把他們抓起來，但是之後呢？對國家的發展呢？要怎麼走下去？」所以他先聽大家講。他講了「小不忍則亂大謀」，這是他講了。他希望大家要想辦法來解決，而不是硬碰硬。

那是在總統府的會議室，與會人士坐得滿滿的。我坐在蔣先生右後方做記錄。他說，「我一個命令就抓起來了。」這是他的話。

當晚我即將會議紀錄整理好，呈閱。引用部分內容即在當週禮拜三中常會，做成黨的決策，就是所謂的「時代在變，環境在變，潮流在變」。

蔣經國以威權順水推舟

「時代在變，環境在變，潮流在變。」這段話是他講的，不是我寫的。我在想，蔣先生平常除了上班以外，無時不在思考國家大事。在這個之前就成立了十二人小組討論五大議題，說要訂一個人民團體組織法，確實的名字我不記得了。之前他曾交代要做很多東西，包含要解嚴、解除黨禁、報禁這些相關的問題，他都思考過了，我覺得他一直在思考這些東西，這是我個人的體會。所以，他請馬英九先生去了解戒嚴法及應該要怎麼樣來處理，而且研究如何解嚴。這些議題早在圓山組黨之前經國先生即著手研究了。

經國先生有準備，也有想法。民進黨突然之間趁其不備，宣布組黨，社會譁然。這個時候要靠蔣先生一個人獨排眾議，對不對？如果反過來沒有經國先生的堅持與毅力，不曉得會亂成什麼樣子，或是當時的領導人如果想法不一樣，眞的不曉得會亂成什麼樣子。如果沒有他做了那麼多重要的決定，在他那個時候人稱之爲「威權時代」。但是就是因爲他的意志力，他的權威，所做決定，國民黨全黨都遵守。

你想，開放大陸探親，蔣先生交代行政院去做研究，而行政院俞院長（俞國華）研究之後，不如他想像的那麼快，蔣先生要求重新再來，院會再作討論，後來就決定了。由吳伯雄先生，當時的內政部長，宣布之後，在一九八七年十一月二號第一批到大陸去探親。我的意思是說，像這麼多重要的國家應興應革的事項，如果不是因爲有蔣先生的堅決意志，權威的領導，能做得到嗎？

怎麼做得到？你想想看，拿民進黨組黨來說好了，假如蔣先生那時候聽從別人不同的想法，採取一個不同的作爲，不就是另一次美麗島事件發生了？那不知道後面會怎麼樣子了，不說國內的衝擊、媒體的衝擊、國外的衝擊呢？那時候對岸大陸也可能有一些意見。所以，這些問題也只有在蔣先生那樣的意志之下能做這樣的處理了。

抓起來對國家有幫助嗎？

擔心會亂，不只是擔心美國的反應。一九七九年（美麗島事件）抓人時引起多大的反彈？歷史不能夠重演。現在誰也不能說，如果抓了之後會變成什麼樣子。但是我覺得那時候蔣先生做了明智的決定，爲國家帶來很多正面能量，最後爲國家民主政治的發展，帶來極多正面的幫助。

你問說一九七九年他抓人，一九八六年他沒抓，那到底是什麼讓他改變了呢？我覺得是大環境改變了。

大環境可以包含國內外，倒不一定是哪些原因。也有蔣先生自己內心的評估和自己的判斷。他一直強調，我們國家從過去反共抗俄到後來的三民主義統一中國，接下來要怎麼走？要和平統一嗎？

和平統一的話，國內必須要安定。這是我個人的判斷。如果國內安定下來，像這件事情（圓山組黨）發生了，就像前面他講的，他下一個命令就可以把人抓起來了，但是抓起來之後呢？對國家有什麼幫助呢？

所以我覺得經國先生想的事是怎麼樣對國家有利，怎麼樣對這個國家是有好的幫助、正面的發展。而且我的判斷是，國家當時有蔣先生的威權，可以讓他做的決定澈底被執行，抓人與否，取決於他的決定是否對國家的發展有幫助，我是如此去想他當時的想法。

江南案與政治改革

你問一九七九年到一九八六年之間非常多事件，像美麗島事件、林宅血案、陳文成命案、十信案、江南案，對他處理後來一九八六年圓山組黨是否有影響？

我覺得當然會有影響，但是，是正面的影響。印證過來，是對國家未來的發展是正面的影響。他因爲這些事件才了解到社會的脈動、人心的走向。有些問題處理不當會造成國家更大的傷害，可能這些都是其中之一。所以，我自己判斷，經國先生深知應該盡快做些決定，盡快的改革。

十信案引發金融方面的改革，及財政方面的改革。江南案是一九八四年，那時候的國安局長汪敬煦來過七海寓所好幾次，報告江南案的問題。

江南案，美國是有給壓力的。因爲江南（編按：本名劉宜良，江南爲筆名）是美國公民，是有一些美方的壓力，同時發現美方對於人權的問題是那麼樣的重視。江南案發生之後，美國給我們一些壓力，經國先生就相關單位的人事作了必要的處理，如當時的軍事情報局局長等。

但是改變經國先生想法的，絕非單一個案，而是在這些事情之前，他就已經考慮到我們國家哪些事情應該要做改變。那就是十二人小組的五大議題。那時候（一九八六年）馬英九先生是黨部的副祕書長，李煥先生是祕書長，五大議題的匯報是由馬英九先生負責。五大議題有黨禁解除、解除戒嚴、地方自治、人民團體組織的這些方面，還有戡亂時期國家安全法。他們討論國安法，有了定案，（編按：九月二十八日圓山組黨之後第七天，十月五日《朝日新聞》第七版報導，中國國民黨中常會十二委員會決定於一九八六年之中解除戒嚴令及各項方針）有一個眉目，一個方向，經國先生才在接受訪問時（編按：一九八六年十月七日），跟《華盛頓郵報》發行人葛蘭姆（Katharine Meyer Graham）說，我們在國家安全法通過之後，我們要解嚴、開放黨禁。

在黨外組黨成立之前，十二人小組就在討論相關事宜，涉及是不是要開放黨禁，是不是要容許人民可以組織政黨。爲什麼他會有這個想法？你可以印證過來，他知道都在變。

你可以這樣講，民進黨的突然之間組黨，在某種程度上，是加快了經國先生的決定，開放黨禁。

九二九總統府會後當晚

九月二十九日下午四點總統府開會，他們大家討論，大家發言，最後經國先生做了決定。他確確實實經過深思熟慮做出這樣的決定，在那麼多人提出不同意見的時候，他做出這樣的決定。你看要不是他，眞的難呢。

我記得，晚上開完會他又把我找進寓所臥室，他說：「你以一個黨員的身分，你覺得我今天這樣的決定可以嗎？」我能說什麼呢？我說：「總統這樣的決定是爲了黨，是爲了國家著想。」只能這樣子回答，但也確實如此。

當時經國先生做這樣的決定、這樣的結論的時候，我在旁邊做做會議紀錄，很驚訝做一個領導者，在這麼多主張壓制的人面前，他有他的定見，要這樣處理，這需要信心與勇氣的。我當時很粗淺地覺得，這個會議的主席，在那麼多不同的聲音下做這種決定是不簡單的，他必須很清楚「我自己在做什麼」，這是我自己的感覺，經國先生一定很清楚自己在做什麼。

如果是你，你想想看，如果是你，你是這個會議主席，這麼多人的意見跟你不同，你要怎麼做決定？而且，他不是一開始就講說他要怎麼做，他是在請大家都發言之後，才作決定。他也沒有稿子事先唸給你們聽，所以，我百分之百相信，他老早在此之前就思考過這樣的問題，一旦這個事情發生，他怎麼去面對。他也很清楚，第一點他當時身體的狀況，第二點他所擁有的權力，他當時說話，黨內沒有人敢不聽。所以，如果問民進黨爲什麼會組黨？那就要問游院長（游錫堃），但是問經國先生爲什麼不抓人，那就是蔣先生自己的智慧了。

其實蔣先生當時就想到了，不能一直國民黨一黨一直執政。所以他曾經說過，蔣家不能，也不會繼續執政，從事政治活動（編按：根據《自立晚報》十二月二十五日第一版，《中國時報》十二月二十六日第一版報導，總統蔣經國在一九八五年十二月二十五日中山堂舉行的行憲紀念大會中指出，總統必依憲法產生，其家人「不能也不會」競選總統；並指出不會實施軍事統治。）

我判斷他是老早就有計畫要做改革，要做人民團體組織法的改革，要容許不同政黨的出現，換句話說，國民黨不再一黨獨大，要有不同政黨的出現。

蔣經國離世前日毫無跡象

蔣先生在攝護腺開刀過之後，身體就比較不如從前。那應該是一九八〇年還是一九八一年，要去查一查（編按：一九八〇年）。他去榮總住院開刀，身體比較不如從前，但是仍然可以約見客人，可以處理政務，沒有問題的。

一直到後來逐漸有一個現象，就是他吃東西吃多了會反胃，很辛苦，所以他吃東西很小心，醫生、營養師都很照顧。

一九八八年一月十二日那天早上他照常上班，在辦公室他還約見了鄭爲元先生。中午下班回家，吃完飯之後，他又請了黨部祕書長李煥先生到家裡談第二天中常會的議題等一些事情。祕書長回去之後，他再休息。

有人說他病了很久啊，說什麼腳砍斷啊什麼的，我可以眞眞實實講，那些通通都是假的。他找李煥先生來，就是談第二天中常會要討論的議題，要李煥先生做些準備。李先生離開，蔣先生就休息了。十二日下午沒上班，我到家裡來報告公事。第二天中常會要討論些什麼議題，會後要見什麼客人，事先做好安排。

第二天一早起來，他不想吃東西，覺得有點反胃、噁心，這時候通常就是請醫生來，醫生會給他一顆抗噁心的藥，吃下去之後隔了一會，噁心的感覺沒了，就可以吃一點東西。這種情形發生過若干次。

因爲好幾次都是這樣子，有的時候是早上，有時候是中午以後才有點噁心，不一定什麼時候。十三日那一天大清早是這樣子。

我早上跟經國先生說，今天是常會，也沒有別的議程，如果總統不舒服的話，就先休息、先睡一下，待會起來，如果來得及，我們再去黨部。結果他睡了，可是又睡不著，就把我找去。我就跟他說，那乾脆今天中常會就不要去了。那時候中常會是由中央常務委員輪流主持的，那一天好像是輪到余紀忠先生主持。

後來他說：「我今天常會要去，因爲我上禮拜沒去，如果今天再不去，外面又要傳了。」我跟總統說：「沒關係，你就休息，到下午的時候我們再去黨部，可以約見幾位工作會主任，媒體會看到，外面的人也會看到總統到黨部來，就沒事了。如果下午還是不舒服，我們就等到禮拜六到政戰學校復興崗。復興崗在開軍事會議，總統到會議會場跟開會的軍事將領講講話，之後會殯。」總統說：「我坐輪椅。」我說：「我們都幫你安排好輪椅，沒有臺階。」他說：「這樣也很好。」就放心睡下了。副官就把窗簾拉起來，我們都退出臥室。

固定每天中午孝勇回來吃飯。孝勇進去，看到總統在睡覺，改來侍衛室，看到我們正在吃飯。他說爸爸在睡覺，打呼，睡著了。跟我們開玩笑，吃兩口東西，他就走了。我們也覺得很好，總統打呼。可是我們飯才剛吃完，電話就下來了：「主任你趕快上來。」

我上去，總統就坐在床上，已經吐血了。誰也不知道會這樣，他就是噁心，結果吐出來是血。副官拍一拍背，擦擦嘴，舒服多了，又躺下去，躺下去沒一會兒又起來，又噁心，又想要吐，再吐一次血完之後，就沒感覺了。但是那個機器還在跳，醫生在急救，機器「躂躂躂」。

這時候通知孝勇，孝勇趕過來。我、孝勇、醫生、副官就在旁邊，醫生還在急救，但跳動是他身上裝的心律調節器。孝勇就說：「可以了，爸爸走了。」陪他到最後。那時候，孝勇、我、副官、醫生、護士都在。後來才讓夫人知道。夫人只看到人進進出出，又是拿氧氣的，又是醫生，又是護士，後來孝勇去跟夫人報告，夫人才過來，哇！就痛哭。

經國先生走得非常安詳。在身邊只有孝勇跟我、還有醫生。孝武當時在新加坡。當時的狀況是這樣，所以說事前一點跡象都沒有。

他沒有意識到（自己會在那天過世），完全沒有，大家都沒有。我們都準備好當天還要開會。我記得我還通知，中央黨部中常會後要在黨部見余紀忠先生，那天好像中常會是他主持，我記得會後約見他。結果當天就走了。完全沒有（徵兆），真的完全沒有，所以外面的說法全部都是瞎掰的，我講的才是真實的。

經國先生的身體健康狀況真的沒有外界描述的那樣慘，被人家下毒啊什麼的，都沒有。他還有好多事情要做，他有很多想法，他交代了祕書長李煥要黨部怎麼去討論，十二人小組，討論幾個大的議題，一樣一樣他都希望能夠在他有生之年實現。

他曾經跟我說，就是在那一次國民大會的憲政研討會，一九八七年十二月二十五日中山堂，有人舉牌抗議的那一次。那之後他曾經跟我講說，「我們浙江人有一句話，叫做『油盡燈枯』。」他可能那時候意會到自己體力不夠。

那一次會中舉牌抗議的事情，當時是由何宜武先生代唸他的講稿。那次會議他一直就打算要參加。經國先生非常堅持國家的憲政體制。當時有情報說有人要抗議、要鬧場。安全局長是宋心濂，國民大會祕書長是何宜武，中央黨部祕書長李煥就此討論出結果，要我跟總統報告，請總統不要去。經國先生是憲政研討會的主任委員，副主任委員是谷正綱，祕書長是何宜武。總統是憲政研討會當然主任委員，從老總統開始就是這樣。

但是經國先生說：「我要去。」於是大家就討論鬧場要怎麼辦呢？他們就提出三個方案，一個是改到政戰學校開會，校門口一擋，憲兵一站，誰都不能進去了。要不然就陽明山中山樓開會，山底下一擋，誰都不能上來。這就是我跟他報告，他們研究出來的結果。第三個方案就還是維持在中山堂。經國先生說：「維持在中山堂，中山堂是國民大會所在地。」

去那邊，他準備了講話稿，請何宜武先生代讀。他用輪椅坐在講桌旁邊。何宜武宣讀不多久，底下就開始抗議。蔣先生當然看到了，他看不清楚，是看到一些人起來鬧哄哄，看到人起來舉東西，他看不出上面寫什麼字，是因爲糖尿病影響他的視力。後來宣讀完了，總統隨即離開會場。一路順暢，回到家。我就跟著進了寓所，我相信他一定有事找我。

回到家裡後，他換了睡衣，那天憲政研討會是放假日，是行憲紀念日。他就躺床上，然後就說，請王主任來。我進到臥室。經國先生問：「你剛剛在現場，你覺得怎麼樣？」我就把實話都告訴他。我說有人鬧場、舉白布條抗議。他聽完之後，靜默良久，歎一口氣說：「唉！他們爲什麼要這樣對我？」隨即闔眼休息，我即退出。

「他們爲什麼要這樣對我。」他一生爲這個國家付出多少心力，爲了臺灣，付出多少心力，結果他們這樣鬧場。經國先生一定很有感觸。

那這件事情對他後來的心情有沒有影響？除了醫生可以分辨之外，誰也不能判定出來。但是我判斷，一定有影響。結果第二年一月十三日他就走了。

經國先生常常夜裡睡不著覺的。我曾經有一個晚上被他叫去四次，從十二點、兩點、四點，最後一次是六點，叫我到他的臥室，或是交代第二天的日程，或是垂詢曾經交辦的事情。他很客氣的說：「對不起喔，我實在是睡不著。」無人能體會經國先生爲了國家的現在與未來花了多少心思。他眞的是心力交疲，鞠躬盡瘁，爲了這個國家以及所有國人。

經國先生自己曾跟孝勇先生說：「阿爺把大家從大陸帶過來。」阿爺是他們的說法，就是爺爺，就是老總統。尤其是討論老兵問題的時候，他說：「阿爺把他們從大陸帶過來，我們無論如何也要照顧他們，不能把他們帶回去，至少也要照顧他們。」

「千斤重擔壓肩頭，一片忠心報黨國。」經國先生喜歡這兩句話。也不時以此自勉。一片忠心，鞠躬盡瘁，爲了這個國家，了不起。

七、邱義仁：反對運動要帶來改變，就是會有犧牲

訪談日：二〇二一年三月二十九日 下午四點
訪談地點：臺北市北平東路新境界文教基金會

美麗島事件衝擊vs.幾百年反抗運動的宿命

美麗島事件發生的時候，我在美國念書，衝擊很大。那時候芝加哥大學是學季制（quarter system），我到現在還記得，因爲靠近冬天，那個 quarter 所有課的期末考，我全部沒辦法去應考。我跟每個教授說，因爲我的國家發生了一些事情，我沒有心情念書、沒有心情準備寫 term paper。所以我的印象很深，那個 quarter 是全部 incomplete，就沒有完成。

那個衝擊很大，主要就是說，在事件之前，美麗島的聲勢很高，到哪裡去都是萬頭鑽動，出版的雜誌一出來就被掃光了，甚至還沒出版在印刷廠就被警總拿走，然後就再印，所以感覺人民的支持好像還滿不錯的，大家的士氣也都滿高的，但是，國民黨一旦鎮壓就沒有了，就不見了，死的死，跑的跑，逃的逃，下場就是這樣。這讓我想到，臺灣人幾百年的反抗運動，好像都是

這個宿命。

日本占據臺灣的時候也是一樣，日治時代有議會請願運動，激進一點再組成民眾黨、農民組合，然後日本政府一鎮壓就沒有了。國民黨逃到臺灣來以後也一樣，以前雷震他們的《自由中國》聚了一些人，國民黨一抓人，也是沒有了。之後不管是《文星雜誌》或是以後的一些反抗運動，大概都有一陣子，好像有起來，然後一鎮壓就消失了。所以對我來講，我的衝擊很大。

當然臺灣人就會說，這是「臺灣人運命」，我就覺得，檢討事情好像不是從這種「命運」的角度去反省，而是要去想爲什麼會這樣呢？否則一句「臺灣人的運命」，就兩手一攤，就過去了嗎？所以我就一直想，怎麼會幾百年的反抗運動，好像都是就要起來了，然後就沒有了，又要起來了，又沒有了，一直在重複這樣的所謂的「臺灣人的命運」。

主導權問題

美麗島事件之後，康寧祥先生所領導的這些反對運動，對比美麗島就很強烈，這個對比給我的反省又多了一些因素進來。就從那個命題：臺灣人怎麼會這樣？然後慢慢就會去想到說，這個命運會造成，是因爲路線的問題。

爲什麼說是路線的問題？就是說美麗島還沒出事之前，要組黨、搞運動、賣雜誌，康先生（康寧祥）是不太參加的。

基本上大家有不同意見。那時候我在國外念書，大部分同鄉對康先生不太諒解，有很多批評。基本上我相信國內的一些人心裡也是罵到不行。

美麗島事件之後，在國外人家在批評康先生的時候，我幫他講話，我說美麗島就是揪了一大堆人，聲勢很高，一個鎮壓有可能就沒有了啊，人家康先生有他的選擇，他要挑一些可以和他能夠作陣的人來做，我想這是不一樣的選擇，總不能說他這樣不對啊。

我小康先生十二歲，以前康先生對我很好。我之前一直用從路線的角度來看康先生，幫他講話。

後來我發現，康先生在美麗島事件後做的也是一樣啊！康先生又開始找一些人做，那我就覺得我當初爲他辯護說是路線問題，但是他後來的路線跟美麗島路線一樣啊！說得比較難聽，就是「撿到籃子就是菜」，那如果是這樣的話，他當初爲什麼不參加美麗島呢？因爲路線都差不多嘛。所以慢慢我就覺得，康先生不參加美麗島，應該就是主導權的問題，是power的問題，不是路線的問題，如果是這樣的話，我對康先生就會有不同的看法了。

加高代價，翻轉反抗運動宿命

也就變成說，從事反對運動，怎麼閃他（專制統治者），什麼事情要很有技巧處理，對我來說那完全不是重點。不是說那沒有用，而是說那不是重點。對統治者來說，不是因為你的技術好、眉角顧得很好，所以沒有被修理，而是因為你眉角顧得很好，對統治者沒有威脅，所以他才不出手啊！所以，慢慢地推論，要從事反對運動、對統治者要造成威脅，就是絕對會被修理。統治者不是憨人，他的眼線、情報那麼多，只在於它是什麼時候要出手而已。

既然從事反對運動，是眞的要讓統治者有威脅，是要帶來改變，那就是要有犧牲，這是跑不掉的，不然要怎麼樣避免臺灣人幾百年來不斷不斷起來被鎮壓的命運呢？

既然一定要犧牲，所以，要考慮的就是：犧牲之後要怎麼辦？

所以思考的方式就是：我也要讓統治者付出代價，這樣運動才有可能成功。用這樣的思考角度，路線就很重要：要招什麼樣的人，做什麼樣的事情，才能夠堪得起一波又一波又一波的付出代價？如果說「撿到籃子都是菜」，你來，你來，你們都來，那這樣一個鎮壓來，大家就死的死、逃的逃，甚至有的反過來咬你一口都有可能，這種運動是永遠不可能成功的。

所以，我回國之後為什麼會去做新潮流，就是實現我認為應該要實踐的路線。對我來說，路線就是，「不是撿到籃子就是菜」，臺灣人如果要做反對運動，就是要有這種精神，如果認同這樣的路線，那就大家作夥來，所以我就做了新潮流。新潮流一開始就講的很明，我們是要幹什麼的，我們要怎麼幹，這些都說得清楚。所以為什麼到現在很多人說新潮流系紀律嚴明啊等等，其實我離開新潮流十幾年了，但是當初我在做新潮流，是從路線的思考來弄的，就是如果要做反對運動就要這樣做，但是一開始對不同的路線當然就會有一些批判，也就埋下了當初到現在康先生對我很不滿，但這就是 give & take。

組黨，公政會找編聯會合作

談到組黨。公政會在組黨，編聯會也在組黨。

游錫堃院長他們那邊（公政會）怎麼樣，我不清楚，我不了解，我坦白說。

那時候兩邊都是祕密在作，唯一有一個人兩邊都參加，不是陳菊，而是江鵬堅。因爲江鵬堅是公政會組黨祕密小組的成員，他同時也是編聯會建黨祕密小組的成員。

民進黨建黨（編按：一九八六年十一月十日民進黨第一屆第一次全國黨代表大會）的時候，爲什麼編聯會要推江鵬堅做主席？因爲他對我們會比較了解，因爲他跟我們一起建黨。我很佩服江鵬堅，他從來沒有把公政會做什麼跟我們講過，大家守祕密，他也沒有把編聯會在做的事情告訴公政會，我也沒有想要從他那邊探聽公政會在做什麼，我認爲這是一個做人的基本，這是我對他很尊敬的地方。

到後來，基於兩邊的人都很少，雖然公政會人數比編聯會多很多，聲勢比較大，但是和國民黨這個統治者比起來，我們都是很少人，所以公政會尤清的看法是說，編聯會這一群人雖然很討厭，人已經少了，但也還是要把它找過來，所以後來公開化之後，就說要來協商，要來合作。

當然，編聯會裡面有很多人反彈，我就要主動去疏通、去了解，我說，「現在人家找你一起去組黨，我們就是要這個時刻，就是要剛剛好是實現我們路線的時刻，那時候誰還要繼續組？就是我們這些人啊！我們如果被抓去，就是第二波要繼續弄啊，就是要實踐這種路線，就是要這種精神，那時候絕對會被抓的，但是被抓沒關係啊，我們就是要繼續，他們那邊怎麼樣我們不知道，但是我們這邊我們就這樣做。」

所以（公政會找編聯會）開始談（合作）之後，我們就把雙方準備的情況互相對一下，大概就是一九八六年四、五月左右吧，組黨的事情是一九八六年之前兩年就已經在做，公政會也是，但是兩邊坐下來談好像是一九八六年的四、五月我已經忘記了，要去查。

公政會就拿一些他們寫的東西，他們的黨綱，就是一些原則性的東西。我們就把我們寫好的幾百條黨綱拿出來給他們看。公政會比較有力量嘛，他們就說……後來你看民進黨的黨綱，爲什麼有基本綱領跟行動綱領？行動綱領就把編聯會那套就放上去，那公政會寫的比較粗略的就是變成基本綱領。所以民進黨黨綱就是兩邊的黨綱弄起來。所以現在去看行動綱領有些滿左傾的，公政會當然就很不爽，但是爲了要組黨就忍受下來。那就是時代背景，爲了要組黨。

民進黨第一任主席，編聯會支持江鵬堅

江鵬堅是唯一兩邊都參加組黨工作的。

大家關係都沒有多好，陳菊不知道，後來才知道啦，但是兩邊比較緊張的時候她就會來居中協調，但是，不是來處理組黨的事情，眞正都是在做組黨工作的是江鵬堅，這就是我們（編聯會）爲什麼會支持他當黨主席。

我們（編聯會）也沒有想到江鵬堅會當選，因爲那時候選出三十一個中執委，編聯會系統十二個人，剩下十九個都是公政會的，他們是穩贏的啊。公政會只有跑一票，他們主要是大意。

康先生在回憶錄（編按：《臺灣，打拼，康寧祥回憶錄》）說我們「坐大」，但那都不是事實。說實在我們就是十二、十三人而已，怎麼可能坐大？最大的原因就是他們（公政會）投完票後就坐火車回去、趕攤啊、跑回中部等等，都跑掉了。當要我們說要投票選黨主席時，他們說，人怎麼都走掉了？所以，爲什麼建黨的會議時間一延再延，最後到晚上在元穠（茶藝館）才投票？因爲公政會不要投票。因爲他們發現他們的人不在，所以他們就一直打電話。但那時候沒有行動電話，打電話去問，對方就說還沒有回來啊！在火車上啊！這也是一種命運！所以那天到晚上都一直在等。我們編聯會就覺得很沒意思，覺得「你們公政會也不投票，整個都要聽你們的意思，然後又罵我們趁機坐大，到晚上了又不投票。」後來他們算算他們會多一票，才決定要投票，他們還是認爲他們會贏。票投出來，全部二十五個人，他們十三個人，我們十二個人，我們編聯會的人都沒有走掉，結果投票之後卻變成江鵬堅十三票……他們完全沒有想到，他們卻有一個人跑票。

選前組黨是一致的默契？

你問我們是要在一九八六年年底選舉前組黨嗎？

之前雙方沒有談過，但是很自然就會選那個時候。因爲臺灣唯一可以大量動員的時候就是選舉，所以，選舉之前組黨，然後我們是假設一定會被抓，然後就繼續弄，接著要選舉，國民黨的選舉成績不好。

我們就賭這個嘛，就是我說的，不只我們付出代價而已，統治者也要付出代價，然後就繼續組黨，再一些人當選，當選人會比之前的多，這樣組黨的第一波犧牲的人就比較有價值。我相信公政會也是很看重這一點。公政會是不是這樣想我不知道，但是起碼一定會想說，要選舉了，國民黨比較不敢動手，因爲可以大量動員。

所以，我不敢說兩邊想法完全一樣，但是，選定那個時間點是很一致的。

我知道大概就是這樣，游錫堃他們怎麼弄我就不清楚，江鵬堅也不會跟我們講，我尊敬這個人，他從來沒有跟我們洩漏。編聯會只有少數一些人有去（一九八六年九月二十八日圓山組黨），洪奇昌有去。像我這樣的人就夾在兩邊。

我印象那天（一九八六年九月二十八日）我就在臺南，我在說服那些朋友說，這個黨已經要組了，就是一定要參加，然後如果要付出代價，這就是一個機會嘛，就在說服那些不滿我們跟公政會合作組黨的同志們。

九月二十八日要組黨的事，大家都不動聲色嘛，這絕對不是公政會跟我洩漏的。我有說過，我們心裡面都知道要利用選舉的機會來組黨，所以我就判斷，就是（編按：黨外選舉後援會）爲什麼要到圓山飯店舉辦，這絕對有什麼「出頭」（編按：企圖、把戲），一定有。我不曉得別人怎麼樣，對我們來說就是可想而知。你就是有「出頭」，那當然好啊。

圓山組黨成功的因素

以公政會爲主的組黨這些朋友，他們也覺得這個時機要這樣做，然後又選擇靠近選舉的時候，我想這是成功的原因。因爲這樣的人，這類的認識，而且也願意這樣子來投入，我說那不完全是理性的問題，那是一種奉獻，這讓我覺得公政會那些人他們是付出了，這是一點。

當然就是說，爲什麼蔣經國沒有下手，我到現在也沒辦法完全了解。只能說，可能國民黨累積的代價已經到了一個程度，如果繼續鎮壓下去，它覺得代價太大或會怎麼樣，這個也有可能。

爲什麼它累積的代價太多呢？一九八六年之前幾年陸續發生陳文成、江南案跟十信案。一連串事件，美國已經對國民黨容忍到一個相當的程度，我覺得這是外在因素。也就是說，一個臺灣赴美國再回去臺灣的博士，你（國民黨）說他在臺大校園自殺？最不能容忍的是，你（國民黨）派人到美國本土來殺美國的人，不管他是不是雙面間諜，他（江南）就是美國籍啊。所以國民黨的代價越來越大。

所以我記得那時候有一個媒體（時代基金會）訪問蔣經國，蔣經國說他會實行民主。也就是說，再搞下去，國民黨的政權基礎會動搖，再鎮壓下去會動搖這個基礎，我是這樣想……我能夠判斷的是，壓力是不是大到蔣不敢再鎮壓一次，因爲蔣經國是會幹這種事的。以前他就一直在幹這種事啊，不管是美麗島或之後的林宅血案，對他來說，不是仁慈不仁慈的問題，而是幹不下去的可能性比較大，我猜啦。我們沒有內幕消息，只能判斷這最大的壓力可能是來自於美國。

在圓山飯店組黨，蔣經國他當然知道啊。所以我就說過，在專制國家，反對運動者不要想說你可以閃得過，你沒有那麼厲害啦，那都不是技術問題，而是統治者要不要出手的問題，所以你不要妄想說蔣經國不知道你在做什麼。我判斷他是知道，但是我們那時候感覺他一定會出手，我們一定會被抓，然後我們要再繼續。所以那時候我們認為他知道，反而是他沒有出手才讓我們意外。

（後來確定他不會抓人是在）圓山組黨幾個月以後，我現在印象是說，後來國民黨要修組政黨法律的類似訊息有出來……那是一個很大的信號，才曉得說他要接受一個合法的在野黨的訊息。

一九八六年組黨運動的貢獻vs.對香港的啓示

組黨成功，爲臺灣帶來一個西方式的民主，讓臺灣在整個歷史的軌跡裡面進入一個新的階段。之前幾百年臺灣長期在殖民時代，一直到國民黨外來政權，而且是殘酷的高壓統治，然後，民進黨成立讓這樣的高壓統治進入一個歷史的墳墓。它開啓一個完全不同的時代，這個新的時代當然又有一些很多新的問題，但那是另外一回事情。

所以，組黨成功，可以打破臺灣人幾百年來的宿命，也是有運氣。在火燒島那麼多前輩，就是歹運，他們沒成功，所以他們付出代價。所以這是一個歷史上永遠爭論不完的問題，就是說，是時勢創造嗎？還是人去創造？誰曉得呢？所以，最不負責任的講法就是說，這是一個互動的結果，這就是最無聊的讀書人在說的。

反觀香港反送中到現在，香港他們（行動的力道）比我們好得多，他們比較歹運而已。坦白說，當年黨外如果有像香港現在這樣，組黨早就成功了。香港那是一波一波又一波，搞了好幾年呢！香港現在沒有成功，跟他們面對一個現在正強的中國有關。一九八六組黨的時候，那時候面對一個正弱的國民黨。

所以我就說有很多因素。人的 devote，我願意這樣投入，然後也有一些客觀的環境，還有你的對手，運氣。

像吳乃德講的，人還是很重要，如果沒有這些人，沒有如果不是瘋瘋的傻傻的，不跳下去投入也是不會有成果。

我是瘋瘋傻傻的啊，我從來沒有對政治有興趣……組黨完成後，我準備回芝加哥大學讀完我的博士，手續都辦好了，我的指導教授跟我說：「你要趕快回來，因爲我要退休了，你再不回來，再拖個幾年，我退休了，你要重新辦。」我就去跟江鵬堅辭行，結果他跟我說：「你把它弄了弄，然後讓我做主席，結果你自己要跑掉了？」我就傻住了。我就寫信給指導教授說，我又不能去了。

看三十五年前民進黨成立，我的角度會是說，這個對臺灣人的影響，是一個很大的轉捩點，我是會從這個角度去切入。所以重點不在於張三李四多偉大，而是在於，這是帶給臺灣人一個很大的改變，組黨眞的讓他的生活不一樣了。

一九八六年組黨給現在香港什麼啓示？我跟他們講說，選舉很重要。因爲香港起先也很不滿他們那種鳥籠選舉，我說，臺灣當年也是鳥籠選舉啊，老法統還是多數，但是我說，不要看不起鳥籠的選舉。統治者最怕的就是選舉，因爲這是一個合法的可以讓社會動起來的一個運動，你做什麼他們都有可能說你是非法，但是選舉他不能叫你不能談，即使是鳥籠對社會的影響都很大。

香港現在已經比我們黨外那個時候進步很多，我很佩服他們那種毅力，那種投入，那種創意，是我們這種老人遠遠不及的，遠遠不及啦！

後記與附錄

一、作者後記

通往高峰的奮鬥本身，足以滿足人類的心靈。我們必須想像薛西佛斯是幸福的。

——卡繆《薛西佛斯的神話》／一九四二

歷史是一座迷霧森林。

二〇二〇年初，游院長回憶起創黨經過時，我們一致同意，要趕緊把院長還記得那些在政治暗夜裡的潛行和偷襲，付諸文字，描摹他當年的思想面貌、抉擇、行動，免得零散飄搖的記憶，就此被棄於時代的荒漠。

從享有組黨自由的二〇二一年回望，其實很難想像，當年民主進步黨的誕生，需要多少人的勇氣、謀略，需要國際上民主的浪潮、美國的施壓、蔣經國的晚年等機遇，才能在一九八六那一年打開一道自由的縫隙，讓民進黨僥倖得存。而今，歷經民進黨第一次執政八年的挫敗，第二次全面執政面臨的種種挑戰，有多少民進黨人能不忘創黨初衷，回應政經劇變下社會的召喚？有多人能守住游院長當初「清廉、勤政、愛鄉土」的從政原則？究竟是民進黨改變了臺灣？還是臺灣改變了民進黨？

尚未清晰的答案，使我努力追尋組黨的故事。

爲了讓游院長與那一輩人的選擇爲今日的讀者所知，我在訪談游院長多次、參考歷史文獻與書籍後，以文學敘事的手法，從游院長的敘述觀點，希望帶著讀者走入一九七〇、一九八〇年代，重返組黨的歷史現場。然而，越是追索，越是發現，自己彷彿走入一座迷霧籠罩的森林，每一棵樹，都有自己的生命歷程，以及自己在這座森林中的位置。每一位受訪者對於組黨，都有自己獨特的詮釋與見解。也許，記憶分歧就是歷史眞相的一部分。

因此，爲了避免讓看待歷史的眼睛緊繃於單一焦點，本書也附上曾參與組黨重要人士的口述歷史，期待能拋磚引玉，讓更多快要被湮沒的情感經驗浮現，豐富臺灣衝破黨禁這一段歷史的面向。

很多人批評，民進黨是沒有記憶的政黨，沒有黨史，也就無法以史爲鑑。而書寫需要距離。經過了三十五年後，組黨的時代意義終於顯現。透過一次比一次更深入的努力，我們這一代和下一代終於有能力分辨出，創黨人士們在這座迷霧森林裡的身影，爲他們記錄那薛西佛斯般的行動與不悔。

銘謝：本書特別感謝諸多受訪者，撥冗接受採訪；感謝藍麗娟小姐的專業的編審與寫作建議，使我免於諸多錯誤；感謝薛化元教授為序，為這段故事定下歷史的錨；人生路上，有時風雨有時晴，深深感謝我先生致凱的支持，女兒樂樂和小兒子昀翰的陪伴。

二、致謝受訪者

林樹枝　二〇二〇年七月二十九日
陳清泉　二〇二〇年六月十七日
蔡龍居　二〇二〇年八月三日
陳守國　二〇二〇年八月二十六日
黃輝珍　二〇二〇年八月二十五日
魏耀乾　二〇二〇年八月二十二日
尤　清　二〇二〇年八月二十七日
周清玉　二〇二〇年六月四日
謝長廷　二〇二〇年十二月四日
康寧祥　二〇二〇年八月四日、二〇二〇年九月十五日

邱義仁	二〇二一年三月二十九日
陳　菊	二〇二〇年九月三十日
王家驊	二〇二一年四月六日
郭吉仁	二〇二一年五月十四日
李勝雄	二〇二一年五月十四日
紀萬生	二〇二一年一月三十日
游錫堃	二〇二〇年五月二十七日、二〇二〇年六月三日 二〇二〇年六月十一日、二〇二〇年八月二十日 二〇二〇年九月二十四日、二〇二〇年九月二十八日 二〇二〇年十月二十二日、二〇二〇年十一月二十三日 二〇二〇年十一月二十九日、二〇二一年一月三十日 二〇二一年二月十九日、二〇二一年三月二十二日 二〇二一年四月十二日

三、二〇二〇年圓山組黨三十四週年聚首致詞文：向民進黨助產士致敬

游錫堃

〈庚子年緬懷圓山創黨人〉

創黨風馳卅四秋，
凋零近半惹心憂；
功成身退誰人問？
慶幸當年壯志酬。

康寧祥前輩、姚嘉文賢伉儷、蘇貞昌院長、顏錦福副召集人、蔡龍居副召集人，各位參與三十四年前，圓山創黨會議的先進大家好！

首先我以「一九八六黨外選舉後援會召集人」身分，誠懇感謝各位戰友撥空參加今天的聚會，有一些人多年未遇，乍見不勝吁噓！看到幾位抱病參加的老戰友，

心中無比感動！想到有四十四人離世而不得參加，我心中感到內疚！藉此特別向大家表示歉意！照說二〇〇〇年政黨輪替、實現我們的組黨目標時就應該聚會，但因爲我的大意，這個聚會整整晚了二十年！

天佑臺灣！臺灣是華人文化圈的第一個民主國家，民進黨是華人文化圈的第一個民主政黨；成立後不到一年「戒嚴解除」，六年「終結萬年國會」，十年「總統直選」，十四年「政黨輪替」，三十年「完全執政」。這個獨特的民主化歷程，使臺灣成爲國際眼中的民主典範、也使臺灣與香港命運不同，這也是香港「反送中」提出五大訴求特別要求「雙普選」的原因。

圓山組黨成功是臺灣一九八〇年代一整代人的共同貢獻，也就是說那一整代人都是民進黨的創黨人，我以身爲那一代人爲榮。圓山組黨的當年還是黨禁、報禁的戒嚴時期，政治氣氛嚴峻。在那之前的數十年間，組黨一直是國民黨當局的最大禁忌，一九六〇雷震事件、一九七九美麗島事件以及其他政治迫害事件，證明戒嚴時期任何人組黨都可能面對入獄的下場。

曾經有人提出「圓山組黨」是蔣經國默許的，甚至說是暗中主導的，我認爲那是嚴重的錯誤。回顧一九七九到一九八六年間，也就是「圓山組黨」的前八年內，是一個臺灣的政治黑暗期，除了一九七九「美麗島事件」外，還先後發生多起的

「政治暗殺」與「司法迫害」。政治暗殺有一九八〇「林宅血案」、一九八一「陳文成命案」、一九八四「江南命案」；司法迫害，單單一九八六年黨外公政會臺北市及首都兩個分會成立的半年內就有五月三十一日「蓬萊島事件」、六月二日「鄭南榕收押」、八月六日「顏錦福判刑」、九月三日「林正杰判刑」等四案。由以上事件得知組黨當年是一個充滿政治迫害風險的年代。

民進黨成立固然是計畫性的密謀，但在座各位創黨人不畏不懼、勇於承擔，才是組黨成功最關鍵的因素。記得組黨順利開展之後，尤清同志曾開玩笑以民進黨助產士加封於我，今天我要告訴大家，眞正的助產士是在座的各位，也就是敢在嚴峻的戒嚴體制下親手簽上自己名字參加創黨的一百三十五人，所以大家都是民進黨的助產士，錫堃藉此向大家表達崇高敬意，同時也要對在您們身邊默默支持的家人表達誠摯地感謝！

圓山組黨已經過了三十四年，有一些創黨人業已身故，但這一百三十五位「民進黨助產士」永遠是不可取代、功不可沒的民主鬥士。在圓山組黨當天簽署的原件未找到之前，臺灣歷史不應該遺忘你們的名字，所以數月來，我請工作同仁盡量蒐集資料並藉錄影帶反覆核對名單。錫堃也想藉今天的敘舊，請大家幫忙確認當年參加聯署的大名，避免錯誤或遺漏。未來名單將送民進黨中央黨部，也將是臺灣民主發展史上及華人文化圈民主化不可或缺的重要文獻！

最後再次感謝大家！敬祝大家健康快樂，平安如意！

二〇二〇年九月二十七日

四、民主進步黨創黨人名錄

調查整理：王崇欽

基隆市：李信志、周滄淵、侯永利、陳志成、陳德生、楊家輝、蘇仁和

宜蘭縣：方素敏、李茂全、林和國、張川田、游振亮、游錫堃、黃煌雄
劉燉亮

台北縣：尤清、王兆釧、何文振、李秋遠、林鴻志、洪奇昌、洪茂坤
傅正、廖學廣、鄭余鎮

台北市：王昆和、江鵬堅、吳鐘靈、李百生、周弘憲、周清玉、林一雄
林文郎、林永豐、洪維國、范巽綠、徐明德、高金郎、康文牲
康水木、康寧祥、張晋城、張德銘、許木元、陳勝宏、陳漢卿
費希平、賁馨儀、黃富、黃嘉光、蔡式淵、蔡寬裕、蕭裕珍
謝長廷、藍美津、顏尹謨、顏錦福、魏耀乾

桃園縣：林熺模、張富忠、張貴木、許國泰、黃玉嬌

新竹市：吳秋穀、林茂松、蔡仁堅、魏早炳

新竹縣：林光華

苗栗縣：鄧維賢
台中市：何春木、張溫鷹、陳博文、蔡垂和
台中縣：田再庭、李明憲、黃志達、劉傳明
南投縣：王聰松、紀萬生、徐美英、張芳聞、許榮淑、彭百顯
彰化縣：李讀、翁金珠
雲林縣：朱高正、吳文就、許哲男、黃爾璇、鄭勝助、蘇洪月嬌
台南市：李金億、唐瑞明、張國堂、蔡介雄
台南縣：陳耀、謝三升
高雄市：王義雄、朱勝號、李慶雄、周平德、林黎琤、張俊雄、莊源榮
郭緄麟、陳永昌、陳武勳、黃天生、黃昭輝、蔡龍居、顏陳秀鑾
高雄縣：余玲雅、余政憲、陳振福、劉文福、蘇培源
屏東縣：邱連輝、蕭長德、簡明福、蘇貞昌、蘇嘉全
花蓮縣：詹森泉
工作人員：呂吉清、林樹枝、范德雄、陳清泉、陳陶銘、廖耀松、鍾朝雄

說明：

一、以上照地區依姓氏筆畫排序。

二、民主進步黨創黨人（「圓山組黨」發起人）簽名簿未公布。

三、本名單係依現場錄影輔以出席者交叉比對，再經訪談後所得，計一百二十九人。

四、年代久遠，如有誤植，歡迎隨時指正。

五、註解與參考文獻

推薦序：民進黨組黨與臺灣民主政治發展　薛化元

1 一九三七年，國民黨跟中國青年黨、中國國家社會黨（中國民主社會黨的前身）互換文件，國民黨承認它們是合法的政黨。其後，一九四六年，這三黨共同制憲。一九四七年，這三黨共同行憲。尤其是一九四七年，這三者以外的政黨，都被國民黨當局視爲非法團體。

推薦序：圓山組黨的時代意義　游錫堃

1 若林正丈，二〇一六年四月，《戰後臺灣政治史——中華民國臺灣化的歷程》，國立臺灣大學出版中心，二版一刷，頁一七一。

2 「『臺灣轉型正義資料庫』以威權統治時期政治案件之受裁判人案件爲單位，截至二〇二一年二月二十六日發表會前，受裁判人總計一萬三千兩百六十八人。」詳見：促轉會，二〇二一年三月二十二日，〈臺灣轉型正義資料庫中之政治案件統計圖表〉。

「根據法務部向立法院所提之一份報告的資料顯示，戒嚴時期，軍事法庭受理的政治案件兩萬九千四百零七件，無辜被害者約十四萬人。根據司法院透露，政治案件約六、七萬件，如以每案平均三人計算，受軍事審判的政治受難人，應當在二十萬人以上，他們就是『白色恐怖』的犧牲者。」詳見：魏廷朝，一九九七年，《台灣人權報告書（1949-1996）》，臺北：文英堂。

3 康寧祥，陳政農，二〇一三年十一月，《臺灣，打拼——康寧祥回憶錄》，允晨文化，頁四〇。

4 康寧祥，陳政農，二〇一三年十一月，《臺灣，打拼——康寧祥回憶錄》，允晨文化，頁四〇。

5 康寧祥，陳政農，二〇一三年十一月，《臺灣，打拼——康寧祥回憶錄》，允晨文化，頁四〇。

6 沈建德，二〇二〇年七月三日，〈自由廣場：如果當初香港獨立……〉，《自由時報》。

7 當時香港菁英的主流態度，「在《中英聯合聲明》草簽前幾個月，一九八四年八月十日的《明報》《信報》《南華早報》等大報章，刊登了一百三十二人聯署的全版聲明，吳靄儀參與了聯署，就連後來千夫所指的第三任特首梁振英也名列其中。這份聲明名為《我們接受時代的挑戰》，對即將公布的《中英聯合聲明》，對中、英兩國實踐承諾，及對港人有創造光明前途的能力表示信心，並呼籲全港市民共同努力。」詳見：余杰，二〇一九年九月二十四日，〈余杰專欄：當普通法遇到共產黨——讀吳靄儀《拱心石下：從政十八年》〉，《上報》。

第一部 自由的窄門

一、序章

1 臺灣省議員：在一九九二年國會全面改選之前，臺灣省議會是臺灣省最高民意殿堂，定期選出代表臺灣民意的省議員。省議員比立委、國代有基層民意基礎，是當時眞正能反映臺灣社會的民意代表。游錫堃於一九八一年十二月當選並就任第七屆臺灣省議員、一九八五年十二月當選連任第八屆臺灣省議員。

2 公政會：由一九八三黨外選舉後援會解散後，轉化為一九八四年五月十一日成立之黨外組織，首任理事長為費希平，祕書長為林正杰。初期以公職人員為會員，一九八五年十二月二十六日才開放非公職人員入會。

3 一九八六年底，中央政府舉辦增額國大代表、立法委員選舉。直到一九八九年才會再舉辦縣市長、省議員、市議員、立法委員選舉。

4 引述自黃石公資料庫，二〇一〇年五月二十二日，〈民進黨建黨祕辛一九八六 0927【土】組黨綜合會議第三次〉，《黃爾璇日記》。

5 九二八當天，有一百多人與會，第一次發起人簽名有一百二十三位與會人士，加上九位工作人員簽名。到了下午組黨會議結束前，有三人補簽，共有一百三十五人簽名，這一百三十五人後來成爲創黨發起人。

6 詳見一九八六年九月二十九日，《自立晚報》。

二、無人知曉我姓名

1 此致詞稿由一九八六黨外選舉後援會執行祕書陳清泉撰寫，預定於九月二十八日的「一九八六黨外候選人推薦大會」，由大會主席游錫堃致詞。現場致詞文詳見第五章。

2 日治時期蔣渭水曾創臺灣民眾黨，是臺灣第一個政黨。此處指的是一九四五年國民黨遷占臺灣之後的兩次組黨運動，一九六〇年雷震組中國民主黨，和一九七九年的美麗島政團組黨。

3 〈反攻大陸去〉是中國國民黨政權在一九五〇年代爲宣傳反共抗俄而做的「愛國歌曲」。曲：李中和，詞：精舒。

4 傅正主編，一九九〇，《雷震全集（三十九）——雷震日記（一九五七～一九五八）第一個十年（7）》，頁一六五，傅正註，桂冠圖書出版社。唯一參與兩次祕密組黨的傅正，在校著《雷震日記》時，感慨反省：「雷先生所犯的最大錯誤，也是當時民主人士最大的錯誤，便是將籌組反對黨領導人的希望，完全放在胡適身上。」

5 周清玉旋風與方素敏旋風：在美麗島事件後，其中的兩位受難者家屬，姚嘉文之妻周清玉於一九八〇年代表黨外投入選舉，在臺北市以第一高票當選國代，林義雄之妻方素敏則於一九八三年在第一選區（北基宜）以第一高票當選立委。

6 羅商：宜蘭縣立羅東商業職業補習學校，一九五二年創校，僅招收中級部，限修三年。游錫堃於一九六九年考進夜間補校，半工半讀。一九七九年起，數度改制。二〇〇〇年改制爲國立羅東高級商業職業學校。

7 宜農：臺灣省立宜蘭農工職業學校。前身爲一九二六年日治時期創立的臺北州立宜蘭農林學校，其後數度改制，二〇〇三年改制爲國立宜蘭大學。

8 羅馬賓館：該地址爲羅馬大樓，郭雨新的服務處設在此。由於該大樓也有附設賓館，因此俗稱羅馬賓館。

9 引述自張文隆，陳儀深，許文堂，二〇〇八年五月，《郭雨新先生行誼訪談錄》，國史館出版，頁二九九。

10 因爲選舉舞弊，憤怒的群眾下午開始包圍中壢分局。許信良競選總部的大字報寫著：「只有共產黨才作票，打死共產黨，發現作票立即喊打！」下午三點多，群眾扔石頭，砸破警察局玻璃窗。傍晚，群眾開始推倒警車，掀翻鎮暴車。在夜色中，流血衝突加劇，群眾放火燒車。詳見：胡慧玲，二〇一三年九月，《百年追求：臺灣民主運動的故事卷三，民主的浪潮》，衛城出版社，頁九二。

11 臺大教授陳明通認爲，一九七七年的地方選舉，國民黨有意與地方基層派系脫鉤，推動派系替代政策，導致地方派系反彈，幫助黨外人士當選。國民黨與地方派系的統治聯盟出現分裂，爲臺灣帶來政治民主化的契機。詳見：陳明通，一九九五年十月，《派系政治與臺灣政治變遷》，新自然主義出版社，頁二六八至頁二七〇。

12 致理商專：致理商業專科學校。游錫堃就讀夜間部，白天在利臺紡織公司上班，一九七五年畢業。二〇一五年改名爲致理科技大學。

13 虎落平陽：一九七五年，黨外領袖郭雨新投入第一次立委增額選舉，此時正是蔣介石時代結束、蔣經國時代正式登場的過渡期。郭雨新獲八萬多票，廢票卻多達八萬票，引發社會不滿。郭雨新委託林義雄、姚嘉文兩位律師，控告林榮三賄選，但終被臺灣高等法院駁回。林、姚把選戰風波寫成《虎落平陽》，成爲黨外時期的民主啟蒙教材。

14 游錫堃受訪自承：「很多年後我才知道，母親當時不只是質疑我參政的條件，更多的是二二八事件的陰影，憂心我投身反對運動。」

15 宜蘭縣冬山鄉安平村的大伯爺坑，這裡對游錫堃有特別意義。小時候，游錫堃長兄夭折後，游母帶著游錫堃去安平村的介之推廟祈願，讓游錫堃做介之推的寄子。不愛名利、民間尊稱爲大伯爺的介之推形象，從此伴隨游錫堃長大。

16 一九七〇年代的外交危機與蔣經國的權力繼承，以及其黨國體制的調整，爲反對派提供了新的發展條件。即使在戒嚴下，因爲是體制內所舉行的公職選舉，選舉活動期間對於言論或政治活動的取締較爲緩和。而且，對於當選的公職，執政當局也要表示一定的尊重才行。其中，便出現了一種「自由的縫隙」，新的參與者趁隙而入，使得「自由的縫隙」成爲一種公共資產並逐漸普及。黨外的誕生和成長，就是在這樣的機制下，撼動了黨國體制的脆弱環節，甚至導致了體制與反體制之間成爲政治新分水嶺的衝突——一九七九年十二月的美麗島事件。詳見若林正丈，二〇一四年五月初版二刷，《戰後臺灣政治史——中華民國臺灣化的歷程》，臺大出版中心，頁一七三。

17 康寧祥論述，陳政農編撰，二〇一三年十二月，《臺灣，打拼：康寧祥回憶錄》，允晨文化，頁二四〇至二四一。

三、組黨！阻擋！

1 江南命案：一九八四年十月十五日，華裔美籍作家劉宜良（筆名江南），遭到竹聯幫總堂主陳啓禮與該幫成員吳敦、董桂森暗殺，美國FBI迅速破案，背後主使者爲蔣經國政權的國防部軍事情報局。此案讓國民黨在美國形象跌落谷底。事發後，教唆暗殺江南的國防部軍情局長汪希苓、副局長胡儀敏和陳虎門被軍法審判。被指涉案的蔣孝武被派往新加坡，淡出權力核心，蔣家後代接班無望。

2 礦災：一九八四年臺灣發生三起嚴重煤礦災禍。九份的煤山礦災導致一〇三人死亡罹難，土城的海山礦災有七十四人罹難，三峽的海山礦災有九十三人罹難，是臺灣礦業史最黑暗的一年。

3 十信案：臺北十信曾是臺灣規模最大、歷史最久的信用合作社，存款金額最多曾達一百七十一億元。一九八五年一月底，臺北市財政局調查違規，十信各分社出現擠兌潮。二月，臺北十信委由合作金庫代管。其董事長、時任立委的蔡辰洲也因違反《票據法》被捕。這是一九八〇年代最大的金融弊案。

4 一九七九年，時任桃園縣長的許信良等黨外人士，爲聲援國民黨政府以叛亂罪之名逮捕的余登發父子，發起了高雄橋頭示威遊行，乃臺灣在戒嚴時期，首次自發性的遊行集會，許信良因此被國民黨彈劾縣長一職，同年十二月前往美國即被拒絕入境臺灣。許滯留美國時，曾公開宣布要在一九八六年十月召開「臺灣民主黨」成立大會，後因一九八六年九月二十八日圓山組黨，許才放棄組黨。直至一九八九年，才偷渡回臺。

5 引述自陳信傑，二〇〇〇年六月，〈民主進步黨的創黨過程外省精英分子所扮演的角色〉，文化大學政治學研究所碩士論文，頁五二。

6 引述自杜斯妥，一九八六年九月二十九日，《新觀點週刊》，頁一七。

7 康寧祥：臺北艋舺的餅店之子，很早就認識家裡後巷的史學家與社會運動家王詩琅，中興法商畢業後，在中油當了七年的加油站員工。一九六九年，三十一歲的康寧祥，沒人脈、沒錢、沒黨派，卻高票當選臺北市市議員。三十四歲又高票當選立委。美國國務院多次邀請他到美國巡迴訪問，是一九七〇年代黨外領袖。他出版的《臺灣政論》《八十年代》雜誌，是黨外重要的人才培育平臺與傳播工具。

8 有關第二次溝通會議中的與會者對話，部分出自尤清採訪，部分引述自：黃石公資料庫，二〇一〇年五月十六日，〈民進黨建黨祕辛（第一階段B）一九八六 0406-0702〉中之0525，《黃爾璇日記》。

9 蓬萊島案：時任臺北市議員的陳水扁，擔任《蓬萊島雜誌》社長，這份雜誌由美麗島事件受刑人黃信介胞弟黃天福創辦，李逸洋任總編輯。一九八四年六月十九日出刊的《蓬萊島週刊》當中的〈梅可望當家，東海沒可望〉一文，批評東海大學哲學研究所所長、時任蔣經國英文祕書馮滬祥之論文《新馬克思主義批判》是「以翻譯代替著作」。爲此，馮滬祥控告《蓬萊島雜誌》誹謗。一九八五年一月，雜誌社發行人黃天福、社長陳水扁、總編輯李逸洋初審被判一年有期徒刑、賠款兩百萬元。三人被稱爲「蓬萊島三君子」。陳水扁也宣布辭去臺北市議員。九月，陳水扁獲黨外推薦參加臺南縣長選舉。十一月選舉失敗，其妻吳淑珍代夫謝票發生車禍，下半身癱瘓。

10 組黨說明會的各種演講者發言，部分出自尤清採訪，部分引述自黃爾璇一九八六年五月二十五日的日記。詳見：黃石公資料庫，二〇一〇年五月十六日，〈民進黨建黨祕辛（第一階段B）一九八六 0406-0702〉，《黃爾璇日記》。

11 摘述自王文威，一九八六年八月二十五日，〈組黨，不只要武裝戰士，更要武裝群眾：一二〇〇秒的鎮暴演出〉，《新潮流月刊》第四卷，頁四至頁九。

12 十人祕密組黨小組：一九八六年七月三日由傅正祕密成立，邀集費希平、江鵬堅、張俊雄、尤清、黃爾璇、周清玉、謝長廷、陳菊爲成員共同成立。第二次會議增邀游錫堃加入，主要任務是研擬黨綱黨章。傅正稱之爲「組黨十人小組」。

13 事實上，黨外選舉後援會這樣的臨時性組織，早在先前就成立過，都是黨外陣營爲了選舉而組成的臨時性組織，任務是擬定共同政見、協調候選人、推薦候選人、組成中央助選團來輔選。「一九八三黨外選舉後援會」「一九八五黨外選舉後援會」，都是在選舉之後就解散。八月二十四日，游錫堃被選爲「一九八六黨外選舉後援會」召集人，這個後援會也是爲了一九八六年底選舉成立。

14 康寧祥論述，陳政農編撰，二〇一三年十二月，《臺灣，打拼：康寧祥回憶錄》，允晨文化，頁四〇三。

15 康寧祥論述，陳政農編撰，二〇一三年十二月，《臺灣，打拼：康寧祥回憶錄》，允晨文化，頁四〇六。

16 田秋堇，一九八六年九月二十日，〈訪一九八六黨外選舉後援會執委會召集人游錫堃：談選舉與組黨〉，《噶瑪蘭週刊》，第二十期，第六版、第七版。

17 黃石公資料庫，二〇一〇年五月十一日，〈民進黨建黨祕辛（第一階段A）一九八五年十二月三十一日第二次組黨籌備會尤宅七人談組黨〉，《黃爾璇日記》。

18 黃石公資料庫，二〇一〇年五月十一日，〈民進黨建黨祕辛（第一階段A）一九八五年十二月三十一日第二次組黨籌備會尤宅七人談組黨〉，《黃爾璇日記》。

四、燈塔下的陰影

1 陳柔縉整理、游錫堃口述，一九九二年三月二十二日，〈組黨那時候我們對太太都要保密〉，《新新聞周刊》，第二六三期。

2 詳見：田秋堇，一九八六年十月四日，〈大江東流擋不住，訪：陳定南、游錫堃、張川田、黃煌雄談組黨〉，《噶瑪蘭週刊》，第二十二期，第六版。

五、誰怕國民黨？

1 尤清提出新增組黨討論案的動議後，又補充六點說明：第一，後援會是過渡性質的組織，我們的目標是要組黨。組黨的時機，大家都認爲今年最好，而今年又以今天最好。第二，組黨的準備工作已經做好，公政會的組黨行憲工作委員會，和編聯會的組黨工作小組對於黨章、黨綱均已草擬完成。第三，黨章、黨綱都已經有現成的可用。第四，徵求發起人，今天大家都可以當發起人。第五，黨名的訂定，現在已經有民主進步黨、自由進步黨、自由黨、臺灣民主黨，只要大家通過也可以共同決定。第六，成立發起人大會，如果來不及，可委託後援會及推選代表組成工作小組，將公政會及編聯會的綱領做一個整理，訂定組織章程。引述自：一九八六年十月五日，〈新黨誕生了——九二八民主進步黨成立盛況記實〉，《亞洲人雙周刊》，一一八號，頁四。

2 江楓，一九八六年十月六日，〈組黨那天——九二八圓山大會實錄〉，《開拓時代》周刊，第一百四十期，頁四至頁十一。

3 與會者在組黨討論案時的發言內容，引述自：一九八六年九月二十八日，《一九八六年九月二十八日黨外選舉後援會第三次會員大會》，【影片】，（無限映像：臺北）。

4 許信良公開表示在一九八六年十月四日要在美國成立臺灣民主黨。朱高正此言是回應許信良組黨行動。

5 朱高正多年後回憶，時任國安局局長的宋心濂，事後多年曾跟他說：「我們搜集到的情報顯示，後援會只是要成立『組黨籌備委員會』，沒想到你天外飛來一筆的提議，打亂我們整個佈局。其實，我們當時都有派人進行竊聽，特別是你的講話我前後聽了五、六次之多，越聽越覺得不對勁。後來七海官邸打電話來，要我即刻向總統報告圓山大飯店內的狀況。我一開始的建議是『依法處理』，也就是準備動手逮捕相關人員，但是後來覺得此舉不妥，於是又加了一個『暫緩處理』的方案，兩案併陳，請總統裁決。詳見：陳儀深主訪，二〇一三年十二月，《從建黨到執政》，前衛出版社，頁一九。

6 這兩句標語，是游錫堃事先構思的。九月二十八日上午在大會中決議通過，成爲一九八六年黨外候選人的共同標語。

7 本段落民進黨成立記者會發言內容引述自：江楓，一九八六年十月六日，〈組黨那天——九二八圓山大會實錄〉，《開拓時代》周刊，第一四〇期，頁四至頁一一。

8 二條一：《動員戡亂時期懲治叛亂條例》第二條第一項：凡觸犯刑法第一〇〇條至第一〇四條者，處唯一死刑。是白色恐怖時期國民黨國家機器用來對付異議人士之惡法。一九九一年五月因「獨臺會案」引爆輿論及學界遊行抗議，因而在立法院廢除。

9 整理自：一九八六年十月五日，〈新黨誕生了——九二八民主進步黨成立盛況記實〉，《亞洲人雙周刊》一一八號，頁四。

六、那隻看不見的手

1 詳見促進轉型正義委員會於二〇二〇年公布的資料。

2 二〇二〇年陳守國接受筆者採訪時說：「很久以後，我才了解，在那個關鍵時刻，余老闆是多麼渴望一點點支持的力量。」

3 北美洲臺灣人教授協會：一九八〇年四月二十四日由時任芝加哥大學教授的廖述宗創立，在海外關心、救援美麗島事件、陳文成事件，並邀請康寧祥、尤清等人赴美訪問等。廖述宗爲臺灣前輩畫家廖繼春之子，畢生奉獻於臺灣民主運動。

4 陳儀深，二〇一三年十二月，《從建黨到執政》，玉山社出版，頁一五〇。

5 康寧祥論述，陳政農編撰，二〇一三年十一月，《臺灣，打拼：康寧祥回憶錄》，允晨文化出版，頁四一六。

6 李登輝，二〇〇四，《見證臺灣——蔣經國與我》，允晨文化出版，頁一八七至頁一八八。

七、關鍵十日

1 一九八六年九月三十日，〈康寧祥等三人加入行列，黨外組黨委員湊成十人〉，《民眾日報》，二版。

2 王崇欽，「從黨外到民進黨創黨歷程組織系統表」。詳見BOX1。

3 一九八六年十月三日，〈執政黨對戒嚴與組黨初步結論 連夜送蔣主席核示 截至今天上午結果尚不知〉，《自立晚報》，二版。

4 一九八六年十月三日，〈華府看無黨籍人士組黨問題〉，《聯合報》，二版。

5 胡慧玲，二〇一三年九月，《百年追求：臺灣民主運動的故事卷三，民主的浪潮》，衛城出版社，頁二九八。

6 一九八六年十月一日，〈黨外宣布組黨，甘迺迪等來電致意〉，《自立晚報》二版。

7 一九八六年十月三日，〈執政黨對兩大政治議題已原則決定，戒嚴令儘速於適當時機解除，政治社團將可成為合法團體〉，《聯合報》，二版。

8 田秋堇，一九八六年九月二十日，〈訪一九八六黨外選舉後援會執委會召集人游錫堃：談選舉與組黨〉，《噶瑪蘭週刊》，第二十期，第六版、第七版。

9 二〇一一年，〈進步的軌跡：一九八六他們為臺灣超前部署〉，《天下雜誌》。

10 李登輝，二〇〇四，《見證臺灣——蔣經國與我》，允晨文化出版，頁一九一。

11 一九八三黨外選舉後援會：召集人費希平，祕書長游錫堃，以推薦及輔選黨外增額國代、立委為任務。由二十多位黨外中央民代、省市議員共同成立。

12 黨外編輯作家聯誼會：創會會長林濁水，第二屆會長張富忠，第三屆會長邱義仁，第四屆會長吳乃仁，第五屆會長洪奇昌。

13 黨外公職人員公共政策研究會：第一屆理事長費希平、祕書長林正杰，第二屆理事長尤清、祕書長謝長廷，第三屆理事長顏錦福、祕書長謝長廷。一九八五年十二月二十六日召開會員大會，修改章程去除「公職人員」字樣。

14 十人祕密組黨小組：成員有費希平、傅正、江鵬堅、張俊雄、尤清、黃爾璇、周清玉、謝長廷、游錫堃、陳菊，七月起每週五晚上齊聚周清玉家研擬黨章、黨綱及創黨宣言。

15 一九八五黨外選舉後援會：召集人張俊雄，以輔選省市議員、縣市長為任務。

16 一九八六黨外選舉後援會：召集人游錫堃，執行祕書陳清泉，以推薦及輔選黨外增額國代、立委爲任務，祕密籌備選前組黨工作。

17 圓山組黨預備會議：「一九八六黨外選舉後援會」促成於九月二十七日召開，協調九月二十八日「一九八六黨外選舉後援會」第三次會員大會變更議程新增「組黨討論案」。

18 民主進步黨成立：「一九八六黨外選舉後援會」完成國代、立委推薦及組黨討論案。於下午六點〇六分召開記者會宣布民進黨成立，由費希平、尤清、謝長廷、游錫堃、顏錦福、黃爾璇、傅正組成七人「建黨工作小組」。

19 建黨工作小組第一次會議：「建黨工作小組」開會，康寧祥列席。決定增加康寧祥、江鵬堅、洪奇昌擴充成爲十人「建黨工作小組」。

20 建黨工作小組第二次會議：「建黨工作小組」增加張俊雄、許榮淑開會。決定擴充成十八人。

21 建黨工作小組第三次會議：十八人「建黨工作小組」成員包括江鵬堅、費希平、康寧祥、張俊雄、尤清、傅正、黃爾璇、謝長廷、蘇貞昌、游錫堃、洪奇昌、邱義仁、顏錦福、周滄淵、周清玉、郭吉仁、陳菊、許榮淑。

22 民進黨第一屆第一次全國黨員代表大會：在環亞大飯店舉行。會後召開中央執行委員會，選出首任主席江鵬堅及十一席中常委。

23 增額立委、國代選舉結果：民進黨立委二十四・七八%（十二席）、國代二十二・二一%（十一席）。

24 一九八六黨外選舉後援會組織解散：十二月二十一日黨外選舉後援會第四次會員大會。召集人游錫堃報告選舉結果。任務圓滿完成，組織解散。

八、街頭即戰場

1 嘉義市中央噴水池：嘉義市中山路與文化路交叉口圓環，各路候選人演講吸引關心時政之人潮而聞名，是嘉義市民主聖地。一九六九年時任嘉義市長許世賢提案興建，卻因縣府阻撓膠著。由於曾任臺灣省議員的許世賢曾被譽為「省議會五龍一鳳」，頗具黨外民氣，因而許世賢順利爭取到省政府預算，於一九七〇年完工。

2 一九八六年九月二十八日（週日）、二十九日（週一）是教師節連假。黨外人士在九月二十八日週日組黨，國民黨週一措手不及，游錫堃常在當年的演講中提到戲稱國民黨官員周六晚就開始放鬆，週日打麻將，往往博得群眾笑聲。

3 捐款數目引述自康寧祥論述、陳政農編撰，二〇一三年十一月，《臺灣，打拼：康寧祥回憶錄》，允晨文化，頁四二三。

4 筆者二〇二〇年採訪游錫堃，他觀察，衝破黨禁後，一九八七年平均每天有五起群眾抗議。

5 游錫堃擔任一九八六黨外選舉後援會召集人之前，他選在一九八六年的母親節創辦了《噶瑪蘭週刊》，除了想要培育政治人才，也讓《噶瑪蘭週刊》成為宜蘭社會運動的核心場域。

6 游錫堃、劉守成，一九八六年十一月十五日，《噶瑪蘭週刊》，第二十八期，一版。

7 宜蘭反蘇火運動：宜蘭環保運動史上的關鍵事件。一九八一年行政院公布，欲於宜蘭縣蘇澳鎮北方澳北側至大坑罟南側設置火力發電廠，地方上反對。一九八六年十月十八日，《噶瑪蘭週刊》首度披露蘇澳火力發電廠設廠事宜，宜蘭人激烈反對。一九九二年縣長游錫堃在蘇火預定地無尾港設置水鳥保護區（全國首座依《野生動物保育法》公告設立之水鳥保護區）應對。臺電屢次覓址設廠皆遭抗爭，反蘇火運動延燒為反火電運動，臺電知難而退，於一九九五年宣布蘇火計畫告終。宜蘭人結束持續九年的反蘇火運動。宜蘭人反對臺塑在宜蘭利澤工業區設高汙染性的工廠，歷時五年，是在地性、自發性的環保運動。宜蘭人咸認此爲宜蘭環境永續發展的關鍵。一九九一年臺塑將六輕案轉至雲林縣麥寮。

8 游錫堃，一九九六年十二月，《臺灣省參議會、臨時省議會暨省議會時期口述歷史訪談計畫：游錫堃先生訪談錄》，臺灣省諮議會編印，頁八四。

九、自由的窄門

1 一九八六年十一月十日全代會閉會後，民進黨新黨之夜的敘述段落，詳見：林啓進，一九八六年十一月十七日，〈民進黨萬歲！記十一月十日新黨之夜〉，《新觀點週刊》，頁二三至頁二五。

2 元穠茶藝館：當時黨外人士聚會重鎮，尚未從政時的蘇治芬偕友人開設。

3 非常時期人民團體組織法：簡稱人團法，是箝制人民結社的惡法。一九四二年國民政府制定公布，之後遷臺沿用施行。一九八九年一月更名爲《動員戡亂時期人民團體法》，一九九二年更名爲《人民團體法》。

4 黃石公資料庫，二〇一〇年六月十九日，〈民進黨建黨祕辛（第三階段）一九八六 0928-1112〉，《黃爾璇日記》。

5 康寧祥論述、陳政農編撰，二〇一三年十一月，《臺灣，打拼：康寧祥回憶錄》，允晨文化，頁四三一。

6 康寧祥論述、陳政農編撰，二〇一三年十一月，《臺灣，打拼：康寧祥回憶錄》，允晨文化，頁四二五。

7 立法院公報，一九八四年十一月二十一日，〈立法院內政委員會第七十四會期第十二次全體委員會議紀錄〉七十四卷，十三期，頁六至十二。

8 風雲論壇社，一九八六年十二月一日，《透視黨外組黨》，臺北：風雲論壇社，頁一七八。

9 謝三升、蘇貞昌、游錫堃，一九八五年，《省議員集體總辭事件》，作者自印。

10 薛化元，一九九一年七月，《臺灣歷史年表終戰篇III》，臺北市：國策中心，頁二一二。

11 本刊專欄組，一九八六年一月六日，〈一九八六年黨外組黨年？〉，《先鋒時代週刊》，第〇〇〇九卷期，頁四二。

12 鄭經，一九八六年一月十三日，〈阻擋組黨-國民黨將訂戒嚴法施行細則〉，《先鋒時代週刊》，第〇〇一〇卷期，頁五八。

13 陳信傑，二〇〇〇年六月，〈民主進步黨的創黨過程外省菁英分子所扮演的角色〉，文化大學政治學研究所碩士論文，頁五二。

14 陳信傑，二〇〇〇年六月，〈民主進步黨的創黨過程外省菁英分子所扮演的角色〉，文化大學政治學研究所碩士論文，頁五二。

15 陳信傑，二〇〇〇年六月，〈民主進步黨的創黨過程外省菁英分子所扮演的角色〉，文化大學政治學研究所碩士論文，頁五二。

16 一九八六年五月八日，〈學者表示執政黨蔣主席談話語重心長 建議黨內外誠意的溝通 尋求共識作必要的讓步〉，《自立晚報》，第二版。

17 杜斯妥，一九八六年九月二十九日，〈溝通死了!·現階段政情分析〉，《新觀點周刊》，第〇〇二七期，頁一七。

18 杜斯妥，一九八六年九月二十九日，〈溝通死了!·現階段政情分析〉，《新觀點周刊》，第〇〇二七期，頁一八。

19 胡慧玲，二〇〇一年四月十六日，〈史詩未成・唯待後續：十二年前鄭南榕的那把火〉，《吳三連臺灣史料基金會》。

20 杜斯妥，一九八六年九月二十九日，〈溝通死了！現階段政情分析〉，《新觀點周刊》，第〇〇〇二七期，頁一八。

21 陳明遠，一九八六年十月六日，〈組黨大事記〉，《開拓時代週刊》，第〇一四〇期，頁六一。

22 康寧祥論述，陳政農編撰，二〇一三年十一月，《臺灣，打拼：康寧祥回憶錄》，允晨文化，頁四〇三。

23 杜斯妥，一九八六年九月二十九日，〈溝通死了！現階段政情分析〉，《新觀點周刊》，第〇〇二七期，頁一八。

24 杜斯妥，一九八六年九月二十九日，〈溝通死了！現階段政情分析〉，《新觀點周刊》，第〇〇二七期，頁一八。

25 一九八六年八月十五日，〈黨外動態——顏錦福受迫害〉，《新臺政論半月刊》，第〇〇〇七期，頁三七。

26 杜斯妥，一九八六年九月二十九日，〈溝通死了！現階段政情分析〉，《新觀點周刊》，第〇〇二七期，頁一八。

27 一九八六年十二月，〈臺灣已邁入政黨選舉的新紀元〉，《一九八六黨外選舉後援會綜合報告》，頁四五至頁四六。

28 杜斯妥，一九八六年九月二十九日，〈溝通死了！現階段政情分析〉，《新觀點周刊》，第〇〇二七期，頁一八。

29 一九八六年十二月，〈臺灣已邁入政黨選舉的新紀元〉，《一九八六黨外選舉後援會綜合報告》，頁七五。

30 風雲論壇編輯委員會，一九八六年十二月一日，《透視黨外組黨》，臺北：風雲論壇社，頁一八二。

31 薛化元，一九九一年七月，《臺灣歷史年表終戰篇III》，臺北市：國策中心，頁二四六。

32 一九八六年十二月，〈臺灣已邁入政黨選舉的新紀元〉，《一九八六黨外選舉後援會綜合報告》，頁四九。

33 一九八六年十二月，〈臺灣已邁入政黨選舉的新紀元〉，《一九八六黨外選舉後援會綜合報告》，頁五〇。

34 杜斯妥，一九八六年九月二十九日，〈溝通死了！現階段政情分析〉，《新觀點周刊》，第〇〇二七期，頁一九。

35 杜斯妥，一九八六年九月二十九日，〈溝通死了！現階段政情分析〉，《新觀點周刊》，第〇〇二七期，頁一九。

36 徐曼青，一九八六年九月二十二日，〈先組黨再溝通?!〉，《開拓時代週刊》，第一三八卷，頁一五。

37 一九八六年九月十七日，〈黨內外恢復溝通〉，《中國時報》，第二版。

38 徐曼青，一九八六年九月二十二日，〈先組黨再溝通?!〉，《開拓時代週刊》，第一三八卷，頁一五。

39 杜斯妥，一九八六年九月二十九日，〈溝通死了！現階段政情分析〉，《新觀點周刊》，第〇〇二七期，頁一九。

40 田秋堇，一九八六年九月二十日，〈訪一九八六黨外選舉後援會執委會召集人游錫堃〉，《噶瑪蘭週刊》，第二〇期，第六版。

41 杜斯妥，一九八六年九月二十九日，〈溝通死了！現階段政情分析〉，《新觀點周刊》，第〇〇二七期，頁一九。

42 陳柔縉整理，游錫堃口述，一九九二年三月二十二日，〈組黨那時候我們對太太都要保密〉，《新新聞周刊》，第二六三期，頁八八。

43 陳儀深，二〇一三年十二月一日，《從建黨到執政》，臺北：玉山社，頁三七三。

44 一九八六年九月二十九日，〈黨外宣布組織「民主進步黨」 昨提出黨綱草案及組織構想〉，《中國時報》，第二版。

45 一九八六年九月二十九日，〈黨外組黨工作小組委員增至十人 康寧祥洪奇昌江鵬堅今列入〉，《自立晚報》，第二版。

46 一九八六年九月二十九日，〈康寧祥等三人加入行列 黨外組黨組黨委員湊成十人〉，《民眾日報》，第二版。

47 一九八六年九月二十九日，〈無黨籍人士決定組黨〉，《聯合報》，第二版。

48 一九八六年九月三十日，〈組黨仍在籌備階段 費希平說尚未定案〉，《民眾日報》，第一版。

49 一九八六年九月二十九日，〈美國務院關切 黨外組黨發展〉，《自立晚報》，第二版。

50 一九八六年九月三十日，〈無黨籍政治人士組黨一事政府將公開說明對策〉，《聯合報》，第二版。

51 一九八六年九月三十日，〈組黨如有實際行動 政府決依法處理〉，《民眾日報》，第一版。

52 一九八六年九月三十日，〈黨外人士突然宣布組黨 中介學者事前毫無所悉〉，《聯合報》，第二版。

53 一九八六年十月一日，〈中介人士溝通接觸 陶百川等四人昨晚發表聲明〉，《中華日報》，第一版。
54 一九八六年十月一日，〈黨內外強調信守憲法　中介人士決促成溝通〉，《中國時報》，第一版。
55 一九八六年十月一日，〈黨外進行內部整頓工作 藉機轉入積極行動階段〉，《臺灣時報》，第二版。
56 一九八六年十月一日，〈黨外推動組黨 成員一再追加〉，《自立晚報》，第二版。
57 一九八六年十月一日，〈黨外宣布組黨 甘迺迪等來電致意〉，《自立晚報》，第二版。
58 一九八六年十月一日，〈梁肅戎等三人小組發表聲明 正告無黨籍人士勿輕率違法〉，《中華日報》，第一版。
59 一九八六年十月一日，〈中介人士不計毀譽 決促雙方繼續溝通〉，《民眾日報》，第一版。
60 一九八六年十月一日，〈執政黨昨天重申溝通政策不變 無黨籍及中介人士主張繼續誠意溝通〉，《聯合報》，第一版。
61 一九八六年十月一日，〈貫徹民主憲政誠心謀求共識　政府維護法治決心不容誤解〉，《中國時報》，第一版。
62 一九八六年九月三十日，〈容忍 行動 微妙形式待考驗〉，《民族晚報》，第一版。
63 一九八六年十月一日，〈施啓揚重申 擅自組黨決依法處置〉，《自由日報》，第一版。
64 一九八六年十月一日，〈此時此地不宜組織新黨 政府立場並無變更〉，《中央日報》，第一版。
65 一九八六年十月一日，〈施啓揚重申政府嚴正立場　此時此地不宜組織新黨〉，《聯合報》，第一版。

66 一九八六年十月一日，〈少數人士如不顧情勢擅自組黨　政府將依法處置立場並無改變〉，《中國時報》，第一版。
67 一九八六年十月一日，〈俞揆強調民主憲政是合法參與　絕不容非法群眾運動製造分裂〉，《聯合報》，第一版。
68 一九八六年十月一日，〈黨外宣布組黨 甘迺迪等來電致意〉，《自立晚報》，第二版。
69 一九八六年十月二日，〈有關政黨制度法律將加速研訂　明載基本國策　不容分離主義地方主義〉，《中國時報》，第一版。
70 一九八六年十月二日，〈民青兩黨認此刻組黨非所宜 並讚揚執政黨寬容理智〉，《中華日報》，第一版。
71 一九八六年十月三日，〈黨外期以黨的名義 繼續參與政治溝通〉，《自立晚報》，第二版。
72 一九八六年十月三日，〈執政黨對戒嚴與組黨初步結論 連夜送蔣主席核示 截至今天上午結果尚不知〉，《自立晚報》，第二版。
73 一九八六年十月三日，〈執政黨對兩大政治議題已原則決定 戒嚴令儘速於適當時機解除 政治社團將可成爲合法團體〉，《聯合報》，第一版。
74 一九八六年十月三日，〈今年底前可望解除戒嚴 將另訂國安維護法規範〉，《中國時報》，第一版。
75 一九八六年十月三日，〈俞院長強調推行民主憲政 是促進團結而非製造分裂〉，《大華晚報》，第一版。
76 一九八六年十月三日，〈俞揆答覆立委質詢有關黨外人士組黨問題 強調憲政漸進發展而非急進〉，《自立晚報》，第一版。

77 一九八六年十月四日，〈政府重視溝通四個前提 必須尊重憲法與法律〉，《聯合報》，第一版。

78 一九八六年十月四日，〈政府決續擴大政治參與 溝通必須具備四項前提〉，《中國時報》，第一版。

79 一九八六年十月四日，〈民主憲政是漸進而非激進 應促進團結而非製造分裂〉，《中國時報》，第一版。

80 一九八六年十月三日，〈華府看無黨籍人士組黨問題〉，《聯合報》，第二版。

81 一九八六年十月五日，〈蔣主席約見馬樹禮詳加垂詢 解除戒嚴開放黨禁已獲初步結論〉，《中央日報》，第一版。

82 一九八六年十月五日，〈解除戒嚴與開放黨禁草案初定 將再會商後週三提中常會討論〉，《民眾日報》，第一版。

83 一九八六年十月五日，〈執政黨中央十二人小組昨原則通過 決以國家安全法取代戒嚴令〉，《聯合報》，第一版。

84 一九八六年十月五日，〈臺澎地區儘速解除戒嚴 政治團體導入法律規範〉，《中國時報》，第一版。

85 一九八六年十月七日，〈政治爭論或可寬容 違法行為絕不縱容〉，《臺灣日報》，第一版。

86 一九八六年十月七日，〈對於政治爭論或可寬容 違法行為則絕不縱容〉，《聯合報》，第一版。

87 一九八六年十月七日，〈執政黨昨完成結論報告 民間社團組織問題議案〉，《聯合報》，第一版。

88 一九八六年十月八日，〈俞院長答覆黨外立委質詢指出 我國現在處於非常時期 組黨結社有權加以限制〉，《臺灣時報》，第一版。

89 一九八六年十月七日，〈俞院長指多黨林立對國家只有壞處 非常時期政府有權限制組黨〉，《大華晚報》，第一版。

90 一九八六年十月八日，〈政治回歸憲法 政黨公平競爭〉，《臺灣時報》，第一版。

91 一九八六年十月九日，〈蔣總統接受華盛頓郵報訪問稱 我政府不久將提議取消戒嚴令〉，《中華日報》，第一版。

92 一九八六年十月七日，〈俞院長指多黨林立對國家只有壞處 非常時期政府有權限制組黨〉，《大華晚報》，第一版。

93 一九八六年十月八日，〈多黨林立無助團結 在非常時期組黨 政府得依法限制〉，《中央日報》，第一版。

94 一九八六年十月八日，〈俞院長強調多黨不利政局穩定 非常時期組黨結社得依法限制〉，《中國時報》，第一版。

95 一九八六年十月七日，〈行政院強調訂民主時間表無實質意義 政府實施民主政策不移〉，《臺灣時報》，第一版。

96 一九八六年十月七日，〈政府施政以宏揚憲政為職志 政院表示並無回歸憲法問題〉，《中國時報》，第一版。

97 薛化元，一九九一年七月，《臺灣歷史年表終戰篇III》，臺北市：國策中心，頁二五四。

第二部　口述歷史

一、游錫堃：威權體破自由生

1 本詩註釋：一，戡亂：指蔣介石在臺灣，以「動員戡亂時期」爲名，違憲擴權、迫害異己統治臺灣。白恐：指白色恐怖。二，儆寰：雷震先生，字儆寰，於一九六〇年結合臺灣菁英籌組中國民主黨被捕，判刑十年。三，公編：指黨外時期的「公政會」與「編聯會」。一九八六年，公政會與編聯會分別研擬黨綱、黨章並合辦演講公開倡議組織新黨，但對一九八六年「選前組黨」並未採取積極行動。四，援會：指「一九八六黨外選舉後援會」，簡稱「後援會」，主張「選前組黨」，除祕密籌備外亦守口如瓶，直至九月二十七日下午才召開「組黨預備會議」，告知少數核心成員，終於促成九二八圓山組黨。五，逼蔣解嚴：一九八六年九月二十八日民進黨宣布成立，蔣經國措手不及，被逼在十月八日正式宣佈即將解嚴及開放黨禁，一九八七年七月十五日正式解除戒嚴。六，雪谷沖雲：蔣渭水，字雪谷，一九二七年創立臺灣民眾黨；郭雨新，字沖雲，是一九六〇年雷震組黨七常委之一。蔣渭水與郭雨新皆是宜蘭人，亦均爲臺灣史上獻身於組黨運動的重要人物。

2 張炎憲主編，二〇〇八年四月，《民主崛起——臺灣民主化運動——訪談錄二》，國史館，頁二五二。

3 《自立晚報》，一九八六年九月二十九日，第二版。

4 葉文豪，二〇一〇年九月二十七日，〈蔣家警衛：民進黨組黨蔣經國一手主導〉，《玉山周報》，第六十七期，頁二六。

5 中央社/NOWnews，二〇一八年一月十一日，〈王家驊：民進黨組黨那天蔣經國不曉得〉。

6 黃石公資料庫，二〇一〇年五月十一日，〈民進黨的誕生，一九八六年一月八日費宅四人談組黨〉，《黃爾璇日記》。

7 陳信傑，二〇〇〇年六月，〈民主進步黨的創黨過程外省菁英分子所扮演的角色〉，文化大學政治學研究碩士論文，頁五二。

8 康寧祥論述，陳政農編撰，二〇一三年十一月，《臺灣，打拼：康寧祥回憶錄》，允晨文化，頁三九九。

9 一九八六年八月二十三日，〈要組黨現在就是時候——黨外十三「地方黨部主委」名單放榜〉，《新路線周刊（2）》，第〇〇〇五卷期，頁二二。

10 杜斯妥，一九八六年九月二十九日，〈溝通死了！現階段政情分析〉，《新觀點周刊》，頁一七。

11 杜斯妥，一九八六年九月二十九日，〈溝通死了！現階段政情分析〉，《新觀點周刊》，頁一八。

12 林志弘，一九八六年一月十八日，〈黨外何時組黨？公政會、編聯會意見紛紜〉，《政論家叢書》，第〇〇〇二期，頁四七。

13 張炎憲主編，二〇〇八年四月，《民主崛起——臺灣民主化運動——訪談錄二》，國史館，頁二一一。

14 康寧祥論述，陳政農編撰，二〇一三年十一月，《臺灣，打拼：康寧祥回憶錄》，允晨文化，頁四〇三。

15 康寧祥論述，陳政農編撰，二〇一三年十一月，《臺灣，打拼：康寧祥回憶錄》，允晨文化，頁四〇六。

16 田秋堇，一九八六年九月二十日，〈一九八六黨外選舉後援會執委會召集人游錫堃：談選舉與組黨〉，《噶瑪蘭週刊》，第二十期，第六版。

17 黃石公資料庫，二〇一〇年五月十一日，〈民進黨的誕生，一九八五年十二月三十一日第二次組黨籌備會尤宅七人談組黨〉，《黃爾璇日記》。

18 黃石公資料庫，二〇一〇年五月十一日，〈民進黨建黨祕辛，一九八六年一月八日費宅四人談組黨〉，《黃爾璇日記》。

19 林正杰，一九八六年五月十一日，〈黨外天蠶再變〉，《前進廣場月刊》第〇〇〇二期，頁一五。

20 陳儀深主訪，二〇一三年十二月，《從建黨到執政》，臺北：玉山社，頁四三六。

21 周刊專欄組著譯，一九八六年八月十一日，〈邱義仁：編聯會自己組黨〉，《自由天地周刊》，第〇〇一〇期。

22 陳信傑，二〇〇〇年六月，〈民主進步黨的創黨過程外省菁英分子所扮演的角色〉，頁四四。

23 葉文豪，二〇一〇年九月二十七日〈蔣家警衛：民進黨組黨蔣經國一手主導〉，《玉山周報》，第六十七期，頁二五。

24 葉文豪，二〇一〇年九月二十七日〈蔣家警衛：民進黨組黨蔣經國一手主導〉，《玉山周報》，第六十七期，頁二五至頁二六。

25 林志恆，一九九八年十一月二十日，《蘭陽之子游錫堃》，天下文化，頁八五。

26 《聯合報》，一九八六年九月十三日，第一版。

27 杜斯妥，一九八六年九月二十九日，〈溝通死了！現階段政情分析〉，《新觀點周刊》，頁一九。
28 徐曼青，一九八六年九月二十二日，〈先組黨再溝通?!〉，《開拓時代週刊》，第一三八卷，頁一五。
29 《中國時報》，一九八六年九月十七日，第二版。
30 徐曼青，一九八六年九月二十二日，〈先組黨再溝通?!〉，《開拓時代週刊》，第一三八卷，頁一五。
31 杜斯妥，一九八六年九月二十九日，〈溝通死了！現階段政情分析〉，《新觀點周刊》，頁一九。
32 杜斯妥，一九八六年九月二十九日，〈溝通死了！現階段政情分析〉，《新觀點周刊》，頁一九。
33 陳柔縉整理，游錫堃口述，一九九二年三月二十二日，〈組黨那時候我們對太太都要保密〉，《新新聞周刊》，第二六三期，頁八八。
34 《民族晚報》，一九八六年九月二十二日，第二版。
35 陳柔縉整理，游錫堃口述，一九九二年三月二十二日，〈組黨那時候我們對太太都要保密〉，《新新聞周刊》，第二六三期，頁八八。
36 陳柔縉整理，游錫堃口述，一九九二年三月二十二日，〈組黨那時候我們對太太都要保密〉，《新新聞周刊》，第二六三期，頁八九。
37 黃石公資料庫，二〇一〇年五月二十二日，〈民進黨建黨祕辛一九八六0927【土】組黨綜合會議第三次〉，《黃爾璇日記》。

38 《自立晚報》，一九八六年九月二十九日，第二版。
39 陳信傑，二〇〇〇年六月，〈民主進步黨的創黨過程外省菁英分子所扮演的角色〉，文化大學政治學研究所碩士論文，頁六二。
40 林志恆，一九九八年十一月二十日，《蘭陽之子游錫堃》，天下文化，頁八六。
41 陳儀深主訪，二〇一三年十二月，《從建黨到執政》，臺北：玉山社，頁三七三。
42 陳信傑，二〇〇〇年六月，〈民主進步黨的創黨過程外省菁英分子所扮演的角色〉，文化大學政治學研究所碩士論文，頁六七。
43 一九八六年十二月，〈臺灣已邁入政黨選舉的新紀元〉，《一九八六黨外選舉後援會綜合報告》，未出版，頁六一。
44 田秋堇，一九八六年十月四日，〈大江東流擋不住——訪陳定南、游錫堃、黃煌雄、張川田〉，《噶瑪蘭週刊》，第六版。
45 《聯合報》，一九八六年十月一日，第一版。
46 《中國時報》，一九八六年十月一日，第一版。
47 《中華日報》，一九八六年十月九日，第一版。
48 《自立晚報》，一九八六年九月二十九日，第二版。
49 陳儀深主訪，二〇一三年十二月，《從建黨到執政》，臺北：玉山社，頁四四一。
50 陳儀深主訪，二〇一三年十二月，《從建黨到執政》，臺北：玉山社，頁五八。
51 黃石公資料庫，二〇一〇年五月十一日，〈民進黨的誕生，民進黨建黨祕辛一九八六年二月十六日，「組黨事是否被擺平？」〉，《黃爾璇日記》。
52 游錫堃主席致詞，一九八六年九月二十八日，〈一九八六年九月二十八日黨外選舉後援會第三次會員大會〉，「影片」，臺北：無限映像。

53 陳儀深主訪，二〇一三年十二月，《從建黨到執政》，臺北：玉山社，頁四四〇。

54 一九八六年十二月，〈臺灣已邁入政黨選舉的新紀元〉，《一九八六黨外選舉後援會綜合報告》，頁六三。

55 《中華日報》，一九八六年十月九日，第一版。

56 黃成，一九八六年十月三日，〈國民黨黑色的「九二八」〉，《領先新聞周刊》，頁七。

57 陳柔縉整理，游錫堃口述，一九九二年三月二十二日，〈組黨那時候我們對太太都要保密〉，《新新聞周刊》，第二六三期，頁八九。

58 祕中密，一九八六年十月三日，〈國民黨VS.「民主進步黨」〉，《領先新聞周刊》，頁五。

59 陳守國，二〇二〇年九月二十八日，陳守國臉書。

60 祕中密，一九八六年十月三日，〈國民黨VS.「民主進步黨」〉，《領先新聞周刊》，頁五。

二、陳菊：我出獄後發現，臺灣社會氛圍不一樣了

1 胡慧玲著，二〇二〇年九月八日，《臺灣之春：解嚴前的臺灣民主運動》，春山出版。

Eurasian Publishing Group
圓神出版事業機構
用心與你對話・視野無限寬廣

圓神出版社
Eurasian Press

www.booklife.com.tw　reader@mail.eurasian.com.tw

圓神文叢 302

衝破黨禁1986：民進黨創黨關鍵十日紀實

作　　者／王曉玟
企　　畫／藍麗娟
文獻資料協力／王崇欽・邱琬捷・山田摩衣
圖片授權／余紀忠文教基金會・邱萬興・促進轉型正義委員會・范巽綠・黃天福
國家發展委員會國家檔案局・張芳聞・張富忠・張榮華・郭時南・游錫堃
報版授權／中華日報・中國時報・聯合報・噶瑪蘭週刊
報版提供／中華日報・民眾日報・國家圖書館
發 行 人／簡志忠
出 版 者／圓神出版社有限公司
地　　址／臺北市南京東路四段50號6樓之1
電　　話／（02）2579-6600・2579-8800・2570-3939
傳　　真／（02）2579-0338・2577-3220・2570-3636
總 編 輯／陳秋月
主　　編／賴真真
專案企畫／賴真真
責任編輯／歐玟秀
校　　對／王曉玟・邱琬捷・藍麗娟・歐玟秀・林振宏
美術編輯／劉鳳剛
行銷企畫／陳禹伶・林雅雯
印務統籌／劉鳳剛・高榮祥
監　　印／高榮祥
排　　版／莊寶鈴
經 銷 商／叩應股份有限公司
郵撥帳號／18707239
法律顧問／圓神出版事業機構法律顧問　蕭雄淋律師
印　　刷／祥峰印刷廠
2021年9月　初版
2023年8月　7刷

定價500元　ISBN 978-986-133-779-1

經過一代又一代的拚搏，一次又一次的犧牲，這一群黨外人士，往前承接民主運動的能量，往後乘載臺灣社會的期望，終於在一九八六年，努力撐開時代的縫隙，讓民主進步黨安然誕生。從此，臺灣開啓政黨競爭，在民主化的道路上顛仆前行。

——《衝破黨禁1986：民進黨創黨關鍵十日紀實》

國家圖書館出版品預行編目資料

衝破黨禁1986：民進黨創黨關鍵十日紀實／王曉玟著.
-- 初版. -- 臺北市：圓神出版社有限公司，2021.09
352面；14.8×20.8公分. --（圓神文叢；302）
ISBN 978-986-133-779-1（平裝）

1. 民主進步黨　2. 臺灣政治

576.334　　110011049